평양대부흥운동과 기독교학교

모든 인간은 하나님의 형상을 닮은 존엄한 존재입니다. 전 세계의 모든 사람들은 인종, 민족, 피부색, 문화, 언어에 관계없이 존귀합니다. 예영커뮤니케이션은 이러한 정신에 근거해 모든 인간이 존귀한 삶을 사는 데 필요한 지식과 문화를 예수 그리스도의 사랑으로 보급함으로써 우리가 속한 사회에 기여하고자 합니다.

평양대부흥운동과 기독교학교

초판 1쇄 찍은 날 · 2007년 4월 9일 | 초판 1쇄 펴낸 날 · 2007년 4월 13일

엮은곳 · 기독교학교교육연구소 | 펴낸이 · 김승태

편집 · 이덕희, 최선혜, 방현주 | 디자인 · 이훈혜, 이은희, 정혜정
영업 · 변미영, 장완철, 김성환 | 물류 · 조용환, 엄인휘

등록번호 · 제2-1349호(1992. 3. 31.) | 펴낸 곳 · 예영커뮤니케이션
주소 · (110-616) 서울 광화문우체국 사서함 1661호 | 홈페이지 www.jeyoung.com
출판사업부 · T. (02)766-8931 F. (02)766-8934 e-mail: jeyoungedit@chol.com
출판유통사업부 · T. (02)766-7912 F. (02)766-8934 e-mail: jeyoung@chol.com
제작 예영 B&P · T. (02)2249-2506~7
인쇄 삼영문화인쇄 · T. (031)906-4380

copyright©2007, 기독교학교교육연구소

ISBN 978-89-8350-423-4 (03230)

값 8,500원

- 잘못 만들어진 책은 교환해 드립니다.
- 본 저작물은 저작권법에 의하여 한국 내에서 보호를 받는 저작물이므로 무단 전재와 무단 복제를 금합니다.

평양대부흥운동과 기독교학교

기독교학교교육연구소 엮음

예영커뮤니케이션

머리말

　2007년, 평양에서 대부흥운동이 일어난 지 100주년이 되는 해이다. 1907년의 평양대부흥운동은 한국교회가 오늘날처럼 성장할 수 있었던 토대를 놓은 사건이라고 할 수 있다. 전국적으로 회개운동이 일어났고 소위 사경회라는 성경공부운동이 일어났으며, 핍박 가운데서도 영혼을 구하는 전도운동이 일어나기도 하였다. 그런데 평양대부흥운동의 가장 중요한 영향 가운데 하나가 기독교학교 운동이다. 당시의 기독교학교 운동은 두 가지 형태로 나타나게 되었다.

　하나는 기존의 기독교학교 안에서 일어난 부흥운동이다. 장대현교회를 시작으로 하여 일어난 영적 각성운동과 회개운동이 기독교학교 안에서 일어나기 시작하여, 다시 한 번 기독교학교가 새로워지게 된 운동이다. 다른 하나는 새롭게 교회가 기독교학교를 설립하는 운동이다. '일교회 일학교' 라는 구호를 내걸고 한 교회가 한 학교를 세우는 기독교학교 설립운동이 일어나게 되었다. 솔내교회는 교회 건물을 짓기 전에 학교를 세우는 데에 그들의 헌금을 모았다. 민족을 위한 기독교적 지도자를 양성하려는 당시 교인들의 열정은 그 가난 속에서도 기독교학교를 세우는 운동으로 전개되었던 것이다.

오늘날 이 두 가지 운동이 우리에게도 필요하다. 진정으로 평양대부흥운동의 의미를 되새기려면 기독교학교에 대한 관심을 가져야 한다. 무엇보다 기존의 기독교학교들이 새롭게 부흥해야 한다. 작금의 기독교학교의 현실이 어떠한가? 공교육 상황 속에서 이제는 기독교학교의 정체성을 지키기가 어려울 정도로 위기적 현실이다. 설립자와 이사장, 교장과 교목, 모든 기독교사들이 새롭게 부흥을 경험해야 한다. 우리가 돌이킬 것이 있다면 회개하고 각성하고, 결단해야 할 것이 있다면 용감하게 결단해야 할 것이다. 그래서 새롭게 기독교학교가 부흥하는 원년이 되어야 할 것이다.

동시에 한국교회는 기독교학교 설립운동에 관심을 가져야 한다. 현재의 기독교학교로 충분하지 않다. 더 많은 기독교학교가 세워져서 기독교적 가치관에 입각한 기독교교육을 받을 수 있는 기회를 제공할 책임이 있다. 우리가 목도하는 대로 오늘날 교육은 황폐해 있으며 더 이상 민족에게 소망을 주지 못하고 있다. 한국교회가 그동안 교육에 무관심했음을 회개하며 진정한 교육적 대안을 제시할 수 있어야 한다. 모든 교인들은 기독학부모로서의 정체성을 회복하여 자녀들에 대한 기독교교육의 책임을 통감하고 이 일에 동참하여야 한다.

우리가 미국을 비롯한 해외에서 좋은 기독교학교의 사례들을 배울 필요가 있고, 우리보다 앞서서 경험한 그들의 기독교학교교육의 노하우를 전수받는 것도 중요하다. 그런데 이와 더불어 우리의 역사 속에서 우리의 선조들이 경험하고 행했던 기독교교육으로부터 진액을 공급받는 것은 매우 중요하다. 100년 전에 이미 한국교회의 신앙의 선배들이 기독교학교의 필요성을 절감했고, 민족을 변화시키는 기독교학교운동을 일으켰음을 상기하며 그 열정, 그 헌신, 그 용기, 그 기도를 배워야 할 것이다. 이 책은 그런 배움의 과정으로 씌여졌다. 귀한 글들을 써주신 필진들께 감사드리며, 이 책이 기독교학교의 부흥을 향한 소중한 디딤돌이 되기를 소망한다.

2007년 3월, 아차산 기슭에서
기독교학교교육연구소 소장 박상진

차례

머리말 · 5

서론 1907년 평양대부흥운동의 기독교교육적 의미_ 박상진 · 15

I. 평양대부흥운동은 교육적 사건 · 15
II. 기독교교육으로서 평양대부흥운동 · 16
   1. 말씀교육으로서 사경회 · 16
   2. 영성교육으로서 회개운동 · 19
III. 부흥운동을 통한 기독교교육의 확산과 성숙 · 22
   1. 교육에 대한 열망 · 22
   2. 주일학교의 부흥 · 23
   3. 기독교학교의 부흥 · 25
IV. 오늘날 기독교교육의 부흥운동 · 27
   1. 변형을 위한 기독교교육 · 28
   2. 회개로서의 기독교교육 · 29
   3. 교회학교의 재부흥 · 29
   4. 새로운 기독교학교 부흥운동 · 30
V. 다시 부흥을 꿈꾸며 · 31

1부 기독교학교의 정체성

1장 한국 기독교학교의 현실진단 및 갱신 운동_ 김요섭 · 35

Ⅰ. 역사속에서 찾는 기독교학교의 정체성 · 35
Ⅱ. 성경에서 찾는 기독교학교의 정체성 · 44
   1. 기독교교육의 주체 '가정': 가정과 학교와의 관계 · 44
   2. 믿음의 유산 전하는 '교회': 교회와 학교와의 관계 · 46
   3. 질서와 정당성 위한 '국가': 국가와 학교와의 관계 · 48
   4. 교육 모델 제시하는 '교사': 교사와 학교와의 관계 · 50
Ⅲ. 중앙기독초등학교의 정체성 · 50
   1. 역설적 형이상학(Meta-physics)- 기도하는 교육 · 50
   2. 진리 중심의 인식론(Epistemology)- 관계하는 교육 · 51
   3. 영원한 창조적 가치관(Axiology; 가치론)- 안식하는 교육 · 53
Ⅳ. 기독교학교 정체성 재정립의 과제 · 54

2장 기독교대안학교의 정체성 문제 분석_ 신기영 · 59

Ⅰ. 기독교학교 정체성의 핵심 가치 · 59
Ⅱ. 정체성 논의에 대한 질문들 · 60
   1. 논의의 의미와 특징 · 60
   2. 보완을 위한 질문 · 61
Ⅲ. 기독교학교 정체성 확립을 위한 과제 · 62

2부 기독교학교의 부흥

3장 대부흥운동이 기독교학교 설립에 끼친 영향_ 박용규 · 67

Ⅰ. 당시 기독교학교의 역할 · 68
Ⅱ. 교육에 대한 간절한 열망 · 74
Ⅲ. 급증하는 기독교학교 설립 · 81
Ⅳ. 당시 기독교학교의 현안 · 89
   1. 남녀의 균등한 교육 기회 · 89
   2. 교파 · 교단을 초월한 협력 · 90
   3. 기독교학교의 정치화 문제 · 92
   4. 일제의 사립학교 규제 문제 · 93
Ⅴ. 기독교학교 설립 증가의 교훈 · 95

4장 신앙과 학문, 교회와 교육 사이의 역동성 발견_ 김영래 · 97

Ⅰ. 대부흥운동 당시 기독교학교의 역할 · 98
Ⅱ. 교육에 대한 열망 고취 · 99
Ⅲ. 기독교학교 설립 "운동"(movement) · 100
Ⅳ. 갈림길에 놓인 기독교학교 · 102

3부 기독교학교의 설립

5장 한국교회 초기 기독교학교 설립
'토착교회의 기독교학교 설립운동'을 중심으로_ 임희국 · 107

Ⅰ. 기독교학교의 초석 · 107

Ⅱ. 기독교학교 설립운동 · 108
   1. 1876년, 근대화의 물꼬를 트다 · 108
   2. 1885년, 첫 기독교학교를 세우다 · 110
   3. 1895-1908년, 열정으로 불붙는 기독교학교 · 112
   4. 1908년, 일제 탄압 받는 기독교학교 · 120

Ⅲ. 기독교학교 설립의 목적과 성격 · 121
   1. 교육구국운동 · 121
   2. 여성교육과 여권 신장 · 125
   3. 성령의 역사와 죄 고백 · 127

Ⅳ. 토착교회의 기독교학교 설립이 갖는 의의 · 129

■ 부록:신문자료 · 133

6장 토착교회가 설립한 기독교학교의 역할_ 강영택 · 159

Ⅰ. 토착교회의 기독교학교 설립의 의미 · 160
   1. 기독교학교의 한국적 뿌리 제시 · 160
   2. 기독교학교 설립을 통한 사회 공헌 · 161

Ⅱ. 질문 및 제언 · 162
   1. 기독교학교 간 설립 목적의 차별성 · 162
   2. 신앙과 학문의 통합 방식 · 163
   3. 재정과 인력 운영 방식 · 163
   4. 구체적 사료 보완 필요 · 164

4부 기독교학교의 건학이념

7장 한국교회 초기 기독교학교의 건학이념 연구_ 조성국 · 167

Ⅰ. 민족교육에 대한 관심과 건학이념의 연구 · 167
Ⅱ. 건학이념의 배경 분석 · 170
Ⅲ. 학교별 건학 이념 탐구 · 173
Ⅳ. 초기 기독교학교 건학이념의 특징: 선교와 양육 · 178
Ⅴ. 기독교 세계관과 건학이념 · 184

8장 기독교학교 비판, 사료 통한 대응 기대_ 최태연 · 189

Ⅰ. 설립배경과 건학이념 분석 · 189
  1. 초기 기독교학교의 설립 배경 · 190
  2. 초기 기독교학교 건학이념의 특징 · 190

Ⅱ. 보완을 위한 질문 · 191
  1. 방법론 한계의 대안 · 191
  2. '전도자 양성'과 '지도자 양성' · 192
  3. 기독교학교 평가절하에 대한 입장 · 192
  4. 기독교대안학교 교육이념 설정의 기여점 · 193

5부 기독교학교의 교육과정

9장 한국교회 초기 기독교학교 교육과정_ 김정효 · 197

I. 교육과정에 대한 통합적 연구 · 197

II. 교과목편성으로 본 교육과정 · 200
  1. 기독교학교 설립 배경과 특징 · 200
  2. 영성과 지성 분리된 이원적 접근 · 202

III. 교과서로 본 기독교학교의 교육과정 · 205

IV. 교육활동으로 본 기독교학교 교육과정 · 208
  1. 교과별 교육활동 · 208
  2. 학교별 교육활동 · 211

V. 교육과정의 외적 통합과 내적 통합 · 216

10장 교육과정을 통한 기독교학교의 새로운 이해_ 손원영 · 219

I. 기독교학교의 내면적 특성 이해 · 219

II. 교육과정에 대한 거시적 · 통합적 분석 · 221

III. 기독교학교 교육과정 연구에 대한 제언 · 223

참고문헌 · 226

박상진 교수
성균관대학교(B.A.)
서울대학교 대학원 교육학과(M.Ed.)
장로회신학대학교 신학대학원(M.Div.)
장로회신학대학교 대학원 기독교교육학과(M.A.)
버지니아 유니온신학교(Union-PSCE) 기독교교육학과(M.A., Ed.D)
한국기독교사회(TCF) 대표간사
사단법인 좋은교사 이사
현 기독교학교교육연구소 소장
장로회신학대학교 기독교교육과 교수
높은뜻숭의교회 석좌교수

서론 1907년 평양대부흥운동의 기독교교육적 의미

박상진 교수 (기독교학교교육연구소 소장, 장로회신학대학교)

I. 평양대부흥운동은 교육적 사건

1907년 평양대부흥운동에 대한 이해는 보는 관점에 따라 다를 수 있다. 기독교교육의 눈으로 이를 바라볼 때는 평양대부흥운동은 역사적 사건일 뿐만 아니라 교육적 사건이라고 할 수 있다. 1903년의 원산부흥운동과 1907년의 평양대부흥운동을 미시적으로 바라볼 때, 그러한 부흥운동이 일어나는 과정이 이미 기독교교육의 과정임을 알 수 있다. 사경회라는 기독교교육의 형태를 통해서 부흥운동은 시작되었고, 하디 선교사나 길선주 장로의 회개로부터 시작된 회개운동은 진정한 기독교교육이 어떠해야 하는지 선명하게 보여주고 있다. 진실한 회개와 공동체적인 기도가 삶을 근본적으로 변화시키는 기독교교육의 통로가 되었던 것이다. 그렇기 때문에 평양대부흥운동을 깊이 들여다보는 것은 삶을 변형(transformation)시키는 기독교교육의 원형을 회복할 수 있는 통찰을 제공해 준다. 오늘날 기독교교육이, 그것이 교회교육이든, 기독교학교교육이든, 기독교가정교육이든, 타락한 인간을 하나님의 형상으로 회복하게 하는 능력의 도구가 되기를 원한다면 평양대부흥운동의 내적인 논리를 심도 있게 탐구해야 할 것이다. 그 당시 평양대부흥운동이 일어날 수 있게 한 원리를 추출하여 오늘날의 상황에 적용한다면, 그 원리는 역시 변화를 일으키게 될 것이다.

1907년 평양대부흥운동은 기독교교육의 과정이었을 뿐만 아니라 그 결과로서도 기독교교육에 큰 변화를 일으켰다. 회개에 동참하고 부흥을 경험한 사람들은 배움의 열망을 지니게 되었고 교육을 받고자 하는 사모함을 갖게 되었다. 주일학교는 급속도로 성장하게 되고, 수많은 교회들이 기독교학교를 설립하는 기독교학교운동으로 이어지게 된다. 한국 역사 이래 가장 많은 학교를 설립하게 된 시기였던 것이다. 소위 '일교회 일학교' 운동이 일어나면서 교회가 학교를 세워 기독교교육을 실천하고자 하였다. 이러한 기독교학교 운동은 당시 일제의 압제가 서서히 시작되는 것과 때를 같이하여 민족교육과 항일운동으로 이어지게 된다. 오늘날의 교회학교의 위기와 기독교학교의 위기는 기독교교육의 정체성 위기라고 할 수 있다. 이러한 때에 평양대부흥운동으로 인한 주일학교 부흥과 기독교학교 부흥은 이러한 위기를 극복하는 실제적인 대안을 모색할 수 있도록 도울 것이다. 이 글에서는 크게 두 부분으로 나누어, 기독교교육으로서 평양대부흥운동과 이로 인한 기독교교육의 변화를 다루게 될 것이다.

II. 기독교교육으로서 평양대부흥운동

1. 말씀교육으로서 사경회

평양대부흥운동은 1907년 1월 2일부터 개최된 평양 장대현교회 겨울 남자 사경회로부터 시작된다. 이 겨울 사경회는 두 주 동안 진행되는데, 약 1,000명이 참석하였다. 사경회는 말 그대로 성경말씀을 공부하는 집회인데, 낮에는 성경을 배우고 오후에는 밖에 나가서 전도하며, 저녁에는 전도집회를 가졌다.[1] 이러한 사경회는 19세기 후반 우리나라에 복음이 전파되면서부터 조금씩 발전되어 온 것으로, 선교사들은 한국인들이 책읽기를 좋아하고 교육열도 높아서 '책 중의 책'이라고 할 수 있는 성경을 크게 환영하는 것을 파악하고 성경공부에 주력하였다.[2] 사경회에서 교사는 선교사들과 한국인 교회지도자들이었으며, 학생들은 신앙연륜과 성경지식 정도에 따라 여러 반으로 나뉘어졌다.[3] 사경회는 신구약 성경 각 권을 체계적으로 가르쳤는데, 성경 지식을 단순히 전달하는 것으로 그치지 않고 신앙경건훈련으로 생각하여 기도하는 가운데 신앙의 진리를 깨닫도록 하였다. 또한 깨달은 진리를 노방전도를 통해 실천하도록 하였으며, 삶 속에서 생활의 변화가 일어나도록 하였다.[4] 이런 점에서 당시 사경회의 가장 중요한 효과는 계몽, 곧 각성이라고 할 수 있다. 단지 지식이나 정보를 갖는 것이 아니라 삶의 변화가 수반되는 각성을 하는 것이다. 이는 그동안의 낡은 관습을 타파하고 세습신분제를 폐지하는 등 사회변혁으로까지 이어지게 되었다.[5]

사경회는 지성과 감정, 의지와 영성이 통합되어 있었다. 당시에도 선교사들 중 많은 사람들은 부흥운동이 지나치게 감정적으로 흐르는 것을 염려하였다. 그러나 "선교사들과 한국 교회 지도자들은 그것이 단순히 자신들의 감정 표출이나 감정적 격정에서 나온 일종의 탄식이 아닌 자신들 안에 역사하는 성령의 감동으로 이루어진 것이라는 사실을 확인하고 놀라움과 감사가 떠나지 않았다."고 한다.[6] 당시 부흥운동의 현장에 있었던 클락(Charles Allen Clark)은 성도들의 기도가 매우 이성적이었다고 증언하고 있다. 저녁집회만이 아니라 낮에 진행되는 성경공부 시간에도 지성과 감성, 영성이 통합되어 있었다. "교사들이 성경을 가르치기 위해 성경공부반에 들어갔을 때

---

1) 박용규, 『평양대부흥운동』 (서울: 생명의말씀사, 2000), p. 209.
2) 임희국, "신앙각성운동을 통한 갱신과 부흥, 토착교회의 형성: 1907년 평양 대 각성운동을 중심으로" (제2회 소망신학포럼 자료집: 한국교회의 영적부흥과 리더십, 장로회신학대학교, 2005. 4. 20,) p. 14.
3) 위의 글, pp. 14-15.
4) 위의 글, p. 15.
5) 위의 글.
6) 박용규, p. 227.

그곳에 모인 이들 모두가 예외 없이 눈물을 흘리고 있는 것이 자주 눈에 띄었다."고 증언하고 있고, 헌트(W. B. Hunt)는 "성경을 가르치거나 기도회를 인도하면서 슬픔과 기쁨의 눈물이 그 자신이나 그 곳 청중들의 볼에 흘러내리는 것을 발견하는 것은 놀라운 일이 아니었다"고 말한다.[7]

평양대부흥운동이 일어나게 된 사경회의 또 하나의 중요한 특징은 참석자들의 열정과 사모함, 배움에 대한 의지였다. 사경회 참석자들 중에는 2주간의 사경회에 참석하기 위해 수백 리를 달려온 사람들도 있으며, 영하의 추위를 무릅쓰고 산길을 걸어온 사람들도 많았다. 이들은 사경회 동안 필요한 모든 식사비, 숙박비 등을 자신이 부담하였고, 어떤 이들은 자신이 먹을 쌀을 등에 업고 참석하기도 하였다.[8] 한 손에 성경을, 다른 한 손에 등을 든 사람들이 저녁 전도집회에 참석하기 위해 장대현교회 안으로 들어가는 모습을 보고 당시 선교사 매큔(G. S. McCune)은 "이들은 얼마나 열정이 대단한 사람들인가!"라며 감탄하였다.[9]

평양의 오순절이라고 불릴 수 있는 1907년 1월 14일에는 성도들이 월요일 정오 기도회에 모여 성령강림의 역사가 일어나도록 간절히 기도했다. 이는 마치 야곱이 얍복 강 나루에서 하나님의 축복을 사모하며 밤이 되도록 하나님의 사자와 씨름하며 기도했던 것과 같았다.[10] 통성기도는 이러한 사모함의 또 다른 표현이었다. 사실 통성기도는 평양대부흥운동 이전에는 흔치 않았던 기도방식으로서 다른 사람을 의식하지 않고 오직 하나님께만 집중하며 열정적으로 기도하는 것이다. 그날 저녁에 6시간이나 계속된 저녁집회에서는 통성기도가 통회와 흐느낌을 넘어 울부짖음이 되었는데, 매큔 선교사는 "완전한 화음이 되어 일시에 울려나는 1,000여 명의 기도소리를 듣는

---

7) W. B. Hunt, "Impressions of a Eye Witness", KMF III: 3(Mar, 1907), p. 37. 앞의 책에서 재인용, p. 211.
8) 위의 책, pp. 208-209.
9) G. S. McCune, "The Holy Spirit in Pyeng Yang", KMF III: 1(Jan. 1907), p. 1.
10) 박용규, 『평양대부흥운동』, p. 214.

것은 과연 장쾌하였다."라고 보고하였다.[11]

박용규 교수는 1907년 평양대부흥운동을 특징짓는 세 가지 요소로서 말씀과 기도, 성령의 임재를 언급하고 있다. 그는 "한국교회 부흥운동은 처음부터 말씀연구, 말씀을 깨달은 후에 성령의 능력을 간구하는 간절한 기도, 그리고 위로부터 내리우신 성령의 임재가 하나로 어우러진 걸작품이었다"고 말한다.[12] 진정한 삶의 변화와 교회의 부흥을 위해서는 체계적인 성경공부와 기도, 그리고 성령의 역사가 한데 어우러지는 통합이 필요하다. 여기에서 필자는 기독교교육의 핵심적인 요소가 무엇인지를 새롭게 인식한다. 첫째는 체계적인 성경공부와 말씀전파라는 지적인 요소이다. 둘째는 사모함과 열정을 지니고 참석하여 자신의 감정을 숨기지 않으며 눈물로 기도하는 정적인 요소이다. 셋째는 스스로 값을 치루며 두 주간의 사경회에 참석하며, 깨달은 바를 실천으로 옮기는 의지적인 요소이다. 그리고 마지막으로 이러한 인간들의 모임에 임재하시는 성령의 역사, 즉 영적인 요소라고 할 수 있다.

2. 영성교육으로서 회개운동

1907년 평양대부흥운동은 회개운동이었다. 1903년 원산부흥운동이 하디(R. A. Hardie) 선교사의 회개로부터 촉발되었다고 한다면, 1907년 평양대부흥운동은 선교사들과 길선주 장로의 회개로부터 시작되었다고 할 수 있다. 하디 선교사는 남감리교회 선교사로서 강원도 지역에서 수년간 선교활동을 하였는데, 원산에서 개최된 사경회에서 자기의 무력을 깨닫고 통회 자복의 기도를 드린 것이 원산 부흥운동의 불씨이자 평양대부흥운동의 원인(遠因)이 되었다.[13] 방위량 선교사의 증언대로 철저한 회개와 이로 말미암는 죄용

---

11) 앞의 책, p. 220.
12) 앞의 책, p. 17.
13) 김인수, 「미국 교회 대각성운동과 한국교회의 1907년 대부흥운동과의 비교연구」, 장로회신학대학교 제5회 국제학술대회 준비위원회 편, 『20세기 개신교 신앙 부흥과 평양 대각성 운동』 (서울: 장로회신학대학교 출판부, 2006), p. 41.

서의 기쁨이 부흥운동의 특징이라고 할 수 있다. 1907년의 평양대부흥운동도 회개로부터 시작되었다. "1907년 1월 겨울 사경회의 마지막 기간 중에 드디어 성령의 임재를 보여 주는 공개적인 현상이 나타났다. 이 집회에서 사람들은 죄의 무서운 결과, 죄 없으신 그리스도께서 받으신 고난, 자신들을 위해 죽으신 그리스도의 사랑을 절절히 깨닫게 되었다. 그들은 몸부림치며 번민하였다. 그 가운데 일부는 거의 죽음에까지 이를 정도였다. 그들은 완전한 용서를 깨닫고 마침내 마음의 평안을 얻었다."[14] 선교사들 스스로 죄를 고백하며 기도하기 시작했고, 참석한 성도들도 자신들의 죄를 통회하는 회개의 기도를 드렸다.

이 때의 회개 기도가 어떤 요소를 지니고 있는지를 분석해 보면, 성령이 역사하심에 따라 '지은 죄가 드러나고', '죄를 자각하고', '죄 짐에 짓눌려서 크게 울고', '심한 고통 속에서 마루바닥을 치고 옷을 쥐어뜯으며 죄를 고백하고', '진심으로 뉘우치고', '죄 용서를 탄원' 하였다. 그 후 이로 인해 죄용서의 기쁨을 얻고 '말씀 안에 있는 영원한 생명'을 발견하고, 죄악의 사슬을 끊어 믿음 안에서 '평화를 얻게 되었다.'[15] 이러한 회개는 타인에 의해서 강요된 회개가 아니라 자발적인 것이었으며, 자기 내면에 숨겨져 있던 미움, 시기, 증오, 교만에 대해서 회개했을 뿐만 아니라 밖으로 드러난 행위로서 사기, 술, 담배, 도박 등에 대하여 뉘우치는 것을 포함하였다.[16] 또한 부흥운동 당시의 회개는 개인적인 고백의 차원을 넘어서서 피차에 죄를 고백하며, 공개적으로 죄를 고백하는 공동체적인 특징을 지니고 있다. 더욱이 죄를 회개하고 뉘우친 후, 자신이 미워했던 사람들을 찾아가서 서로 감싸 안으며 용서하는 실천이 뒤따랐다.[17] 이렇게 죄를 공개적으로 고백하는 것은 구체적

---

14) Charles Allen Clark, *The Korean Church and Nevius Methods* (New York: Fleming H. Revell, 1930), p. 194.
15) 임희국, p. 17.
16) 위의 글.
17) 위의 글, p. 18.

이고 확실하게 그 죄로부터 떠나게 해주고, 그 죄로 말미암아 피해와 고통을 당하는 사람을 치유하는 능력이 있다.[18]

1907년 평양대부흥운동에 있어서 이러한 회개는 형식적인 기독교인들을 진정한 기독교인으로 변화하게 하였다. 서양의 기독교가 문화적으로 한국에 이식되고, 선교사들의 포교에 의해 기독교로 개종하여 형식적인 기독교인이 되었지만, 내면의 진정한 회심이 이루어지지 않았던 사람들이 참된 그리스도인으로 변화된 것이다. 당시 한국인들이 기독교인이 되는 동기는 크게 세 가지로 요약할 수 있다. 첫째는 위험을 피해 안전한 피난처라고 생각되는 서양 선교사가 있는 교회를 찾는 경우이고, 둘째는 앞선 서양의 문물을 배우고자 하는 경우이며, 셋째는 영적인 갈증을 채워보고자 하는 경우이다.[19] 그러나 이 모두 참된 기독교인으로의 변화를 보장해 주지 않는다. 진정한 '기독교인 됨'은 오직 회개를 통해서만 가능하다. 이런 점에서 평양대부흥운동은 '부흥운동'이라기보다는 '신앙각성운동'이라고 불러야 더 옳을 수도 있다.[20]

기독교교육이 삶의 변화를 추구한다면, 진정한 변화는 회개로부터 시작한다. 회개가 근본적인 변화를 일으키며, 기독교교육 역시 근본적인 변화를 추구한다면 회개야말로 기독교교육의 기초요, 영성교육의 근본이라고 할 수 있다. 회개가 없는 기독교교육은 표피적이요 형식적인 교육에 머무를 수밖에 없다. 그러므로 기독교교육에서 죄의 고백과 이를 회개하는 회개기도는 깊은 교육적 의미를 지닌다고 할 수 있다. 회개운동으로서 1907년 평양대부흥운동은 진정한 기독교교육이 어떤 성격을 지녀야 하는지 분명히 보여주는 모본인 셈이다. 물론 이러한 회개는 강요나 주입에 의해서가 아니라 자발성에 기초해야 한다. 자발적일 때 내면을 드러내게 되며, 내면을 드러내는

---

18) 현요한, "평양대부흥운동에 나타난 죄 고백의 신학적 의미와 리더십" 제2회 소망신학포럼 자료집, p. 42.
19) 임희국, pp. 18-19.
20) 위의 글.

회개만이 진정한 회개요, 변화를 일으키는 회개이기 때문이다. 또한 한 사람의 진실한 회개는 다른 사람으로 하여금 자신의 죄를 깨닫고 이를 돌이키게 하는 영향력을 가진다. 서로에게 죄를 고백하는 공동체적인 회개는 진정한 공동체 교육의 기초이다. 왜냐하면 이런 공동체적인 회개를 통해 내적인 연대가 가능하기 때문이다. 이런 의미에서 회개공동체야말로 교육공동체이다.

III. 부흥운동을 통한 기독교교육의 확산과 성숙

1907년 평양대부흥운동은 기독교교육의 한 과정일 뿐 아니라 결과로서도 기독교교육에 큰 변화를 가져왔다. 주목할 만한 변화로서 교육에 대한 열망으로 인해 일어난 주일학교의 부흥과 기독교학교의 부흥을 들 수 있다. 이는 '기독교교육운동'이라고 할 만큼 그 수에 있어서 폭발적인 증가가 있었고 전국적인 확산으로 이어졌으며, 그 내용에 있어서도 그 전과는 다른 성숙이 있었는데, 이것이 결국 일제의 압제 속에서 민족교육과 항일운동의 원동력이 되었다고 할 수 있다.

1. 교육에 대한 열망

평양대부흥운동은 각성운동이요 계몽운동으로서 당시 한국의 교인들로 하여금 배움에 대한 열망을 갖게 하였다. 사경회라는 성경공부 중심의 모임은 당연히 글을 깨우치는 것이 중요함을 깨닫게 하였고, 진리에 대한 사모함을 갖게 하였다. 1907년을 전후한 당시의 상황에서는 기본적인 교육조차도 제대로 받을 수 있는 여건이 되지 못했기 때문에 교회가 매우 중요한 교육기관으로서의 기능을 수행하였고, 평양대부흥운동은 이러한 배움에 대한 더 큰 갈망을 불러일으켰던 것이다. 박용규 교수는 이러한 현상을 "부흥운동을 통해 복음을 접하고 하나님의 놀라운 은혜를 체험하자 곧 안목이 열려 과거에 자신들이 보지 못했던 것을 보게 되었고, 배움에 대한 굶주림으로 성경학교, 보통학교, 중학교, 고등학교로 학업의 길을 찾아 떠나는 이들이 수없이 많았다."고 기록하고 있다.[21]

특히 부흥운동을 통해 부모들이 교육에 대해 각성하고 자녀들을 교육시켜야 한다는 분명하고도 간절한 확신을 갖게 되었는데, 이는 선교사들이 그들의 본국에서 강조하듯이 부모들의 자녀교육에 대한 의무와 책임을 강조한 것에도 연유한다. 이 당시의 《예수교 신보》에는 소학교 교육의 필요성을 호소하는 글이 실렸는데, 거기에서는 부모가 자녀교육의 책임이 있음을 천명하고, 교사는 그 부모의 역할을 대신 위탁 받은 자로 간주하고 있다. "자녀를 교육하는 것은 부모의 책임이라. 그러나 부친은 항상 사무를 인하여 종일토록 밖에 있고 모친도 또한 집안일에 분주하여 교육을 온전히 힘쓰기 어려운 고로 교사는 그 부모 대신에 그 의무를 행하는 자라."[22] 부흥운동 이후 주일학교가 부흥하고 각종 기독교학교가 설립된 것은 자녀교육에 대한 부모들의 열망 때문이었다고 할 수 있다.

2. 주일학교의 부흥

1907년 평양대부흥운동으로 한국교회는 폭발적인 성장을 하게 되었다. 이러한 교회성장은 장로교회와 감리교회가 모두 경험한 사실인데, 평양에는 1,000명 이상 모이는 감리교회와 장로교회가 여럿 생겨났으며, 평양시내가 "급속하게 기독교화"되어 가게 되었다.[23] 서울의 교회들 중에서도 한 교회에 주일 새신자가 60-100명이나 되는 등 교인수가 급속도로 증가하였다. 1906년에서 1907년 사이에 장로교회는 세례자 수가 1만 2,506명에서 1만 5,097명으로 29% 증가, 원입은 4만 4,587명에서 5만 9,787명으로 늘어 34%가 증

---

21) 박용규, p. 464.
22) 《예수교 신보》 1908년 11월 15일, p. 198. in 박용규, 『평양대부흥운동』, p. 467.
23) 위의 책, p. 409.

가하였다. 감리교회의 경우 그 수가 더 증가하였는데, 1906년에 1만 8,107명의 교인이 1907년에는 3만 9,613명으로 무려 118%나 증가하였다.[24] 특히 고무적인 것은 부흥운동이 주일학교 학생수의 급증으로 이어지게 되었다는 사실이다. 1904년에는 2만 명 미만이었던 북장로교의 주일학교 학생수가 평양대부흥운동 직후인 1909년에는 거의 10만 명에 육박하게 되었다. 불과 5년 사이에 5배 정도의 성장을 가져왔던 것이다.[25]

1907년 4월의 주일학교 수와 주일학교 학생수를 살펴보면 북장로교의 주일학교가 596개교, 주일학생수가 4만 9,545명이었으며, 북감리교의 주일학교가 153개교, 주일학생수가 1만 2,333명이었다. 이 외에도 남장로교, 남감리교, 캐나다장로교, 호주장로교를 모두 합하면 주일학교가 900개교에 이르며, 주일학교 학생수는 6만 9,002명에 달하였다.[26] 이렇게 주일학교 학생수가 증가하고 교회교육에 대한 관심이 높아지자 선교회는 체계적인 지원을 위해 세계주일학교협의회(World's Sunday School Association) 한국지부를 결성하게 되었다.

이러한 교회성장과 주일학교의 급성장은 평양대부흥운동의 열매였다. 즉, 성장을 위해 의도적으로 부흥운동을 일으켰다거나 이를 위해 노력했다기보다는 사경회와 회개를 통한 죄 자복, 그리고 참된 믿음을 갖는 진정한 그리스도인들로 변화됨으로 생긴 결과라는 것이다. 다시 말해 교회의 부흥과 주일학교의 부흥은 수적인 증가와 양적인 팽창에 우선순위가 있었던 것이 아니라 "성령의 역사하심 속에서 모든 신앙인들이 복음 안에서 변화되어 새로워지고, 이 복음을 이웃에게 증언하는 가운데서 자연스럽게 양적으로 증가한 것"으로 볼 수 있다.[27] 이는 오늘날에도 중요한 교훈을 주는데, 최근 교회학교 학생수가 감소하는 현상을 극복하고 다시금 부흥을 일으키기 위

---

24) 김인수, 『한국 기독교회의 역사(상)』 (서울: 장로회신학대학교 출판부, 1998), p. 256.
25) 박용규, p. 674.
26) KMF IV: 5(May, 1908), in 박용규, 『평양대부흥운동』, p. 437.
27) 임희국, p. 21.

해서는 교회학교 성장 자체가 아니라 참된 기독교교육을 통한 변화와 내적인 성숙에 우선순위를 두어야 할 것이다.

3. 기독교학교의 부흥

평양대부흥운동이 끼친 영향 가운데 특별히 주목해야 할 분야는 기독교학교교육 분야이다. 부흥운동은 사경회와 주일학교의 성장을 가져왔을 뿐만 아니라 기존의 기독교학교가 양적·질적으로 성숙하게 하였고, 기독교학교 설립 운동을 통해 교회는 기독교학교들을 많이 세우게 되었다. 특히 1907년 평양대부흥운동을 지나면서 학교 설립은 놀라운 속도로 늘어났다. 스왈른(W. L. Swallen)은 1907년 7월 25일에 미 선교부에 보낸 편지에서 "대단히 놀라운 수의 학교가 올해 설립되었습니다. … 학교에 적합한 교사들을 공급하는 문제는 시급한 사항입니다."라고 적고 있다.[28] 급증하는 학생들을 수용할 수 있는 학교 시설과 교사 수급의 충족이 선교회의 가장 중요한 과제로 떠오르게 되었다. 1906년 6월에는 208개교의 학교가 1907년 6월에는 344개교로 무려 136개의 학교가 늘어났으며, 1906년에 3,456명이었던 학생수도, 1907년에는 7,504명으로 증가하게 되었다.[29] 여기에서는 먼저 기독교학교의 부흥운동을 살펴보고, 어떻게 기독교학교가 폭발적으로 증가하게 되었는지를 논의하려고 한다.

평양대부흥운동은 교회에서만 일어난 것이 아니라 장대현교회의 사경회 이후 당시 기독교학교 안에서도 뜨겁게 일어나기 시작하였다. 노블의 보고에 따르면 "최근 부흥운동기간 동안 우리의 거의 모든 학생들이 회개와 참회를 경험했으며, 사실 부흥운동은 학생 집단에 가장 크게 현시되었다."고 하였다.[30] 장대현교회 남자 사경회 직후인 1907년 1월 16일부터 평양 시내

---

28) W. L. Swallen, Letter to Dr. Brown, July, 25, 1907. 박용규, 『평양대부흥운동』, p. 429에서 재인용.
29) 김인수, 『한국 기독교회의 역사(상)』, p. 256.
30) Minutes of Korea Mission, *Methodist Episcopal Church, 1907*, p. 49. 박용규, 『평양대부흥운동』, p. 271에서 재인용.

안팎의 여러 미션 스쿨에서 부흥운동이 일어나게 되었다. 당시 숭실학교의 선교사들은 학생들에게 성령의 역사가 임하기를 위해 기도하였고, 그 기도의 열매로 학생들은 죄를 회개하고 통회하는 오순절 역사를 경험하게 되었다. 수업 중에 가진 기도회에서 성령이 임재하여 교실은 통회의 외침과 흐느낌으로 가득 찼으며, 그 감동이 너무 깊어 첫 주 동안 학교수업을 진행하는 것이 불가능할 정도였다.[31] 학생들이 울면서 서로 잘못을 나누느라 수업이 중단되었으며, 자신들의 작은 죄들, 시험부정, 도둑질, 거짓말, 욕설, 원한들을 고백함으로써 심령의 정결함을 얻게 되었다. 특히 학생들은 매일 수 시간씩 친구들을 위해 중보기도를 하였고, 이로 인해 과거에 구원의 확신이 없던 학생들이 구원의 확신을 갖게 되었으며, 미션 스쿨 학생들 모두 다 분명한 신앙을 가진 그리스도인들로 변하였다.[32] 또한 부흥운동으로 인해 학생들의 학습태도도 달라졌는데, "수업분위기가 이전과 비교할 수 없을 정도로 진지해졌고, 교사를 바라보는 태도도 이전의 자세와 달랐다."[33] 이를 지켜본 베커가 "2년 동안의 훈련으로도 성취할 수 없었던 어떤 특성들을 부흥운동이 성취하였다."고 증언한 것이 이를 입증해준다.[34] 결국 부흥운동을 통한 영적 각성이 학생들의 신앙적 변화만이 아니라 학습태도에까지 변화를 끼쳤다는 것을 알 수 있다.

한국교회의 초기 기독교학교 설립운동은 부흥운동과 분리할 수 없다. 1903년 원산부흥운동 이후 기독교학교 설립이 점차 증가하다가 1907년 평양대부흥운동을 지나면서 급격하게 증가하게 된다. 이렇게 폭발적으로 학교 설립이 이루어진 것은 대부흥운동을 통해 각성하고 계몽된 이들이 자연스럽게 학업에 대한 열망을 갖기 시작했기 때문이다. 당시의 선교사 보고서에는 "학교에 대한 부르짖음이 어느 곳에서나 들린다. 수만의 학생들이 배움

---
31) 박용규, pp. 273-274.
32) 위의 책, pp. 275-277.
33) 위의 책, p. 278.
34) 백낙준, 『한국 개신교사』 (서울: 연세대학교 출판부, 1990), p. 389.

을 기다리고 있다."고 적고 있다.[35] 이들을 교육할 수 있는 공간을 마련하는 일이 시급하였고, 또한 이들을 가르칠 수 있는 교사들의 수급 부족이 가장 심각한 문제로 대두되었다. 이러한 필요에 한국 교회들이 응답하기 시작하였는데, 평양에서 활동하는 선교사 스왈른이 선교본부에 "우리가 직면한 가장 큰 문제는 학교 문제이다. 모든 교회가 한 학교씩을 운영하고 있고, 몇몇 교회는 서너 학교를 운영하고 있다."고 보고한 것은 당시 교회의 학교 설립 운동이 활발히 전개되었음을 보여준다.[36] 또한 맥팔랜드는 북부 선교구에서 일어나는 기독교학교 설립을 보고하였는데, "교육에 대한 한국인들의 열망이 빠르게 증가하고 있으며 어떤 규모의 교회이든지 머지않아 그 자체의 남녀 초등학교를 가지게 될 것이다."라고 적고 있다.[37] 당시의 한국교회는 그야말로 '일교회 일학교' 운동을 실천했던 것이다. 그리고 이러한 기독교학교 설립운동은 교파를 초월하여 연합하였는데, 장로교와 감리교의 구별 없이 진행되었다. 이때 기독교학교를 다닌 학생들이 후에 금주금연 운동은 물론 노비철폐나 남녀평등을 통한 사회 개혁의 주체가 되고, 1919년 3·1운동을 비롯한 항일운동의 주역이 되었다는 점에서 영적 부흥운동과 기독교학교 운동, 그리고 사회개혁과 항일운동은 매우 밀접한 관계를 지닌다고 볼 수 있다.

IV. 오늘날 기독교교육의 부흥운동

1907년 평양대부흥운동은 오늘날 기독교교육에 어떤 통찰을 제공하는가. 2007년 평양대부흥운동 100주년을 맞이하면서 이 질문을 진지하게 생

---

35) KMF IV: 3(Mar., 1908), 33. 박용규,『평양대부흥운동』, p. 430에서 재인용
36) W. L. Swallen, Letter to Dr. Brown, November, 1, 1907. 박용규,『평양대부흥운동』, p. 432.
37) *Annual Report*, PCUSA(1907), p. 46에서 재인용

각해 보아야 한다. 그 당시의 상황과 오늘의 상황은 매우 다르고, 한국교회의 규모나 내용에 있어서도 그때와는 비교되지 않을 정도로 확장되어 있다. 그러나 마치 사도행전에 나타나는 초대교회가 모든 교회의 영원한 모델이 되듯이, 1907년 한국교회가 경험한 영적 부흥운동은 오늘날 형식화되어가고 무기력해져가는 한국교회가 본받아야 할 원형적 모습이라고 할 수 있다. 평양대부흥운동이 일어날 수 있었던 거룩한 원리를 발견하여 이를 오늘날에 적용할 수 있다면 우리도 다시 한 번 그 부흥의 역사를 은혜로 체험할 수 있을 것이다.

1. 변형을 위한 기독교교육

1907년 평양대부흥운동은 기독교교육이 변형(transformation)을 추구하고, 근본적인 삶의 변화를 일으킬 수 있어야 함을 가르쳐준다. 기독교교육은 단지 기독교라는 문화나 관습, 생활방식을 갖게 하는 것이 아니다. 단지 문화적 회심(cultural conversion)이나 문화화(enculturation)에 그치는 것도 아니다. 그것은 내적 회심(inner conversion)이 일어나고, 초월적인 차원에서의 변화를 포함하는 것이어야 한다.

평양대부흥운동 당시 소위 명목상의 교인들이 많았다. 이들이 성령의 역사하심을 통해 중심으로부터의 변화를 경험한 것처럼, 기독교교육은 삶의 표피적인 변화가 아니라 통전적인 변화를 일으킬 수 있어야 한다. 이는 지적인 영역, 정의적 영역, 의지적 영역, 그리고 실천적 영역을 모두 포함하는 기독교교육이 이루어지고, 이를 통해 전인격적인 변화와 생활에서의 변화가 일어나는 것을 의미한다. 평양대부흥운동의 사경회가 내포하는 요소들, 즉, 지성, 감성, 실천성, 그리고 영성 등이 통합된 기독교교육을 추구해야 하며, 이를 통해 당시의 교인들의 삶이 송두리째 변화된 것처럼 오늘날에도 변형을 경험할 수 있어야 한다.

2. 회개로서의 기독교교육

영성교육으로서 기독교교육에 있어서 가장 중요한 행위는 회개이다. 회개는 인간의 내면 깊은 곳에서부터의 변화를 추구한다. 1907년 평양대부흥운동의 기반이라고 할 수 있는 선교사들과 교회지도자, 그리고 참여한 모든 성도들의 회개는 진정한 기독교교육의 출발점이라고 할 수 있다. 회개 없는 기독교교육과 회개가 있는 기독교교육은 전혀 다른 모습일 수밖에 없다. 평양대부흥운동은 오늘날의 기독교교육이 회개가 있는 기독교교육이 될 것을 촉구하고 있다. 회개는 강압적인 방법이나 타의에 의해서 이루어질 수 있는 것이 아니라, 하나님 앞에서 자발적으로 자신의 내면을 드러냄으로서만이 가능하다. 이러한 회개는 성인들만 가능한 것이 아니고 평양대부흥운동 당시 기독교학교들에서 일어났던 것처럼 아동이나 청소년들에게서도 일어날 수 있다. 그런데 이러한 회개를 자발적으로 일어나도록 돕는 것이 교사와 지도자들의 회개이다. 교사가 학생들에게 '회개하라'고 말하는 것이 아니라 하디 선교사님이나 길선주 목사님이 그러했듯이 스스로 회개하기 시작하는 것이다. 그리고 단지 죄를 하나님께 고백하는 것으로 그치는 것이 아니라, 서로에게 죄를 고하고 용서하고 용서받으며 그 공동체가 회개의 공동체가 될 때 깊은 회개와 깊은 용서, 그리고 깊은 변화를 경험할 수 있다. 이러한 회개는 다시는 그 죄를 짓지 않는 행동과 그 죄로 인해 상처받은 사람에게 찾아가 용서를 행동으로 실천하는 것을 포함한다. 이러한 회개의 깊이와 강도만큼 기독교교육은 깊어지고 강해지는 것이다.

3. 교회학교의 재부흥

최근 통계청이 발표한 2005년 '인구주택총조사'에 따르면, 우리나라 총인구 4,728만 명 가운데 53.1%에 해당하는 2,497만 명이 종교인구인데, 기독교(개신교) 인구는 전체의 18.3%에 해당하는 876만 명인 것으로 나타났다.[38] 이는 불교가 22.8%인 것에 비해 상대적으로 낮은 수치일 뿐만 아니라,

1995년을 기준으로 할 때, 천주교가 무려 74.4% 증가하고, 불교가 3.9% 증가한 것에 비해, 기독교는 오히려 1.6% 감소한 통계이다. 이러한 감소현상은 교회학교의 경우 더 심각한데, 장로교(통합)의 경우 지난 1998년부터 2002년까지 5년 사이에 중고등부 학생수가 31.9%나 감소하였다.[39] 이러한 통계 결과에 대한 다양한 해석이 가능하겠지만, 분명한 것은 오늘날 한국교회와 교회학교는 위기에 직면하고 있으며, 이는 새로운 부흥을 요청하고 있다는 사실이다. 그런데 어떻게 교회학교가 부흥할 수가 있겠는가? 1907년 평양대부흥운동 당시의 부흥의 원리가 그러했듯이 성장 자체가 목적이 아니라 진정한 기독교교육이 이루어지고 내적인 회개와 변화가 일어날 때, 그 열매로서 성장과 부흥을 기대할 수 있다. 성경공부와 기도, 회개와 믿음, 그리고 전도를 실천할 때 오늘날의 교회학교도 다시 부흥할 수 있을 것이다.

4. 새로운 기독교학교 부흥운동

1907년 평양대부흥운동이 교회의 주일학교만이 아니라 기독교학교를 포함한 교육전반의 변화로 나타나게 된 것은 오늘날 매우 중요한 교훈을 준다. 기독교교육은 교회교육, 더욱이 주일학교 교육으로만 국한되는 것이 아니다. 당시 성령의 은혜를 경험한 교인들은 자녀교육의 중요성을 깨닫고 그 자녀들을 주일학교에 보냈을 뿐만 아니라 기독교학교를 설립하여 기독교적인 정신으로 교육하는 일에 깊은 관심을 지니고 이를 실천하였다. 따라서 평양대부흥운동은 오늘날 기독교교육자로 하여금 교회학교 교육은 물론 기독교학교에서 이루어지는 교육에 관심을 가질 것을 촉구한다. 당시의 미션 스쿨은 수업시간에도 교사가 성령의 인도하심을 따라 기도할 수 있었고, 성령에 사로잡힌 학생들과 교사들은 수업시간을 미룬 채 기도하며 서로에게 죄를

---

38) 통계청, 「인구주택총조사」, 2006. 5.
39) 박상진, "교회학교 성장추이 분석" 『교육정책세미나 자료집』(2003년), 장로회신학대학교 기독교교육연구원.

고하며 용서할 수 있었다. 그러나 오늘날의 미션 스쿨은 진정한 기독교교육을 실천하기에는 너무나 많은 제약을 받고 있다. 평준화 정책으로 인해 학교의 자율성이 저하되었고, 제7차 교육과정으로 인해 종교적 체험이 아닌 종교학적 지식을 전달하는 기능으로 축소, 전락되었다. 기독교학교들은 다시 한번 1907년 당시의 기독교학교처럼 자율성을 확보하여 기독교적 건학이념을 실천하고, 성령으로 충만한 예배와 교사와 학생들 간의 인격적인 관계를 통해 진정한 기독교교육이 이루어지는 학교가 되도록 해야 할 것이다. 또한 1907년 평양대부흥운동 당시에 한국교회가 기독교학교를 설립하였던 것을 본받아, 오늘날에도 기독교학교 설립운동을 통해 교육의 영역에서 하나님의 나라가 이루어지도록 해야 한다. 한국교회가 기독교적 정신으로 가르치고 배울 수 있는 기독교학교교육의 중요성을 인식하고 '일교회 일학교' 정신으로 기독교학교를 설립할 수 있다면 새로운 기독교학교 운동이 가능할 것이다.

V. 다시 부흥을 꿈꾸며

1907년 평양대부흥운동은 우리 민족과 한국교회를 사랑하시는 하나님의 은총의 선물이다. 그로 인해 한국교회는 성장하게 되었고, 교회학교는 물론 기독교학교가 부흥하게 되었다. 또한 새벽기도회를 비롯한 한국교회의 토착화가 이루어졌고, 한국교회의 연합운동이 활발하게 일어나기 시작했으며, 여러 가지 남녀평등을 비롯한 인권신장과 노비철폐 등 사회개혁이 이루어졌다. 또한 민족교육을 통한 애국운동과 항일운동도 일어나게 되었다. 이제 평양대부흥운동 100주년을 맞이하면서 다시 그 은혜가 재현되기를 원한다. "네 속에 있는 하나님의 은사를 다시 불일 듯 하게 하기 위하여 너로 생각하게 하노니"(딤후 1:6)라는 사도바울의 말씀처럼, 한국교회 안에 있는 하나님의 은사가 '다시' 불일 듯 일어나기를 기대한다. 이를 위해서는 1907년 평양대부흥운동이 기독교교육 운동이었음을 확인하고, 그 기독교교육의 원리를 오늘날에도 적용해야 한다. 사경회와 회개 운동의 열매로서 부흥을 경험했던 것처럼, 기독교교육의 결과로서 교회학교와 기독교학교의 부흥 그리고 민족 복음화와 사회 모든 영역 속에서 하나님 나라의 확장을 경험할 수 있어야 할 것이다.

1부
기독교학교의 정체성

1장 한국 기독교학교의 현실진단 및 갱신 운동

김요셉 박사
Trinity Evangelical Divinity School(Ed.D)
현 원천침례교회 담임목사
수원중앙기독초등학교 교목
기독봉사회 한국대표
횃불트리니티 신학대학원 객원교수

2장 기독교대안학교의 정체성 문제 분석

신기영 박사
장로회신학대학교 겸임교수 역임
현 이사벨중고등학교 학원장
지구촌고등학교 설립자 교장
Asia Center for Educators' Development

1장 한국 기독교학교의 현실진단 및 갱신 운동

김요셉 박사 (중앙기독초등학교)

우리 한국 사회 안에서 총체적으로 학교 교육의 종말이 오고 있다는 생각이 들 정도로 우리나라는 교육 정체성의 부재에 시달리고 있다. 목적과 목표가 왜곡되어 버린 상황 속에서 심한 몸살, 아니 자살의 상황까지 가 있는 것이 교육 현실이다. 그런 와중에서 기독교학교가 유일한 등대가 되어 교육의 갈 길을 비춰야 함에도 불구하고 오히려 더 중증의 정체성 혼란에 빠져 있지 않은가 싶다. 닐 포스트만(Neil Postman)은 그의 책에서 "목적과 목표가 명확하지 않으면 학교의 종말(end)은 확실히 보장되어 있다."[1]고 말했다. 이러한 상황에서 우리는 기독교학교의 정체성에 대해 먼저 생각해 볼 필요가 있다.

I. 역사속에서 찾는 기독교학교의 정체성

정체성은 공백에서 생성되는 것이 아니다. 정체성은 상황적인 특수성을

---

[1] Neil Postman, *The End of Education* (Vintage Books, 1995), p.4 "There is no surer way to bring an end to schooling than for it to have no end."

지닌 것으로(context specific) 그 토양에서 나오는 것이다. 마치 지방 특산물이 그 지역의 기후 토양 등에 의해 독특성을 나타내듯이 한국적인 상황이 오늘 우리 한국의 기독교학교의 정체성에 지대한 영향을 끼치고 있다.

우리나라에 최초로 설립되었던 기독교학교는 지금부터 121년 전인 1885년, 미국인 선교사 언더우드 박사가 세웠던 경신 학교와 아펜젤러가 학생 두 명으로 시작하였던 배재학당이다.[2] 서양 문물에 패쇄적이었던 쇄국주의 정책 시기에 열악한 국내 상황 속에서 시작된 기독교학교들이 불과 25년 뒤인 1910년에는 모두 796개 학교(천주교 86개교 포함)나 되었다는 사실[3]은 우리 나라 기독교 복음화의 태동기에 기독교학교 운동이 얼마나 활발하게 전개되었는지를 보여주는 지표라 할 수 있다. 또한, 기독교학교가 민족 복음화와 한국 사회의 근대화에 일익을 감당하였다는 사실을 누구도 부인할 수 없을 것이다.

한국의 기독교학교는 선교사들에 의해 세워진 선교 지향적 정체성을 가진 기독교학교의 모습으로 시작되었다. 물론 개혁신학(Reformed Theology)이 중심이었던 선교사들에 의해 기독교학교의 본질은 호레이스 부쉬넬(Horace Bushnell)이 주창하던 '기독교적인 양육'(Christian Nurture)에 자리하고 있었다. 즉, 한국의 기독교학교 설립에는 인본주의적인 세계관을 신본주의적인 세계관으로 바꾸는 기본 뜻이 있었다. 그럼에도 불구하고 선교지의 특수한 상황으로 인하여, 북미 중심으로 일어났던 기독교학교 운동 즉 기독교 가정들의 자녀들을 기독교 교사들이 기독교 세계관으로 양육하는 정체성을 지닌 학교의 모습보다는 불신자 자녀들을 받아 기독교인으로 만드는 미션적인 정체성을 더욱 가지게 되었던 것이다. 게다가 초창기에 선교사들이 세운

---

2) 기독교학교연합회 편『한국기독교학교연합회 50년사』(한국장로교출판사, 2004), p.36 두 학교 모두 1885년도에 태동된 것으로 기록되었으나 이 경우는 대부분 선교사님들이 자택에서 몇 명의 아동들에게 영어를 가르치는 형태였고 공식적인 학교의 모습은 몇 년 뒤(경신학교는 1891년에, 배재 학당은 1886년에) 갖추었다.
3) 한국기독교학교연합회,『한국 기독교학교 연합회 50년사』(한국장로교출판사, 2004), pp.36-37.

기독교학교들은 기독교인으로 개화하는 일뿐만 아니라 한국에 근대 교육 시스템을 도입하는 중요한 기능도 수행하였다. 한학에서 양학으로 전환하는 매개체로써 기독교학교가 그 중심에 우뚝 서 있었던 것이다.

그런데 몇 가지 중요한 역사적인 요소들이 우리 기독교학교의 정체성을 많이 흔들어 놓았다. 일제 점령기에 기독교학교들에 대한 체계적이고 의도적인 탄압과 말살 정책이 가해졌다. 오늘날 공립학교의 근간을 이루는 많은 가치들이 일제 시대의 잔재로 남아있다. 근래에 일제의 잔재를 없애자는 움직임이 많이 일어났었는데 교육 시스템에서도 탈(脫) 일제화가 매우 중요한 과제라고 생각한다. 해방과 동시에 일어난 분단국가의 혼란기와 6·25 동란을 통한 아픔들이 기독교학교 정체성에 영향을 끼치는 요소가 되었다. 북한에 많이 있었던 기독교학교들이 남한으로 내려와 이식하는 과정 속에서 그 기독교적 독특성들이 희석되기도 하였다. 독재 정권하의 기독교학교는 평준화와 정부 예산을 받아들이는 조건으로 파우스트처럼 영혼을 팔아버리는 아픔을 감수하여야 했다. 물론 독재 정권 하에서 기독교학교의 독특성을 유지하기 어려웠겠지만, 평준화와 정부 예산의 수용이 정체성에 얼마나 큰 영향을 미칠지 알 수 있었다면 그렇게 하지 않았을 것이다. 민주화가 일어나면서 기독교학교의 정체성은 다른 인본주의적 요소, 곧 좌경화된 교육 주체들의 인본주의적 인권 운동에 흔들리게 되었다.

오늘날 기독교학교의 현재의 모습은 태동기의 첫 25년에 비해 상대적으로 많이 쇠약해진 모습이라 할 수 있다. 현재 '한국기독교학교연합회'에 소속되어 있는 기독교학교의 수는 100년 전보다 오히려 훨씬 줄어 든 132개교(초·중·고등학교를 망라함)로, 11만 6,204명의 학생이 재학하고 있다. 이는 현재 한국의 초·중·고 전체 학생수의 1%를 조금 넘는 적은 수에 지나지 않는다. 초창기에는 국내 교육의 주도권을 가지고 앞장서서 한국의 개화에 중추적인 역할을 하며 국내외적으로 인정받는 유능한 지도자들을 배출했던 기독교학교들이 이제는 교육 관계자들이 바라볼 때 열악하고 귀찮은 존재로 전락해 버린 상황이 되었다.

'한국기독교학교연합회' 김정섭 사무국장은 『기독교학교연합회 50년사』 머리말에서 기독교학교의 현 상황의 핵심적인 문제는 기독교학교의 정체성 상실에서 기인된다고 다음과 같이 지적하였다.

> … 광복 이후 현재에 이르는 60년간은 세속 문화와 타협하여 기독교학교의 정체성을 상실한 위기 시대로 분류하는 시각이 있다. 역사를 문화와의 대결구도로만 본 단순성이 있기는 하나 후기 60년 동안 기독교학교교육에 관여해 온 입장에서는 유감스럽지마는 정체성 상실의 위기에 처한 사실을 인정할 수밖에 없을 것 같다. … [4]

그는 이와 같은 정체성 상실의 원인을 외부적인 요인과 내부적인 요인 두 가지로 진단하였다. 첫째는 정부가 사학의 자주성과 독자성을 제한하는 사학정책을 시행한 영향이다. 1963년에 제정된 사립학교법은 30여 차례 개정이 거듭되었으나 사학의 자주성보다 공공성을 우선하는 태생적 결함이 시정되지 않았다. 더욱이 고교평준화, 제7차 교육과정시행 및 통제와 감독위주의 장학방침 강행 등으로 기독교교육은 금지 내지 제한의 굴레를 벗어나지 못했다. 둘째 원인은 기독교학교 내부에 있었다. 기독교학교를 국민교육의 보조기관으로 획일화하려는 교육행정정책에 대한 대응이 미흡했다는 것이다. 자유는 쟁취해야 하는 것인데 기독교학교들은 자유로운 기독교교육을 제한하는 규제에 대하여 적극적으로 대항하지 않았다는 것이다.[5]

여기서 우리는 그동안 우리나라에서 기독교학교라고 지칭해 온 학교가 과연 어떤 의미의 기독교학교였는가를 생각해 볼 필요가 있다. 기독교학교는 다양한 형태와 다양한 목적을 가지고 존재할 수 있기 때문에 정체성의 상실은 어떻게 보면 뚜렷한 목적의식을 가지고 학교의 모습과 형태를 일관

---

4) 위의 책, p. 25.
5) 위의 책, p. 25.

성 있는 철학에 근거하여 세워 나가지 못한 것이 더 본질적인 문제라 생각된다. 특히 한국적인 상황 속에서 기독교학교들은 지난 60년간 '미션 스쿨'이란 표현으로 집약되는 선교 중심의 교육 기관이었다. 평준화와 공교육의 보조기관이라는 굴레 아래서 어쩌면 거의 선택의 여지없이 불신 학생들을 배정 받아 선교의 명분 외에 다른 목적 즉 기독교 세계관을 믿는 가정의 자녀에게 함양하는 형태의 '기독교 학교'로 전환하기에는 역부족이 아니었나 하는 생각이 든다.

아래 인용한 인터넷 기사는 최근 일어난 강의석 군의 종교 교육 거부 사태를 계기로 기독교학교가 '미션 스쿨'일 것인지 아니면 '크리스천 스쿨'일 것인지를 구분하는 것이 필요함을 역설하고 있다.

기독교학교와 미션 스쿨 '경계' 있어야

과거 역사를 보면 기독교학교가 조국의 계몽운동과 개혁자의 배출에 미친 영향으로 인해 사학에서의 종교교육에 어떤 문제를 제기하는 이들이 없었습니다. 하지만 이제 세계화와 정보화의 물결 속에서 한국의 기독교 사학은 자신의 정체성을 확실히 할 시점에 왔다고 모두가 공감할 것입니다.

기독교학교에 대한 고민은 여러 대학에서 특히 제가 접하기로는 기독교교육 분야에서 오랫동안 논의되고 있습니다. 그리고 그 중에서 핵심적인 문제가 기독교학교와 미션 스쿨의 차이를 분명히 하자는 것입니다.

기독교학교(특히 우리나라에서는 사립학교법에 의해 대부분이 기독교 대학)는 학교의 창립과 운영, 그리고 무엇보다도 신입생 모집에서부터 학생의 자발적인 신앙고백과 자신의 권리와 의무를 숙지한 뒤 입학하여야 학교 운영에서 신앙의 순수성을 회복할 수 있습니다.

미션 스쿨은 이와는 달리 선교적인 학교입니다. 우선 학생은 자의에 의해서 학교를 선택할 권리를 가져야 합니다. 하지만 미션 스쿨이 기독교학교와 같은 정도의 의무를 강제해서는 안 됩니다. 미션 스쿨은 미션 스쿨 나름의 쓰임이 있고 기독교학교는 기독교학교 나름의 모양

새가 있는 것입니다.
종교계의 눈에 비치기에는 기독교학교가 훨씬 매력적이고 모범적으로 보입니다. 그렇다고 해서 미션 스쿨을 그런 방식으로 운영해서는 안 됩니다. 오히려 미션 스쿨이 훨씬 역동적이어야 합니다. 역동적으로 신앙을 가지지 않은 학생들과 대화에 임해야 하며, 그럴만한 역량을 가져야 합니다.
채플제도는 대안이 아닙니다. 그것이 신앙을 제시한다고 생각하지만 오히려 그것이 타협입니다. 학생들은 채플시간만 채우면 그 외 시간은 자유입니다. 학교도 그 시간만 잘 마무리하면 다른 의무에서 면제를 받는 듯합니다. 예수님께서 베드로를 만나듯이, 빌립이 니고데모를 만나듯이, 어떤 만남은 사람이 통제할 수 없는 어떤 점을 가진다는 것을 항상 기대하며 살아야 할 듯합니다.[6]

이 기사의 모든 내용에 동의하는 것은 아니다. 특히 미션 스쿨이 채플을 완전히 배제한다거나 신앙적인 부분을 전적으로 자율에 맡겨야 한다는 논리는 조금은 지나친 요구인 것 같다. 그러나 미션 스쿨과 크리스천 스쿨이 서로의 정체성을 확실하게 구분하는 것이 반드시 필요하며 각각 다른 목적을 가진 기독교학교들이 함께 공존하는 것이 가장 바람직하다고 생각된다. 현재 미션 스쿨 형태의 정체성을 가지고 있는 기독교학교들은 전향적으로 학생들의 진정한 복음화를 이루기 위하여 그 동안 관습적으로 전개해 온 채플이나 성경 시간들을 진솔하게 평가해 보고 과감히 바꿀 수 있는 부분은 무엇인지 연구할 필요가 있다. 아울러 만약 선교와 전도의 목적이 진정한 학교 설립의 핵심 가치라면 '윌로우크릭교회'(미국 시카고 소재)처럼 구도자 중심의 가치로 교회의 구습들을 과감히 벗어 던져야 한다. 뼈를 깎는 변신을 하지 않으면 기독교학교들이 현재 처해있는 위기에서 헤어 나오지 못하게 될 공산이 상당히 크다.

---

6) 최희독 기고 기사: 《뉴스앤조이》 2005년 3월 30일 교육란.

그러나 한편으로는 만연된 인본주의적인 가치들이 지배하고 있는 작금의 한국 사회 안에서 미션 스쿨들이 선교적 목적의 정체성을 가지고 학교를 운영할 수 있을 지는 미지수이다. 아래와 같이 미션 스쿨을 폐지해야 한다는 인본주의적인 논리를 앞으로는 더 많이 접하게 될 것으로 예측된다.

> … 설립자의 사적 만족을 위해 미션 스쿨(종교교육기관)의 설립을 허락하는 것은 민주주의 기본권을 해할 충분한 소지가 있고 또한 선택권이 없는 대한민국의 교육 시스템에 비추어보면 필연적으로 인간의 기본권이 침해될 수밖에 없다. 교육기관을 설립하고자 하는 자는 자신의 종교를 타인에게 포교하기 위해서 학교의 설립이념과 목적으로 특정 종교에 대한 행사를 강요 또는 장려할 수 없다고 생각한다. 따라서 아직 가치관의 미완성 상태에 있는 청소년기의 교육을 담당하는 교육기관에서는 미션 스쿨은 있어서는 안 된다고 본다. 그들은 교육기관에서 대한민국의 이념과 가치관을 배워야 할 때이지 특정 종교를 배워야 할 때가 아니다. 종교의 자유가 자신의 양심과 종교집단에서 언제 어느 때나 자유롭게 허용될 수 있는 것은 교육기관이 자유에 대한 민주주의 이념을 가르쳤기 때문이다. … [7)]

이미 미션 스쿨 형태의 기독교학교들에게 설립 목적을 포기하라는 압력이 끊임없이 교육 감독 기관이나 매스컴 그리고 요즘에는 학부모와 학생들을 통해서도 들어오고 있다. 실로 미션 스쿨들에게는 최대 위기의 시기가 아닌가 생각이 된다. 앞으로 우리나라에 지금과 같은 형태의 미션 스쿨이 얼마나 더 오래 존속할 수 있을지 예측하기 어려울 정도이다. 그러나 필자는 '위기는 위험이 내포된 기회'라는 확신이 있다. 사실상 그동안 미션 스쿨들은 기독교 계통의 사립학교로, 기독교적인 요소보단 사립적인 요소를 대외적으로 더욱 부각시키는 우를 범하기도 하였다. 현재 미션 스쿨들의 위기

---

7) 하니리포터, 박상준 기자(parksang@ihanyang.ac.kr) 『종교의 자유를 외치다 제적당한 학생』, 2004년 8월 23일, www.hani.co.kr

는 오히려 더 명확하게 정체성을 재정립하고 그 정체성에 입각한 일관성 있는 기독교학교로 변신할 수 있는 절호의 기회라 생각된다. 이제는 일반 사립학교와는 차별되는, 선교와 전도가 진정으로 주목적이 되는 학교가 되도록 교회와 기독교인 모두가 힘을 합쳐 도와야 할 때가 왔다. 불신 자녀들을 전도하고 선교하는 학교, 불신자들이 오고 싶은 학교로 만들지 않으면 안 된다. 그러기 위하여 미션 스쿨에서 제공하는 교육 서비스는 최상의 양질 교육이 되어야 하며 공립학교에서 얻을 수 없는 차별화된 교육 시스템을 제공할 수 있어야 한다. 미션 스쿨들은 설립목적에 대한 철저한 확신과 헌신을 가지고 여러 가지 불이익(정부의 예산 지원의 중단, 사회적인 비판 등)을 당할지라도 정체성이 흔들리지 않아야 한다. 사회의 요구에 타협하기 위하여 정체성을 흐리는 일은 삼가야 한다.

이미 기존에 있는 미션 스쿨들이나 새로이 세워지고 있는 기독교 학교들 간에 상호 이해와 독특한 정체성을 인정하는 노력이 좀 더 많이 필요하다. 기독교학교는 꼭 한 가지의 모습으로만 존재할 필요가 있는 것은 아니다. 외국의 경우에도 다양한 형태와 정체성을 가진 독특한 기독교학교들이 있다. 어느 한 모델이 모든 사람들에게 적용될 수 있는, 이상형의 기독교학교를 만들어낸다는 것 자체가 마치 이상형 인간을 만들어낸다는 것과 같은 어폐가 있는 것이다. 기독교학교의 과제를 말할 때에 광범위하고 포괄적으로 적용할 모델을 찾기보다 각 학교가 속한 혹은 속할 토양에서 일어나고 있는 이슈들을 고려해야 한다는 것이다.

이러한 정체성의 상실과 기독교학교의 근간을 흔드는 사회적인 현상들로 인해 기독교교육에 뜻이 있는 사람들을 중심으로 대안학교 형태의 기독교학교나 홈스쿨링과 같은 탈 제도권 교육 방식들을 선호하는 경향이 나타나고 있다. 지난 4-5년간 우리는 특히 대안학교 형태의 기독교학교들이 곳곳에서 시작되는 것을 보았다. 2003년 현재 한국에는 54개의 대안학교들이 설립, 운영되고 있다.[8] 그 중 상당수가 기독교적인 배경을 가지고 있거나 기독교학교를 표방하는 대안학교이다. 일단 대안학교는 정부의 간섭이나 감독에서부터 상대적으로 자유롭고, 학생 선발의 자유권을 가지므로 기독교학교로부터 관심을 불러일으키고 있다.

미션 스쿨과는 달리 최근 설립된 대안학교들[9]은 나름대로 크리스천 스쿨의 형태를 가진 기독교학교를 만들려는 시도를 하고 있다. 이 학교들은 기독교 교육과정을 통해 학문 속에 성경을 통합하는 시도를 하고 있다. 아울러 헌신된 기독 교사들을 엄격하게 심사 선정하며, 믿는 가정의 자녀들을 선발할 수 있는 제도적 장치가 마련되어 있는 모습을 볼 수 있다.

그러나 국가에서 인·허가를 받은 사립학교의 형태(대부분의 미션 스쿨)에서부터 인·허가가 없거나, 인허가 기준과 간섭이 낮다는 이유만으로 대안학교만이 기독교교육의 가장 이상적인 형태라고 생각하는 편파적인 사고는 문제라고 본다. 특히 대안학교라는 용어 자체가 일반인들에게 '제도권 학교에서 부적응하는 아이들을 위한 곳'이라는 인식이 만연되어 있는 상황에서 기독교학교들이 모두 대안학교의 길을 간다면, 자칫 기독교학교는 '부적응 아들만을 교육하는 제도권 밖의 교육기관'이라는 인식이 고착화 될 소지가 있다. 기독교학교들은 단순히 사회의 굴레에 대한 회피를 위하여 대안학교가 되는 것이 아니라 진정한 철학에서부터 우러나오는 가치에서 대안학교라는 유형을 선택하여야 할 것이다.

국가가 제정하는 법적인 자격 요건들 중에는, 물론 성경적인 기독교학교를 실현하는 것을 어렵게 하는 인본주의적인 요소도 있다. 그렇지만 성경이 우리에게 국가의 권위에 순복하라는 명령을 주신 이유는 국가와 법의 제도가 기독교 세계관을 확립하는 데 순기능이 있기 때문이다. 학교를 세우기 위한 정부의 기본적인 요구 사항, 즉 재정의 자립도, 건축물의 안전도, 교사와 교육과정의 완성도는 기독교학교라고 예외적인 기준 혹은 더 낮은 기준

---

8) 임태규, 기독교대안교육협의회 홈페이지 자료센터 http://www.caeak.com/data/data02.htm
9) 예를 들면 부산의 지구촌고등학교나 분당의 독수리학교 같은 기독교대안학교.

을 적용해서는 안 된다. 그러므로 충분한 준비 없이 단순히 기독교적인 명분과 의지만을 가지고 학교를 세우기 위하여 대안학교 같이 법적 설립 요건이 모호한 형태를 취한다면 첫 단추부터 잘못된 선택이 될 것이다. 국가가 학교의 설립 조건으로 요구하는 것들은 대부분 최소 기준이므로 오히려 기독교학교들은 그 기준을 초월한 더 높은 기준을 가지고 있어야 할 것이다. 이를 위하여 더 많은 재원이 필요하고 더 오랜 시간이 걸리더라도, 사회의 빛과 소금의 역할을 감당하려는 대가라는 생각으로 철저히 준비해야 한다.

그렇다면 학교의 형태가 미션 스쿨이든 크리스천 스쿨이든 기독교학교가 정체성에 입각한 교육을 하기 위해 기본적으로 공유해야 할 가치들은 무엇일까?

기독교학교는 기관으로서의 성경적인 정체성이 어디에서 비롯되는지를 재조명할 필요가 있다. 학교는 성경에서 하나님께서 제정하신 제도(Ordained institution)가 아니다. 신학자들은 가정, 교회 그리고 국가만이 하나님께서 당신의 뜻을 이 땅 위에 실현하시려고 미리 예정하신 기관임을 가르친다. 진정한 크리스천 스쿨이 되려면 학교는 성경이 공개적으로 세운 가정, 교회 그리고 국가에게 파생된 기관이라는 사실을 공식적으로, 그리고 지속적으로 확실하게 인정해야 한다.

II. 성경에서 찾는 기독교학교의 정체성

1. 기독교교육의 주체 '가정': 가정과 학교와의 관계

성경은 기독교학교를 거론하지 않는다. 성경에서 기독교학교의 직접적인 정체성의 근간이 되는 말씀들을 찾기 어렵다. 하나님이 제정하신 제도(God ordained institution)는 가정, 교회 그리고 국가이다. 학교는 이 세 기관으로부터 파생된 권위를 학교는 부여받는다. 이 부분이 기독교학교들이 간과하고 있는 것이다. 학교가 가정, 교회, 국가에 이어 독립적으로 성경적인 정체성의 권위를 가졌다고 생각하는 것이 문제이다. 학교는 성경적으로 대행하는 권위요 역할이다. 기독교학교는 교회 사역의 연장선상에서 정체성이 존재함을 잊지 말아야 한다. 교회와의 관계가 어정쩡할 때 기독교학교는 뿌리가 흔들린다. 국가의 권위를 존중하고 국가가 자신들의 안녕을 위하여 존재한다는 인식 속에서 국가의 정당한 부분들을 인정하는 기독교학교들이 되어야 한다. 또한 기독교학교는 가정의 기독교 세계관 교육을 대행하는 'In Loco Parentes'의 정체성을 가져야 한다. 중세기 이후 기독교학교들은 라틴어로 'In Loco Parentes' 즉 'In the Place of Parents'라는 가치로 학교의 역할은 철저히 부모에게 부여된 교육적 권위에 종속적인 관계라는 사실을 인정하면서 기독교학교로서의 정체성을 정립하였다.

신명기 6장, 시편 72편, 잠언 1-3장, 에베소서 6장(주의 교양과 훈계로 양육하라) 등의 말씀에서 우리는 가정에서 기독교 세계관 교육이 일어나기 원하시는 하나님의 마음을 읽어야 한다. 기독교적인 교육은 교육의 주체가 학교가 아니라 가정이란 사실을 간과하여서는 안 된다. 기독교교육의 일차 방어선(first line of defense)은 가정이다. 운전대는 가정이 잡아야 기독교교육이 바로 세워질 수 있다. 아무리 한국적 상황이 부모로부터 자녀 교육의 권한과 역할을 빼앗아가고 있다고 하여도 우리는 여기에 동조해서는 안 된다. 기독교학교는 자녀의 기독교 세계관 형성을 교육 기관에게만 맡겨버리는 부모들을 붙잡고, 그들에게 '하나님은 당신들에게 그 권한과 의무를 부여하셨습니다.'라고 해야 한다.

문제는 여기 있다. 가정과 연계하여 교육하기 가장 적합한 연령은 유아, 초등교육 시기이며 중등교육 과정에서는 부모와의 관계가 정립되기 쉽지 않다는 점이다. 뿐만 아니라 학생들을 기숙사에 살게 하면서 교육하는 것이 가정과 어떠한 관계를 형성하게 하는지 심사숙고해야 한다. 물론 기숙사가 있다는 사실 자체가 부모와의 관계를 무시하는 처사라고 볼 수는 없다. 그렇지만 만약 우리가 아동들을 가정에서 끌고 나와 교육을 해야 한다면 그 타당성과 명분은 정말 충분히 기독교적이어야 하고 온전해야 한다. 부모가 자녀 양육권을 빨리 포기하고 싶어 한다고 거기에 동조하는 것이 진정한 기독교 가치관인지 생각해 볼 필요가 있다.

필자가 교목으로 사역하는 중앙기독초등학교에서는 하나님께서 부모에게 맡기신 자녀 교육의 권위와 권리를 온전히 인정하는 관점에서 몇 가지 특징적인 제도를 도입하고 있다. 입학 과정에서 부모의 교육 철학 및 신앙의 신실함을 파악하고 입학 조건의 가장 중요한 비중을 부모와 학교의 비전 공유에 두려고 노력한다. 중앙의 입학 절차는 1년 전부터 시작되며 부모 신앙 및 교육 철학을 구체적이고 포괄적으로 서술하는 7페이지 상당의 원서 작성과 부모 인터뷰, 목회자의 가정 방문 등을 통해 입학 대상자를 선정하게 된다. 입학 이후에도 부모의 빈번한 학교 방문과 교육 참여, 학급 담임의 정기적인 가정 방문과 부모 상담 등을 통해 부모의 교육 목표와 의도에 부합한 교육이 가능하도록 제도적 장치를 마련하는 일이다. 그 외에도 아빠와 아이가 함께 하는 아빠 캠프, 어머니들로 구성된 어린이 제자 학교, 성경적인 부모관 교육 등을 해마다 개최한다.

2. 믿음의 유산 전하는 '교회': 교회와 학교와의 관계

전통적으로 학교 교육(Schooling paradigm)은 규격화된 교재와 교육 과정에 의한 지식 전달을 목적으로 연령별·능력별 교육을 제공해왔다. 이러한 교육 방식의 틀은 정규 학교 범주를 넘어 다양한 사설 학원(보습 학원, 피아노 학원 등)은 물론 교회 주일학교 교육 방식까지 주도하는 흐름으로 정착되었다. 즉 학생들의 감성적·영적인 영역에서조차 외형과 지적 발달에만 치중하는 방식의 교육이 이루어졌다. 특히 급속한 성장을 이룬 한국교회에서는 전도

와 교회 부흥에 역점을 두느라 정작 교회 구성원 및 그들의 자녀들을 그리스도인으로 양육해가는 면을 많이 다루지 못한 것이 사실이다. 이는 다름 아니라 교육 가치관이 세속화된 결과다. 새로운 교육, 참된 교육의 요구가 사회적으로나 역사적으로 어느 때보다도 더욱 고조되어 있는 이 때, 교육의 첫 단계인 초등학교에서부터 교육 당사자들의 가치관 변화가 이루어져야 한다. 이 때문에 진정한 기독교교육 철학을 바탕으로 운영되는 학교의 모델이 절실히 요구된다.

성경이 가정 다음으로 다음 세대 양육에 대한 권위를 부여한 기관은 교회이다. 하나님은 믿음을 다음 세대에게 기업으로 온전히 전수하는 계획을 위해 교회라는 공동체를 통해 세우셨다. 그렇다면 교회와 학교는 어떠한 관계에 있는가?

많은 선교 단체들이 교회와 불편한 관계에 있다. 일종의 선교 단체로서 기독교학교 또한 교회와 서먹서먹한 관계로 거리감을 두고 상호간 독립적인 평행선을 그으면서 가는 경향이 있다. 이는 성경에 대한 총체적인 시각이 부족해서 비롯되는 현상이다. 기독교학교가 성경적으로 하나님의 뜻을 펼치기 위하여 세우심을 받은 교회와 가정이란 두 기관과의 관계 속에 있다는 정체성을 심사숙고하지 않는다면 결과적으로 많은 부분들을 놓치게 될 것이다. 모든 기독교학교가 교회에서 세운 학교여야 할 필요가 있다는 것은 아니다. 그렇지만 기독교학교는 지역 교회와 어떤 관계를 가지며 어떻게 동역할 것인가를 지속적으로 고민하지 않으면 안 된다. 기독교학교들은 교회와의 관계를 충분히 고려하여야만 할 것이다. 그것이 교회의 파생 사역이라는 사실을 염두에 두어야 한다.

학교와 교회는 한 목적이기는 하지만 결코 같은 기관은 아니다. 오히려 학교와 교회는 각자의 독특성을 유지하면서 밀접한 관계를 통해 서로 협력하여 다음 세대에게 믿음의 유산을 전달하려는 공동의 목적을 이루어나가야 한다. 한국의 개신교 역사 초기에 일어난 평양의 부흥은 오산학교의 고당 조남식 선생과 같은 선각자들이 다음 세대들을 바른 기독교 정신으로 길러낼 수 있도록 학교와 교회에서 주도적 역할을 감당했기에 가능했다. 교육의 위기 앞에서 수많은 대안학교들이 우후죽순 세워지고 있다. 현 상황에서 관건은 학교들을 계속 만들어 내는 것이 아니라, 학생들의 삶을 구성하는 세 기관이 어떻게 일치된 진정한 교육을 제공하느냐에 달려 있다. 이러한 교육 공동체는 각자의 힘을 단순히 더한 것 이상의 시너지 효과를 가져온다. 또한 공동체 구성원들을 보호하고 서로의 약점을 보강해주는 가치를 발현하게 된다.

중앙기독초등학교는 교회에 밀접하게 소속되어 있는 기관으로 자리매김 시키기 위해 교인 자녀를 우선 입학시키고, 교직원의 교회 소속 및 출석을 조건으로 하며, 당과 정부가 연례 정책 회의를 하듯 학교와 교회 책임자들 간에 주 1회 정례 모임을 갖는다. 학교와 교회의 각종 행사는 양쪽 기관의 적극적인 참여를 통해 양측이 한 공동체임을 확인한다. 교회는 기도와 재정 등을 지원 받으며 학교는 교회 사역을 돕는 역할을 한다.

3. 질서와 정당성 위한 '국가' : 국가와 학교와의 관계

기독교학교의 파생 권위는 우선적으로 가정과 교회에서 오지만 국가와는 좀 더 다른 관계라고 본다. 로마서 13장과 베드로전서 2장 등에 의하면 국가는 우리가 질서와 평화로운 삶을 영위하기 위한 하나님의 제도이다. 기독교학교가 무인가로 존재하려면 그 정당성이 충분히 존재하여야 하는데 혹시나 귀찮거나 인내심이 부족하여 인·허가에 대한 거부를 하고 있다면 이것은 기독교적인 가치관에 따른 것이라 말하기 힘들다.

필자는 기독교학교를 설립하고 경영하며 참여하는 권위자들은 성경적인 교회론과 성경적인 가정론, 그리고 올바른 성경적인 국가관을 가져야 한다고 본다. 파커 팔머는 『가르치는 자의 용기』(Courage to Teach)에서 "좋은 가

르침은 단순한 테크닉으로 축소될 수 없다. 좋은 가르침은 교사의 정체성과 통합성에서부터 나온다."(Good teaching cannot be reduced to technique; good teaching comes from the identity and integrity of the teacher.)라고 말하였다. 테크닉의 문화 속에서 우리는 종종 권위와 권력을 혼동하게 되지만, 이 둘은 같은 것이 아니다. 권력은 밖에서부터 안으로 작용하는 것이나, 권위는 안에서부터 밖으로 작용한다. 우리는 우리 밖에서 권위를 찾을 때 실수하고 있는 것이다. 권위는 학위에서 얻는 것이 아니다. 권위는 지위에서 오지 않는다. 권위는 테크닉에서 오지 않는다. 권위는 강요로 얻어지는 것이 아니다. 어린 아이들과 함께 생활해 본 사람들은 금방 알게 된다. 보편적으로 용납되는 것들도 그들에겐 먹혀 들어가지 않는다. 그들은 가짜를 금방 눈치 챈다. 그러나 진솔하고 자아에 대하여 용납을 가진 자들에게는 존경을 부여한다. 권위는 내면의 세계에서부터 오며, 자아의 진솔한 반영에서 얻어지는 것이다. 가장 중요한 요소는 주님께서 주신 내면의 자아가 주님과 자신 앞에 정체성과 통합성(identity & integrity)을 잃지 않는 것이다.

제도와 법적인 테두리 안에서도 충분히 기독교교육을 온전히 실현할 수 있는 운신의 폭이 많이 있음을 볼 필요가 있다. 물론 이런 운신의 폭은 어린 연령층의 교육 기관일수록 더 넓은 것이 사실이다. 이런 각도에서 기독교학교 운동의 회복은 교회가 기독교 유치원과 기독교 초등학교 설립으로 그 정력을 많이 모아야 가능할 것이다.

한국의 교육법과 감독관청의 간섭이 미국이나 캐나다, 호주 등과 같은 국가들보다 빈번하고 까다롭지만 아직 나름대로의 기독교 세계관 교육을 전개하는 데 문제가 될 정도는 아니라고 본다. 지난 몇 년간 사립학교에 대한 압박이 커지기는 했으나 아직도 주관과 비전이 뚜렷한 기독교학교라면 많은 부분에서 원하는 대로의 기독교교육을 할 수 있다는 것이 중앙기독초등학교의 경험이다. 실정법이 번거롭고 귀찮을 수는 있지만 강제적으로 기독교교육을 불가능하게 만들어 놓고 있지는 않다.

4. 교육 모델 제시하는 '교사' : 교사와 학교와의 관계

무엇보다 기독교학교의 진정한 정체성 회복은 교사의 학교관과 교육관이 얼마나 성경적이며 얼마나 신본주의적인가에 달려 있다. 교사는 실질적으로 기독교학교의 정체성을 정립하는 보루이다. 아이들이 체험하는 기독교학교는 교사의 몸과 마음에서 우러나오는 교육 모델링에서 비롯된다. 기독교학교는 진정한 의미로서 기독 교사가 세워지지 않으면 불가능한 일이다. 진정한 기독 교사는 인격적으로는 예수를 개인의 구세주로 영접하고, 학문적으로는 성경의 진리와 학문의 정보를 통합할 수 있는 실력을 갖추어야 하며, 또한 지속적으로 기독교적인 교수 학습 형태에 대해 배우고 실천하는 교사들이어야 한다.

III. 중앙기독초등학교의 정체성

그 때에 예수께서 대답하여 이르시되 천지의 주재이신 아버지여 이것을 지혜롭고 슬기 있는 자들에게는 숨기시고 어린 아이들에게는 나타내심을 감사하나이다 옳소이다 이렇게 된 것이 아버지의 뜻이니이다 내 아버지께서 모든 것을 내게 주셨으니 아버지 외에는 아들을 아는 자가 없고 아들과 또 아들의 소원대로 계시를 받는 자 외에는 아버지를 아는 자가 없느니라 수고하고 무거운 짐 진 자들아 다 내게로 오라 내가 너희를 쉬게 하리라 나는 마음이 온유하고 겸손하니 나의 멍에를 메고 내게 배우라 그러면 너희 마음이 쉼을 얻으리니(마 11:25-29).

1. 역설적 형이상학(Meta-physics)- 기도하는 교육

예수님의 정체성은 역설적이었다. 그 분은 인간과 하나님의 깨어진 관계를 회복하기 위하여 오셨는데 그 안에 철저한 역설적인 가치들을 인정하셨다. 죽지 않으면 살지 못한다. 낮아져야 높아진다. 원수를 사랑해야 한다. 예

수님도 역설적인 교육 현장을 체험하셨다. 마가복음 20절에 권능을 가장 많이 베풀었던 곳은 회개하지 않았다. 이런 와중에서 예수님이 취한 행동은 하나님의 역설적인 섭리에 순응하시는 기도의 삶을 모범 보이시는 것이었다. 그는 실패를 체험하셨던 분이다. 우리는 실패나 낙방을 악으로 생각하지만 주님은 그 안에서 하나님의 섭리를 발견할 수 있었다. 그 이유는 예수님이 철저하게 신본주의적인 사고로 삶을 보았고 그 가운데 하나님의 섭리를 깨달았기 때문이다.

기도하는 학교가 기독교학교의 근간이다. 기도하는 교사가 학문과 믿음을 통합할 수 있는 내면의 세계가 형성되는 사람이다. 역설적인 상황 안에서 오로지 하나님께 깊숙한 기도로 자신의 정체성을 발견하는 사람이 기독교사이다. 중앙기독초등학교의 역사를 돌아보더라도 알 수 있다. 하나님은 우리 중앙기독초등학교를 기도하는 학교로 몰고 가셨다. 초기에 수많은 가정이 전학을 갔으며, 교사들과 학교 책임자들의 미숙으로 매스컴과 지역 사회의 비판의 대상이 되었다. 그렇지만 그럴 때마다 하나님께서는 우리에게 기도하는 교육이 기독교교육이란 것을 보여주셨다. 그리고 하나님의 가치관은 세상의 가치관과는 역설적으로 다르다는 것을 보여주셨다.

우리는 바보처럼 교육하였다. 선생님들이 기도로 학생들과 학교를 위하여 중보하였고, 장애 아동과 비슷한 성격장애를 지닌 아이들과 학부모님들을 품었다. 교회 교육이 일반 교육을 능가할 수 있고 보완할 수 있는 것은 바로 기도로 교육하는 것이다. 이것을 간과하면 안 된다. 예수님의 교육철학의 시발점은 바로 하나님의 하나님 되심을 인정하는 것이었다. 지식의 근본은 하나님 경외이다. 다음 세대에 기도를 가르치지 않는 세대는 지식을 제대로 전하지 못하는 세대다.

2. 진리 중심의 인식론(Epistemology)- 관계하는 교육

예수님의 인식론은 정보 중심의 사회에 익숙한 우리와 다르다. 앎에 대한

예수님의 교육관을 보자. 현재 우리나라를 지배하고 있는 앎은 정보중심의 앎이다. 과업 중심의 앎을 강조한다. 시험 문제를 잘 풀고 남보다 먼저 정보를 입수해서 성공하는 것을 가치 있는 것으로 여긴다. 그러나 예수님께서 강조하셨던 앎은 그런 앎이 아니었다. 관계 중심의 앎을 원하셨다. 아버지가 아들을 아는 것 같은 아주 깊은 친분과 관계의 앎, 이것이 더 성경적인 앎이다. 최근 몇 년간 우리나라 교육계를 떠들썩하게 했던 NEIS에 대한 논란도 사실은 핵심을 놓쳐 버린 논의이다. 물론 인권도 중요하고 정보도 중요하지만 결국은 정보가 교육의 핵심이라는 착각 속에서 벌어지고 있는 헛다리짚음에 불과하다.

성과지향적, 성공지향적 삶이 우리를 얼마나 지배하는가? 우리는 어려서부터 사회에서도 성공에 대한 압력을 무수히 받고 있다. 하지만 성경은 성공이 아니라 성실을 말한다. 남편이 성공적인 남편이 되길 원하는지 아니면 성실한 남편이 되길 원하는지 생각해 보라. Success at all cost. 어떤 대가를 치루더라도 성공이 최고인가? 그러나 오늘날 성공을 추구하며 살다가 추락한 사람들이 얼마나 많은가? 당신은 성공을 위하여 어떤 대가를 지불하기 원하는가?

성공지향적인 삶이 우리를 얼마나 쥐고 흔드는지 보라. 아이에게 '성실합니까? 잘 합니까? 라고 묻지 않는다. 죄책감이 이미 부모님들에게 지배적인 것을 알고 있다. 무언가 못해 주었나 하는 것을 묻는 것이 아니라 '아이가 무엇을 하느냐 못하느냐'에 대한 불안 심리가 있다. '글씨를 잘 못 읽는다', '셈을 못한다', '발표를 못한다' 등과 같은 행위 중심의 불안 심리가 부모를 좌우하고 지배한다. 다른 아동들이 잘하는 것을 보았을 때 불안하고, 영어를 잘하는 아동을 보면 영어를 시켜야겠고, 피아노를 잘 치는 아동을 보면 피아노도 시켜야겠고 등등……. 그런데 그런 것들이 모두 성공 지향적 가치관에서 우러나온 것이다. 아동이 무엇을 할 수 있느냐는 사실상 시간과

정력의 결과에 불과하다. 시간만 있으면 못할 것이 없다. 이런 것들은 아동 자신의 가치나 행복과 크게 연계된 것이 아니다. 글을 빨리 써서 지금 행복한 삶을 누리는가? 말이 더디어서 지금 불행하게 살고 있는가? 성공만을 수용하고 실패는 죄나 악으로 생각하는 현대 부모들에게 중앙초등학교가 추구하는 가치는 역설적이고 이해되지 않을지 모르겠지만 우리 학교는 실패가 성공보다 보약이 된다고 생각하는 경향이 많다.

3. 영원한 창조적 가치관(Axiology; 가치론)- 안식하는 교육

세속주의는 생산성을 강조한다. 우리는 사회에 생산적인 기여를 하기 위하여 학교를 다닌다고 착각한다. 우리는 졸업하고 약 40-50년 동안 사회적으로 생산적인 삶을 영위하기 위하여 공부한다고 착각한다.

하나님의 참다운 목적은 안식이다. 그러나 우리는 안식할 줄 모르는 아동들을 만들어 낸다. 교회에서조차 주일에 안식하기보다는 생산적인 활동만을 장려한다. 안식의 가치를 회복할 줄 알아야 한다. 유진 피터슨은 현대인들을 가르쳐 관광객인양 신앙생활을 영위하고 있다고 했다. 그는 "분주한 관광객처럼 한 번에 모든 곳을 다 보려는 욕심과 부족한 인내심으로 하이라이트만 체험하고 가려는 영성으로 전락한 우리가 회복해야 하는 것은 순례자의 마음가짐"이라고 했다.

하나님께서는 창조를 잘 하시려고 쉬신 것이 아니다. 창조는 6일 동안에 이루어진 것이 아니라 7일에 완성된 것이다. 안식을 위하여 창조하셨다. 창세기 2장 1, 2절에 보면 창조의 완성은 6일째가 아니라 7일째였다. "천지와 만물이 다 이루니라 하나님이 그가 하시던 일을 일곱째 날에 마치시니 그가 하시던 모든 일을 그치고 일곱째 날에 안식하시니라"(창 2:1-2). 즉 우리는 일하기 위하여 쉬지만 하나님은 쉬시기 위하여 일하셨다. 쉴 줄 모르는 사람은 하나님의 속성을 제대로 이해하지 못하는 사람이다. 하나님의 기본적인 속성인 안식의 속성을 무시한 채 하나님의 형상을 회복한다는 것은 언어도

단이다. 하나님께서는 우리가 당신을 닮아 쉼을 위하여 일하기를 원하신다. 우리는 일을 위하여 쉬기보다 쉼을 위하여 일할 때 영성의 궁극적인 목표를 회복하게 된다.

IV. 기독교학교 정체성 재정립의 과제

지금 한국 기독교학교 운동의 과제로 아직도 완성되지 않은 중요한 이슈가 있다면 바로 기독교학교의 정체성이 그것이다. 좀 더 분명히 표현하자면 바로 목적이 이끄는 학교에 관한 것이라고 할 수 있을 것이다. 왜냐하면 지금까지 기독교학교라는 타이틀을 가지고 지칭되는 학교들이 목적에 의해 이끌려가고 있지 않기 때문이다. 선명한 목적의식이 제대로 세워져 있지도 않고, 목적의식이 있더라도 이것이 성경적인지 아닌지에 대해서 재고하지 않은 채 학교를 운영하고 있는 데에 문제가 있다. 학교 설립 목적이 정관이나 학교 홍보 문서에 기록되지 않은 것도 문제가 되지만 기록되어 있어도 그 명문화된 목적이 정말 학교를 이끌고 있느냐는 다른 문제인 것이다. 뿐만 아니라 여러 가지의 목적들이 유행처럼 기독교학교 설립과 운영에 작용하는 경우도 많다. 예를 들면, 한국의 상황이 입시에 대하여 맹목적이기에 학교 설립의 목적을 명문대 진학으로 정한 경우를 고려해보자. 서울대 진학률이 기독교학교가 내걸 수 있는 가장 중요한 지표, 즉 목적으로 혼동할 수 있는 이슈가 되기 시작했을 때, 과연 그 학교가 진정으로 기독교적 교육을 실시하고 있는가를 무엇으로 알 수 있겠는가? 게다가 그런 목적에 공교육 붕괴의 대안, 공교육보다 품질 높은 교육, 학교 건물을 활용한 교회 건축의 목적 같은 다양한 목적이 혼재하면서 정작 기독교 세계관으로 학생을 양육한다는 중요한 목적은 희석되어 버릴 위험성을 내포하고 있다는 것이다.

그렇기에 우리가 고려해야 할 문제는 우리의 가장 중심적이고 본질적인 목적이 무엇인가 하는 것이다. 기독교학교가 소유할 수 있는 본질적인 목적 중 하나는 복음을 믿지 않는 다음 세대에게 복음을 소개하고 그들을 제자화 하는 미션학교이다. 우리나라에 주류를 이루고 있는 것이 바로 미션 학교들인데 바로 이렇게 전도를 목적으로 하는 기독교학교가 존재해야 한다. 그리고 다른 하나는 기독교 세계관을 믿음의 가정의 자녀들에게 함양시키기 위한 목적을 가지는 양육목적의 학교가 있다. 믿지 않는 학생들을 받아서 복음화 시키겠다는 목적을 세웠다면 그 학교는 그러한 목적을 달성해야 한다. 또한 양육이 목적이라면 기독교 세계관을 믿음의 자녀들에게 함양시킨다는 목적을 달성해야 한다. 이러한 목적이 바로 세워져야 학교의 형태, 학생의 구성, 교육과정, 교사의 준비와 같은 다른 모든 것들이 결정될 수 있다.

다음으로 기독교학교는 기독교 세계관의 필연성을 확보해야 한다. 이는 한국교회, 학부모, 교사의 필연적 과제이기도 하다. 이러한 문제가 비롯된 가장 핵심적인 원인은 영성의 영역화에서부터 일어났다. 우리가 생각하는 기독교 세계관의 범주는 총체적이거나 통합적이지 않고 나뉘어 있고 편협하다. 이것은 곧 삶의 분리(compartment) 현상으로 이어지게 된다. 그래서 주일에 예배드리고 찬양하고 교회에서 봉사하고 이런 부분이 영성이고, 월요일에 사회에 가서 친구와 지내는 것과 회사에서 결정을 하는 부분에서는 영성이 배제되어 있다는 영역화의 생각이 생기게 된다. 그래서 세속과 거룩을 구분하게 된다. 그렇기에 기독교 세계관의 통합이 일어나야 하며, 기독교 세계관이 아니면 인본주의적 세계관에 점령당할 수밖에 없다는 기독교 세계관에 대한 강박관념이 생겨야 한다. 미국이나 호주의 기독교학교들도 인본주의에 대한 반론, 진화론에 대한 반론을 통해 일어나기 시작했다. 그러나 우리나라는 원래 인본주의 국가였기에 신본주의적 사고와의 갈등이 적으며 교회 안에서도 이러한 필요성이 희석되어 있다.

마지막 과제는 기독 교사에 대한 것이다. 이는 기독 교사를 넘어서 기독교학교 교사에 대한 것이다. 기독인으로 성실한 교사가 되는 것과 기독교학교 교사가 되는 것은 완전히 다르다. 기독교학교의 교사로서 무슨 자질을 함양해야 하며 어떠한 역할들을 해야 할지에 대해서 심어주는 것, 즉 기독교학교 교사로서의 정체성 수립은 매우 중요한 과제이다. 또한 커리큘럼 통합은 어떻게 이룰 것이며 공립학교의 기독 교사와는 어떻게 다른 정체성을 가지고 교사상을 정립해야 하는가 하는 문제까지 생각해야 한다. 그러나 우리나라에서는 아직도 체계화된 기독교 교사 양성 기관이 많지 않기 때문에, 기독교 대학과 대학원들 그리고 현장에서 교사를 채용하고 있는 기독교학교들이 함께 협력하여 기독 교사의 양성에 더 적극적인 투자와 노력을 기울여야 할 것이다. 기독교학교들이 새롭게 세워지고 기존 미션 스쿨들이 정체성을 회복하여 좀 더 명확한 모습의 기독교학교로 변모하게 되면 기독 교사 양성의 필요와 수요가 많아지게 될 것이다. 그 수요를 충족시킬 수 있는 기독 교사 양성 프로그램이 양적으로 그리고 질적으로 성숙해 갈 수 있도록 모두가 노력해야 할 것이다.

진정한 기독교교육을 실천하기 위해서는 하나님이 인간 세상을 위해 창조하신 기관인 가정, 교회 그리고 학교가 각자의 교육적 역할들을 상호 보완적으로 수행할 필요가 있다. 조지 나이트(George Knight)는 그의 책에서 "가정과 학교와 교회는 각기 다른 정황(context)에서 같은 학생의 필요를 채워주는 역할을 한다. 따라서 부모, 교회 관계자 그리고 학교 교사는 그들이 가진 교육적 기능의 상호 의존성을 올바르게 인식하여, 통찰력을 가지고 서로 간에 바르게 의사소통할 수 있어야 하며 이를 위해 보다 효율적인 창구를 개발할 필요가 있다."라고 말했다.[10] 즉 기독교가 이 세대를 위한 빛과 소

---

10) George R. Knight, Philosophy and Education (Andrews University Press, 1998), p.191.

금의 역할을 제대로 감당하기 위해서는 교사에 대한 하나님의 부르심을 심각하게 받아들이는 소속 교사들과 이들에게 배우는 학생들과 그 가족들, 학교 또는 학생들이 다니는 교회가 모여 기독교교육 공동체를 구축해나갈 필요가 있다.

　기독교학교는 단순히 이 세상에서 제공하는 교육의 기회들이 적절하지 않아 제시되는 대안이 아니다. 하나님의 진리를 믿고 그 믿음을 다음 세대에게 전달하려는 모든 그리스도인들이 필연적으로 택해야 하는 교육 형태다. 진정한 기독교학교가 세워지기 위해서는 하나님이 창조하신 기관인 가정, 교회 그리고 어린이들이 처음 만나는 사회인 학교가 각자의 교육적 역할들을 상호 보완적으로 수행해야 한다. 교사에 대한 하나님의 부르심을 심각하게 받아들이는 기독교학교의 교직원들과 이들에게 배우는 학생, 그리고 그 가족들이 공동의 목적을 위해 함께 기독교교육 공동체를 구축해나가야 한다. 한국의 기독교학교의 정체성을 확립하고 또한 문제점들을 갱신해 나가는 움직임은 바로 여기서부터 시작되어야 할 것이다.

2장 기독교대안학교의 정체성 문제 분석

신기영 박사 (이사벨중고등학교 학교법인 학원장, 지구촌고등학교 교장)

I. 기독교학교 정체성의 핵심 가치

'한국 기독교학교의 현실진단 및 갱신 운동'에서 김요섭 박사는 역사적 고찰을 통해 한국 기독교학교가 복잡한 정치사회적 배경 속에서 다양한 요인들에 의해 오늘날 주로 '선교 중심의 교육기관인 미션 스쿨'로 자리 잡게 되었음을 설득력 있게 정리하였다. 그러나 국가의 사학 통제와 획일화 정책 속에서 미션 스쿨이 점점 기독교학교로서 보다는 사학으로 자신을 정의해 감으로써 분명한 목적의식과 일관성 있는 철학을 놓쳐버리고 미션 스쿨로서의 확고한 정체성을 제대로 형성시키지 못했음을 지적했다. 또한 김요섭 박사는 최근에 한국기독교학교의 새 구성원으로 등장하고 있는 기독교대안학교에까지 이 정체성 문제를 확장시켜 분석했다. 일반적으로 기독교대안학교는 진정한 교육철학의 근거 없이 기독교학교교육의 구현의 필수조건으로 비인가와 무감독 등을 강조함으로 국가와의 성서적으로 건강한 관계를 형성하는 데 문제를 갖는다. 이로 인해 기독교대안학교는 현재 그 정체성에 심각한 질문을 받고 있다.

기존의 미션 스쿨과 최근의 기독교대안학교 공히 겪고 있는 정체성 문제를 극복하기 위해, 김요셉 박사는 기독교학교의 정체성에 관련된 핵심 가치 다섯 가지를 제시하고 있다. 첫째, 기독교학교는 하나님이 제정하신 제도들인 가정, 교회, 국가로부터 파생된 권위를 부여 받아 교육하는 제도임을 기억해야 한다. 즉, 학교는 이 세 제도들과 독립해서 정체성을 갖는 것이 아니라 "학교는 성경적으로 (교육을) 대행하는 권위요 역할"을 가진다. 가정을 교육의 궁극적인 주체로 인정하고, 다음 세대 양육의 권위를 부여받은 교회와 밀접한 관계를 유지하고, 국가의 정당한 요구에 부응하는 학교가 성경적으로 바람직한 정체성을 가진 학교이다. 둘째, 학교의 정체성에 지대한 영향을 끼치는 교사가 학교와 교육에 대한 성서적인 시각을 갖고 현장에서 실천하는 것이 필요하다. 하나님과의 인격적 관계 유지와 함께 기독교적 가르침을 수행할 수 있는 능력이 기독교학교의 교사들에게는 반드시 요청된다.

그 이후의 것들은 김요셉 박사가 설립한 중앙기독초등학교의 정체성이 근거하고 있는 가치들인데, 셋째는 '역설적 형이상학에서 기도하는 학교' 이고, 넷째는 '진리 중심의 인식론에서 관계하는 교육' 이며, 마지막으로 다섯째는 '영원한 창조적 가치관에서 안식하는 교육' 이다.

김 박사는 이 다섯 가지 핵심 가치를 한국기독교학교의 정체성 회복을 위한 방향이자 구체적인 방안으로 제시했다.

II. 정체성 논의에 대한 질문들

1. 논의의 의미와 특징

첫째, 논의 대상의 포괄성이다. 이 땅에서 학교교육을 감당하고 있는 미션 스쿨과 기독교대안학교 모두를 한국 기독교학교의 범주에 넣어 논의했다. 따라서 필자가 주장한대로 이 유형의 학교들 간의 상호이해와 상호협력의 방향을 잡을 수 있게 하는 한국 기독교학교의 포괄적 범주를 제공했다.

둘째, 학교의 정체성이 하나님이 제정하신 가정과 교회와 국가로부터 파생된 권위를 가진 교육기관임을 성경적 시각으로 제시해줌으로 대부분의 한국 기독교학교의 존재 철학에 대해 성찰하고 위의 제도들과 가져야 할 관계에 대해 고민하도록 도전했다.

셋째, 교육 철학의 핵심 차원들인 형이상학, 인식론, 가치관 각각에서 보편적인 기독교적 지향점을 구체적으로 제시해 줌으로 각 학교 공동체가 정체성 갱신을 위해 묵상하고 상황화 할 수 있도록 안내해 주었다.

넷째, 김요셉 박사는 결론 부분에서 기독교학교의 존재와 행태는 기존 교육에 대한 대응 – 순응적으로 따라가든 실패로 여기고 대안을 제시하든 – 의 결과가 아니라 세상을 주관하시는 하나님의 섭리에 순종하는 결과가 되어야 한다고 했다. 이는 기독교학교교육의 존재와 활동에 대한 본질적 근거를 상황과 환경에서 찾기보다는 하나님의 교육명령에서 찾아야 함을 바르게 지적했다고 본다.

2. 보완을 위한 질문

첫째, 한국 기독교학교가 국가가 규정하는 교육의 공공철학(평등성, 경쟁력, 수월성)에 대한 사회적 의무와 하나님의 교육명령(예수 그리스도의 제자 양성)에 대한 청지기적 소명 사이에 그 바른 위치를 찾도록 해주는 시각은 무엇인가? 이 질문은 기독교학교의 성육신적 정체성을 찾아 나서게 할 것으로 생각한다.

둘째, 포교를 목적으로 하는 기독교학교가 교사와 학생 개인의 종교 선택권 보장이 전제되고 있는 공교육의 정당한 기관으로 부적합하다는 비판의 근본 요인은 무엇인가? 기독교학교의 존재 그 자체인가? 기독교학교의 전략(예배와 성경수업) 때문인가?

셋째, 일단 학교가 가정, 교회, 국가로부터 파생적 권위를 받아 교육하는 기관으로 인정된다면, 가정, 교회, 국가는 학교와의 상호관계와 작용 속에서 어떤 역할을 해야 기독교적으로 바람직할까?

III. 기독교학교 정체성 확립을 위한 과제

첫째, 기독교학교 지도자의 갱신이 필요하다. 주변 사람들은 지도자, 특히 학교 경영자를 '학교의 주인'이라고 편견적으로 본다고 하더라도, 지도자 자신은 하나님의 종이라는 의식을 갖고 있어야 한다. 모든 중요한 결정 과정에서 학교공동체가 '학교의 주인이 누구인지'를 확연히 볼 수 있도록 지도자는 그 지도력을 수행해야 한다. 그리고 교사공동체의 수고가 '하나님 나라'를 건설하는 데 기여하고 있지, 경영자 개인과 그 가족의 나라를 건설하는 데 있지 않다는 것을 보여줘야 한다. 많은 경우 지도자는 목표 달성의 수단으로 교사들을 쉽게 여기게 된다. 그러나 하나님 나라 건설에 그 초점이 두어진다면, 하나님 나라 건설에서의 동역자 의식이 형성될 것이다. 이런 실천은 교사들로 하여금 '직장인의 정체성'에서 '사역자의 정체성'으로 변혁되는 출발점이 될 것이다.

또한 지도자는 학교공동체의 궁극적 목적이 무엇이고, 이를 위한 구체적인 목표가 무엇인지를 기독교적으로 정의해서 공유하게 하는 것이 필요하다. 즉 '공동체적 소명'을 공동체 경주의 푯대로 제시하는 것이다. 이를 위해 전략적 계획 과정(Strategic Planning Process)을 지도자들이 함께 기도하며 작성하는 것이 도움이 된다. 대개 목적을 위한 목표들은 공교육에서 사용하는 용어들로 표현되기에 그 용어들을 기독교적으로 재개념화하여 공유하는 것이 필요하다. 예를 들면 수월성을 '하나님의 나라가 아직 건설 중에 있기에 우리 기독인들이 각 영역에서 선한 영향을 끼치기 위해 길러야 하는 능

---

1) 존 볼트, 『이야기가 있는 학교』 이정순 역, (서울: IVP, 2006), p. 130.

력'으로, 성공을 '하나님 나라의 건설에 많이 기여한 정도'로 재정의하는 것이다.[1]

마지막으로, 기독교학교 지도자들의 회개 운동이 필요하다고 본다. 지도자는 학교 공동체를 놓고 기도하는 사람이다. 그렇기 때문에 지금 현재 무기력해지고 사명을 상실해 가고 있는 학교공동체를 바라보며 과거의 어떤 결정을 탓하기보다는 그 모든 지체들의 잘못을 자신의 잘못으로 여기고 '대속죄 기도'를 시작해야 한다. 지도자가 공동체의 성결을 놓고 기도하며 애쓴다면, 깨끗한 그릇을 쓰시는 주님에 의해 그 공동체는 사명의 공동체로 다시 세워질 것이다. 필자가 강조한 '기도하는 학교'는, 학교 갱신이 신선한 프로그램이나 변혁의 계획들로 되는 것이 아니라, 오직 주님의 임재와 역사로 일어나는 것임을 고백하는 공동체를 말한다. 학교공동체가 할 수 있는 유일한 노력은 주님의 역사가 임하실 수 있는 성결의 공동체가 되기 위한 '회개의 실천'이라고 생각한다.

둘째, 인문계 고등학교의 교사들은 대학입시를 위해 최선의 경주를 하지만 무의미라는 증상을 보이고 있다. '최선의 무의미'라는 질병을 앓고 있는 것이다. 그 이유 중 하나는 자신의 기독 교사라는 정체성과 가르침의 내용이 일관적이지 않기 때문이다. 교사가 하루에 가장 많은 시간을 들여 수고하는 가르침에서 그의 정체성과 어울리지 않는 가르침을 하고 있기에, 그의 수고가 그의 존재에 어떤 의미를 주지 못하는 것이다. 따라서 기독 교사들이 학교 현장에 적합한 방식으로 기독교적 가르침을 실천한다면 기독 교사의 정체성 회복에 큰 진보가 있을 것이며, 이는 곧 기독교학교 정체성이 교사공동체의 '밑으로부터의 갱신'을 통해 회복될 수 있는 길이 될 것이다.

셋째, 학교가 설립된 후 세월이 지나면서, 모든 조직이 겪는 증상이 있다. 사명-중심에서 생존-중심으로 그 초점이 조금씩 변하는 것이다. 마치 한 헌신된 교사가 세월이 지나면서, 그 정체성이 사명자에서 직장인으로 바뀌듯이 말이다. 문제는 어떻게 하면 학교공동체로 사명-중심적 의식을 계속 유지할 수 있게 할 것인가에 있다. 그 한 가지 방법은 학교공동체가 주님이 보내시는 '섬김의 대상'에 계속적으로 초점을 두는 것이다. 섬김의 대상은 비전의 최고 요소이다.[2] 동일한 연령층의 학생들도 세대가 지나면서 그 문화가 많이 달라진다. 주변 지역의 변화를 통해 학생들의 계층, 학업능력도 달라진다. 우리 사회가 이주민(외국인 근로자, 국제결혼자와 그 자녀)의 수가 증가하면서 다문화사회로 되어가고 있으니, 언젠가 교실에서도 더 많은 수의 다양한 인종의 학생들을 보게 될 것이다. 이런 변화는 학교공동체에게 큰 도전을 준다. 기독교학교는 이렇게 변하는 섬김의 대상을 향해 어떻게 양육해야 하는지에 대해 고민하게 된다면, 사명의식을 살아있게 할 수 있다고 본다.

또 한 가지 방법은 학교공동체를 새로운 섬김의 대상을 향해 나아가도록 하는 것이다. 비전의 계속적인 여정이 없는 공동체가 그 정체성을 잃어버리는 것은 실로 당연하다. 왜냐하면 정체성은 학교의 주인인 하나님에 의해 세워져 가는 과정에서 갖는 현재적 자기의식을 말하기 때문이다. 하나님이 주신 자원과 은사를 계속 또 다른 섬김의 대상을 향해 흘려 보내는 것은 역사 깊은 기독교학교일수록 '고인 물의 부패' 증세로부터 치유될 수 있는 길이 된다.

넷째, 기독교학교의 정체성 갱신운동은 그 정체성에 지대한 영향을 끼치고 있는 교육 환경 주도 세력들을 향한 적극적인 대외 활동을 필요로 한다고 본다. 최근에 사립학교법 개정과정에서 대정부적 활동을 위한 전문기관이 없어, 그 활동의 여파가 일선 학교들에게까지 미쳐 학교공동체의 안정적 분위기를 위협했던 경험을 했다. 호주 기독교학교계가 이런 활동을 전문적으로 하는 한 기관을 두고 모든 정치 활동을 하게 함으로 지속적인 점검과 로비를 하고 있는 것은 우리 기독교학교계가 연구할 만한 사례라고 본다.

---

2) 조지 바나, 『비전있는 지도자 비전있는 사역』 곽춘희 역, (서울: 죠이선교회, 1992), p. 139.

2부
기독교학교의 부흥

3장 대부흥운동이 기독교학교 설립에 끼친 영향

박용규 교수
성균관대학교(B.A.)
총신대학교 신학대학원(M.Div.)
Western Evangelical Seminary(M.A.)
Trinity Evangelical Divinity School(Th.M.)
Trinity Evangelical Divinity School(Ph.D.)
현 한국교회사연구소장
총신대학교 신학대학원 역사신학 교수

4장 신앙과 학문, 교회와 교육 사이의 역동성 발견

김영래 교수
연세대학교(신학사)
미국 Drew대학교(M.Div.)
Yale대학교(S.T.M)
Columbia대학교(Ph.D.)
Kinnelon 미연합감리교회 담임목사
미국 Drew대학교 방문교수 역임
현 감리교신학대학교 기독교교육학과 교수

3장 대부흥운동이 기독교학교 설립에 끼친 영향

박용규 교수 (총신대학교 신학대학원)

처음부터 기독교학교는 한국에 파송된 선교사들에게 선교활동 중 최우선의 과제였다. 배재학당과 이화학당이 대변하듯 한국 선교를 착수한 개척 선교사들은 제일 먼저 기독교학교를 설립했다. 그 후 기독교학교 설립이 이어져 1900년 이전에 여러 기독교학교들이 전국에 존재하고 있었다. 하지만 기독교교육이 혁명을 맞기 시작한 것은 1900년에 접어들면서부터다. 이 기간 교육의 필요성이 어느 때보다도 강하게 일어났고, 그 움직임은 전국적인 현상이 되었다. 선교사들은 기독교학교 설립의 필요성을 강조했고,[1] 실제로 스왈른(W. L. Swallen)의 말을 빌린다면 "자고 나면 수많은 학교들이 새로 생

---

[1] "Principles of Self_Support in Korea,", KMF Ⅳ: 6 (Jun., 1908), pp. 91-94.
다음은 초기 개척 선교사 언더우드가 제시한 선교사역에서 행해졌던 중요한 원칙이다. ① 우리는 모국에서처럼 한국인들 가운데 완전히 조직된 교회를 세우려고 하지 않았다. 조직은 가능한 단순하였으며, 지도자는 그곳에 있는 집사 가운데 한 명 혹은 장로로 세웠다. ② 우리는 한국인들의 건축 능력과 일반적으로 사용되는 집의 스타일에 따라 우리의 교회 건축계획을 세웠다. 큰 도시의 중앙에는 잘 건축되고 튼튼한 타일로 지붕이 된 교회들이 있지만 작은 마을에서는 전형적인 한국식 초가 형태의 교회들이 많다. ③ 불신자들에게 복음을 전하는 책임을 그리스도인들에게 위임해 모든 그리스도인이 역동적인 사역자가 되도록 하는 것이 우리의 목적이다. 그 결과 여러 교회 출신 대부분의 지적인 그리스도인들이 다른 지역에 보내질 것이다. ④ 교회가 세워지는 곳에는 교회 학교를 운영하고 책임을 맡은 선교사의 감독 하에 자원자나 집사 혹은 장로가 그것을 맡는다. ⑤ 선교회의 목적은 거의 많은 지역에 고등학교와 중학교를 세우는 것이다. 선교회는 외국인 교사를 제공하고 한국인 교사 대부분의 봉급과 설립 전기와 난방 수의 월급과 학생회는 전적으로 한국인들이 부담한다. … ⑧ 의료 사역에서도 같은 원칙이 적용된다. 한국인들이 한국인들의 의료비와 식비를 지불하여야 한다. 특히 이 중 4번과 5번 항을 주목할 필요가 있다.

겨났으며, 배움에 굶주린 젊은이들이 감당할 수 없을 정도로 기독교학교로 몰려들었다." 그것은 말 그대로 혁명이었다.

이런 기독교교육의 혁명은 당시 일고 있던 대부흥운동과 무관하지 않았다. 아니 너무도 깊은 연관을 맺고 있었다. 1903년 원산부흥운동부터 1907년 평양대부흥운동으로 특징되는 한국교회 대부흥운동기간에 교육에 대한 열기가 이전과 비교할 수 없을 정도로 강하게 일어나 보통학교, 중학교, 대학교, 실업학교들이 전국에서 설립되었다.[2] 처음 각성운동이 미션 스쿨에서 일어났고,[3] 미션 스쿨은 부흥운동의 저변확대에 중요한 역할을 감당했으며, 영적 각성이 사회각성으로 이어지면서 기독교학교 설립운동은 어느 때보다도 활발하게 진행되었다. 기독교교육이 서양교육이라는 인식을 넘어 비로소 민중의 교육으로 자리 잡기 시작한 것도 이 기간이었다.

이제 이 같은 시대적 배경 속에서 원산부흥운동에서 평양대부흥운동까지 대부흥운동기간 동안 대부흥운동이 기독교학교 설립에 어떤 영향을 주었는지를 역사적으로 살펴보려고 한다. 또한 주제의 범위 내에서 당시 기독교학교가 직면한 몇 가지 과제들도 다루고자 한다.[4]

I. 당시 기독교학교의 역할

1903년 원산부흥운동부터 1907년 평양대부흥운동까지 기간은 우리 민족이 가장 어두운 터널을 통과하던 시기였다. 1904년 러일전쟁과 이어 진행된 1905년 을사늑약, 1907년 고종의 퇴위 그리고 3년 뒤 강제적인 한일합병

---

2) 당시 초등학교는 보통학교나 소학교로 불려졌다. 이 글에서는 이를 교호적으로 사용하였다.
3) 이 글에서 당시의 시대적 상황을 고려하여 기독교학교와 미션 스쿨은 특별한 구분 없이 교호적으로 사용했다.
4) 이 글에는 필자가 평양대부흥운동을 연구하면서 선행적으로 발표된 박용규, 『평양대부흥운동』(서울: 생명의 말씀사, 2000)에 의존한 것임을 밝힌다.

은 전형적인 사례들이다. 이 어두운 시기 서서히 교육에 대한 의식이 깨어나기 시작했다. 케이블(E. M. Cable)은 이 시대의 어두운 정세는 이 민족에게 교육에 대한 열망을 더해줄 것이라고 믿었다. "한국의 독립이 사라진 것은 한국인들에게 교육 노선을 따르도록 무엇인가 자극을 줄 것이다. 그들은 아는 것이 적은 자는 작은 일밖에 하지 못한다는 것을 깨닫고 있다. 지식에 대한 이같은 갈망은 한 민족이 생명(life)과 힘(power)과 유용성(usefulness)을 깨닫고 있다는 정상적인 징조(the normal symptom)다. 지난해는 고요한 아침의 나라에 아마도 전에 없는 지적 진보(an intellectual advancement)에 대한 더 많은 움직임과 동요가 목격되었다. 나에게 1년 내내 소년들과 젊은 사람들과 나이 많은 사람들로부터 학교에 관한 질문이 쇄도했다. 사방으로부터 학교, 교사, 그리고 서양학문에 대한 부르짖는 소리가 들려온다."[5] 케이블이 말한 이와 같은 한국인들의 "교육에 대한 갈망"은 노블(W. A. Noble)이 말한 바 "교육에 대한 열정"과도 맥이 통하는 것이다.[6]

이 민족을 깨우려는 기독교교육의 필요성이 어느 때보다도 더욱 증대되면서 보통학교와 중학교는 물론 대학교육에 이르기까지 혁명화 작업이 진행되었고, 젊은이 교육이 이 나라 "교육의 전체 주제"[7]로 점점 더 부상하기

---

5) E. M. Cable, "The Longing for Education", KMF Ⅱ : 8 (Jun., 1906), p. 144.
한국인들의 교육에 대한 관심은 당시 하와이 교포 사이에서도 높게 일었다. 당시 7,000명의 한인들이 그곳에 주로 노동자로 있었으며, 그중에 1,500명은 여인들과 어린이들이었다. 그들은 열악한 노동생활 속에서도 호놀룰루의 한국인 자녀들의 교육을 위해 200달러를 헌금하였고, 회사가 1,500달러 그리고 미 정부가 5,000달러를 지원하여 한인들을 위한 학교를 건립하였다. "The Koreans in Hawaii", KR (November 1905), pp. 412-413.
6) W. A. Noble, "Enthusiasm for Education", KMF Ⅱ : 8 (Jun., 1906), p. 150.
1906년 한 한국 감리교인은 이와 같은 시대적 요청에 부응하기 위해 자신의 사재를 털어 감리교 선교회의 새로운 과학교육에 써 달라고 무려 6,000엔을 헌금했다. 이제는 초등학교가 아닌 전문교육 사업에도 자립의 의지가 나타난 것이다. 또한 "A Notable Movement in Korea", KR (July 1905), pp. 249-254를 보라.
7) "The Educational Needs of Korea," KR (1904), p. 443, 443-453; KR (1904), pp. 481-486.
일본이 한국인들에 대한 교육을 외치고 있었지만 그것은 식민지화의 수단에 불과했다. 일본이 한국의 모든 보통학교 학생들이 일본교과서를 사용할 수 있도록 강력한 계획을 세우고 추진했던 것도 그런 이유에서다. KR (June 1906), p. 231.

시작했다. 그 즈음,《신학월보》(神學月報)를 통해 감리교의 최병헌이 "공부를 하니ᄒᆞ면 미쳔ᄒᆞᆫ백셩"[8]이 될 것이라며 지금은 "공부를 부지러니 ᄒᆞᆯ ᄯᅦ쌔"[9]라고 호소했던 것도 그 때문이다. 대부흥운동기간 배움에 대한 열망은 어느 때보다도 강하게 일어났다. 복음에 눈을 뜨자 의식의 변화와 더불어 지적인 욕구가 생겨난 것이다. 선교사들 사이에서 기독교학교 설립의 필요성이 눈에 띄게 증가했다. 왓슨(A. W. Wasson)이 증언하는 것처럼 기독교학교가 희망의 별로 떠오르고 있었다.

> 의는 민족을 고양시킬 것이고 그리스도의 복음은 능력이 있어 어떤 백성이라도 의롭게 만들 수 있다. 한국 공직자들이 죽음에 처한 이 나라로 인해 절망하고 있는 동안 이 나라의 희망의 별이 교회와 기독교학교의 형태로 떠오르고 있다. 진실로 선교지는 베어야 할 만큼 희어졌다. 새로 온 선교사의 한 사람으로서 나는 이 선교지를 준비하기 위해 오랫동안 수고한 개척선교사들로 인해 하나님께 감사하며, 거두는 일에 동참할 수 있는 특권을 부여받은 것에 대해 추수의 주님께(to the Lord of the harvest) 감사한다."[10]

이 시대, 민족적 희망이 움터오르는 산실 기독교학교는 선교의 희망이자 민족의 희망이었다. 기독교학교 재학생들은 나라와 민족을 가슴에 품고 기도하기 시작했다. 쓰러져 가는 이 나라, 기울어 가는 이 민족을 바라보면서 이화학당의 여학생들은 매일 몇 분씩 시간을 정해 놓고, 수업마저 멈추고 민

---

8)《신학월보》1904년 10월, pp. 427-430.
9) 위의 글.
10) A. W. Wasson, "The Land of Opportunity", KMF Ⅱ : 4 (Feb., 1906), p. 67.
    1905년 한 해 동안 외형적인 성장만 아니라 영적인 부흥의 역사가 선교지 각 곳에서 감지되고 있었던 것이다. 매서인들이 나누어 주는 쪽복음과 기독교 관련서적 및 전도지를 통해서 신앙을 갖는 이들도 적지 않았다. 1905년과 1906년 사이 감리교 선교사 E. M. Cable이 지도하는 매서인 가운데 한 사람이 서양종교나 서양서적들은 아무 것도 원치 않는다며 거부했던 두 사람이 한편으로는 매서인의 권유와 다른 한편으로는 호기심으로 성경을 사서 읽은 후 교회에 등록해서 신앙생활을 시작해 사람은 얼마 후 강화지역의 감리교회 지도자가 되었고, 다른 한 사람은 신실한 신앙인으로 열심히 신앙생활을 하고 있다. E. M. Cable, "Conversion Through the Scripture", KMF Ⅱ : 5 (Mar., 1906), p. 97을 보라.

족을 위해 기도하였다. 기울어 가는 이 나라를 다시 세울 수 있는 분은 하나 님이시며, 이 민족을 다시 각성 시키셔서 주의 거룩한 도구로 사용하실 분도 하나님이시라는 확신을 가지고 있었기 때문에 이들은 전혀 동요되지 않았다.

여 선교사 페인(Miss J. O. Paine)이 정기적으로 시간을 정해놓고 매일 기도하고 있는 이화학당의 여학생들에게 "매일 무엇을 위해 기도하고 있느냐?"며 물어보았을 때 이들의 대답은 그녀가 전혀 기대하지 못했던 것이었다. "우리는 우리나라를 위해 기도하고 있습니다. … 하나님이 기도를 들으시고 응답하신다는 것을 아는 우리는 이 민족이 겸손히 그 앞에 자신들의 마음을 겸허하게 낮추면 그가 이 민족의 외침을 들으실 것이라는 사실을 믿지 않을 수 없습니다."[11] 이 여학생들은 매일 같은 시간에 수업을 멈추고 나라를 위해 몇 분 동안 간절히 기도하는 일을 중단하지 않았다.

시대적 불안과 그로 인한 미래에 대한 불확실함 속에서도 기독교학교 학생들은 하나님께 민족의 장래를 온전히 맡겼던 것이다. 이화학당 학생들의 이와 같은 모습은 결코 모든 학생들의 모습이 아니며, 전체적인 동향이라고 과장할 수는 없다. 하지만 분명히 이들 젊은이들 가운데에는 민족의 미래를 염려하고 하나님께서 이 나라를 축복하셔야 한다는 기독교 민족의식이 내면에 자리 잡고 있었다.

기독교 신앙을 철저하게 가지면 가질수록 민족을 향한 하나님의 섭리를 더 깊이 헤아리려는 경향이 있다. 이것은 청교도운동, 경건주의운동, 웨슬리 부흥운동, 미국의 제1차, 2차 대각성운동, 무디 부흥운동 등 수많은 부흥운동에서 찾을 수 있는 현상이다. 바로 이와 같은 움직임이 1905년 이후 두드러지게 젊은이들과 이 나라의 그리스도인들에게 감지되었다. 이 나라의 젊은이들은 암울한 민족의 현실 앞에서 좌절하지 않고 눈을 들어 하늘을 바라보았던 것이다.

---

11) J. O. Paine, "Back at Ewa Haktang", KMF Ⅱ : 9 (Jul., 1906), p. 179.

부흥운동은 학생들이 영적인 눈을 뜨도록 만들어주었고, 학생들은 개인의 각성을 경험하고 민족적인 책임을 깊이 인식하기 시작했다. 때문에 기독교학교에서 영적 각성운동에 대한 열망이 강했고, 실제로 놀라운 각성운동이 이들 학교에서 일어났다. 1904년 봄에 열린 부흥회 동안 캐롤(Arrena Carroll) 여선교사가 맡고 있는 원산 여학교(10살에서 16살의 여학생 재학)의 학생들이 데굴데굴 구르며 어른들과 함께 자신들의 죄를 회개하였다. 이들은 선생님을 찾아가 자신들의 죄를 고백하며 눈물을 흘렸고, 몇몇 학생들은 부모와 형제들에게 편지를 써서 교회에 다닐 것을 간청하기도 하였다.[12] 거의 같은 기간, 1904년 4월 크램(W. G. Cram)과 하운셀(Josephine C. Hounshell)이 사역하는 남감리교 선교구 송도에서 하디가 인도한 한 집회에서도 학생들이 큰 은혜를 체험하였다.

> 말씀은 예리하고 능력이 충만하고 심령을 쪼개었으며, 그리고 놀라운 방법으로 확신을 시켰다. 그래서 나의 교사가 표현한대로 '사람들은 자신들의 죄를 고백하지 않고는 달리 도리가 없었다.' 우리의 많은 여학생들이 회심했고, 과거 그리스도인들이었던 이들이 영적으로 깨어났으며 몇 사람은 성령을 받았음을 고백했다. 우리의 두 명의 교사들이 회심하고 후에 교회를 다녔다. 우리 여학생들 가운데 다섯 명이 또한 교회에 다니기 시작했다. 학교 사환들과 조사들도 많은 도움을 받았다. 부흥회가 끝난 후 우리가 학교를 개강했을 때 여학생들은 '이것은 새로워진 학교다.'라고 말했으며, 그리고 실제로 학교가 새로운 학교가 된 것 같았다.[13]

하운셀이 연례모임에서 "올해 우리와 우리 학교에 베푸신 하나님의 모든 선물 가운데 최고의 선물은 4월에 열린 부흥회였다."고 말한 바로 그 부흥

---

12) Minute of the Seventh Annual Meeting, Korea Mission Methodist Episcopal Church, South, 1904, p. 43.
13) "Carolina Institute", KM Ⅰ: 3 (Jan., 1905), p. 18.

회가 바로 이 집회였다.

배재학당, 이화학당을 비롯한 기독교학교 학생들도 영적 각성을 경험했다. 이 영적 각성은 젊은이들에게 죄를 깨닫게 해주었고, 민족에 대한 새로운 비전을 심어주었다.[14] 사기로 돈을 취한 적이 있는 한 학생은 하나님의 은혜를 받은 후 너무도 고통스러워 견딜 수 없다며 돈을 가지고 선교사를 찾아와 용서를 구하기도 했다. 그와 같은 영적 각성의 움직임은 교회 지도자들과 교인들은 물론 미션 스쿨에 다니는 학생들에게도 놀랍게 확산되었다. 그 결과 YMCA에서 활동하거나 거기서 운영하는 학교에서 "많은 성령의 열매들이 매일의 학생들의 삶에 현시되었다."[15]

1904년 10월 1일부터 9일까지 정동감리교회에서 9일 동안 열린, 하디가 인도한 집회에서도 학생들이 큰 은혜를 받았다. 이화학당에서 오랫동안 교사로 활동했던 페인 선교사의 증언대로 "정동교회에서 하디 박사가 인도한 일련의 집회 동안에 여학생들 가운데 성령의 은혜로운 부으심(a gracious outpouring of the Spirit)"의 역사가 나타났던 것이다.[16]

기독교학교에 나타난 이같은 영적 각성운동은 1906년에 접어들어서도 계속되었다. 하디가 1906년 학기 시작 전 이화학당과 배재학당 두 학교에서 매일 세 번씩 2주간 동안 인도한 일련의 집회에서 놀라운 부흥의 역사가 나타났다.[17] 비록 그렇게 많은 학생들이 참여한 것은 아니지만 참석한 이들에게 은혜를 사모하는 분위기가 형성되었다. 이곳에 모인 젊은이들은 하디의 설교와 그의 간증이 이어지면서 놀라운 흡인력으로 그의 말씀을 빨아들였다. 1906년 5월 이화학당에서 일어난 "이화학당 부흥"(Revival at Ewa)을 보고하면서 프레이(L. E. Frey) 양은 "집회 마지막 주간 페인 양과 나는 예배 후

---

14) Minute of the Seventh Annual Meeting, Korea Mission Methodist Episcopal Church, South, 1904, p. 36.
15) 위의 글.
16) "Miss Payne", KMF VI:1 (Jan., 1910), p. 15.
17) L. E. Frey, "Revival at Ewa", KMF II : 7 (May, 1906), p. 133.

매일 저녁 자정까지 여학생들이 죄를 고백하고 마음을 털어 놓는 것을 듣고 있었다. 새벽에 우리는 여학생들이 한 사람 한 사람씩 기도하기 위해 채플로 살며시 가는 것을 보았고, 그들 가운데 많은 사람이 언제 어디서 자신들의 죄를 용서 받았음을 체험했는가 질문을 받자 채플에서 어느 아침에 홀로 있을 때라고 말하였다. 부흥운동의 결과는 1년 내내 지속되었다."[18]

영적 각성운동기간 기독교학교는 이 민족 가운데 조용히 영적 혁명의 주역으로 부상하고 있었다. 주변의 자녀들이 교육을 받고 변화를 받는 모습을 목도하면서 자식교육에 대한 부모들의 관심이 점증하기 시작했다. 특히 남성 중심의 사회에서 천시 받던 딸들의 교육에 대한 관심이 높아졌다. 강화에서 활동하던 한 선교사의 보고를 인용하지 않더라도 "전보다 여학교에 대한 관심과 딸의 교육에 대한 부모들의 관심이 높아지고 있었다."[19] 기독교교육의 중요성을 한국인들이 점차 깊이 인식하기 시작한 것이다. 밀러(F. S. Miller)가 맡고 있는 충청도 어느 마을에서는 한 상인이 생계 수단인 가게 문을 닫고 사례도 없이 초등학교 학생들을 가르쳤다.[20] 자연히 교회마다 기독교학교에 대한 관심이 증가하였다. 부흥운동으로 영적 각성을 체험한 이들은 새로운 세계에 눈을 뜨면서 배움에 대한 열망이 불타오르기 시작했고, 자녀 교육에 깊은 관심을 나타냈다.

II. 교육에 대한 간절한 열망

부흥운동은 진리에 대한 사모함을 낳았고, 교육 전반에 대한 간절한 열망을 고취시켜 주었다. 배움에 대한 열망은 부흥운동이 이 민족에게 가져다 준 가장 놀라운 선물 가운데 하나였다. 평양대부흥운동이 한국전역으로 확산되

---
18) 위의 글.
19) M. R. Hillman, "A Wonderful Week", KMF. II : 10 (Aug., 1906), p. 183.
20) F. S. Miller, "The Neglected Provinces of Korea", KMF II :10 (Aug., 1906), pp. 193-194.

고 있던 1907년 6월, 북감리교의 스크랜턴은 "무엇인가 해야 된다는 사실로 인해 한국이 깨어나고 있으며, 교육과 교회에서 도움을 구하고 있다."[21]고 말했다.

선교사들과 한국교회 지도자들은 기회가 있을 때마다 부모들에게 자녀교육의 필요성을 끊임없이 일깨워주었다. 대부흥운동이 한반도 전역을 휩쓸고 있던 그 즈음 《예수교 신보》에는 소학교 교육의 필요성을 호소하는 다음과 같은 글이 실렸다.

> 쇼학교육(小學敎育)의 대지는 지혜를 열니게 ᄒᆞ며 덕을 밝히게 홈과 아히들이 건장홈을 보젼ᄒᆞ나니 이것치 교육홈으로 몸을 닥고 업을 일우게 흔 즉 능히 나라와 빅을 리롭게 편ᄒᆞ게 힘을 싱각ᄒᆞ야 나라에 부강의 긔초가 될지라. 이러므로 문명흔 나라에는 면시 고을과 궁벽흔 지방신지 다 학교를 설립흔지라. 근일에 우리나라에도 쇼학교가 각쳐에 만히 잇스니 ᄌᆞ녀들을 만히 학교에 보내여 나라를 흥왕ᄒᆞ는 긔초를 굿게 힘이 올토다. ᄯᅩ흔 우리나라도 각 디방에 학교를 더 만히 설립ᄒᆞ고 교육을 힘쓸지니 부모 된 쟈 맛당히 녀ᄌᆞ를 공부식혀 나라 문명의 긔초가 되게 홀지니라.[22]

이 시대를 살고 있는 선교사들과 한국교회 지도자들은 복음을 통해 이 민족을 영적인 잠에서 깨울 뿐만 아니라 교육을 통해 이 민족을 계몽해야 한다는 분명한 의식을 갖고 있었다. 그것은 교육이야말로 "능히 나라와 빅셩을 이롭게 편ᄒᆞ게"[23] 하고 나라의 "부강의 긔초"[24]가 된다는 확신 때문이었다. 따라서 그들은 자녀들을 교육시키는 것이 부모가 해야 할 당연한 의무라는 사실을 끊임없이 환기시켜 주었다.

---

21) *Minutes of Korea Mission*, Methodist Episcopal Church, 1907, p. 30.
22) "쇼학교육의 요지", 《예수교 신보》 1908년 11월 15일, p. 198.
23) 위의 글.
24) 위의 글.

1906년 3월 21일자 《그리스도 신문》에는 "학문을 힘쓸 것"이라는 제목 하에 자녀 교육의 필요성을 논문의 형식으로 실었다. 국가의 흥망이 교육에 달렸다는 사실을 일깨워준 것이다.

> … 오직 각각 서로 그 주녀를 교육ᄒ여 구습에 우미한 거슬 씻고 문명 ᄒᆫ 학슐에 나아가며 국가의 흥왕홈을 권쟝ᄒ여야 이에 놈의 노예되며 놈의게 패망ᄒᆫ눈 욕을 면홀지니 슬프다 동포여 일즉 ᄒᆫ 날이라도 교육 샹에 힘츨 쓰눈 거시 곳 국가의 힝복이며 주가의 만힝이니 … ᄀᄅ침이 업스면 곳 금슈의게 갓갑다 ᄒ엿스니 이 말숨이 춤 올흔 말씀이로다. … 사롬이 주식을 나ᄒ면 귀ᄒ다 ᄉ랑ᄒ다 ᄒ나 덕힝과 학문을 ᄀᄅ침이업고 보면 곳 그 주식으로 ᄒ여곰 금슈를 몬드르이니 귀ᄒ다는 거시 거즈시오 ᄉ랑ᄒ다는 거시 춤 아니로다. 주녀를 교육식히는 척은 부형의게 잇스니 부형된 이가 만일 주녀를 교육식히지 아니ᄒ면 이는 그 부형의 죄오, 그 죄가 얼마나 즁하냐 ᄒ면 이는 곳 망국패가(亡國敗家)ᄒᆫ 죄와 ᄀᆺ홀지니 엇지 삼가 힘쓰지 아니ᄒ리오.[25]

선교사들과 한국인 지도자들이 볼 때 자녀 교육은 이 민족을 향한 시대적인 사명이었다.[26] 그들은 자녀 교육의 필요성을 권면하여 듣지 않으면 외국처럼 부모들에게 벌금을 물리게 해서라도 자녀들을 교육시키도록 만들어야 한다고 생각했다. 이처럼 부모들에게 자녀를 교육하는 것이 부모의 책임임을 끊임없이 일깨워주었다.[27]

> 주녀를 교육ᄒᆫ는 거슨 부모의 칙임이라. 그러나 부친은 흥샹 ᄉ무를 인ᄒ야 죵일토록 밧게 잇고 모치도 ᄯᅩᄒᆫ 집안 일에 분쥬ᄒ야 교육을 온전히 힘쓰기가 어려운 고로 교수는 그 부모 딘신에 그 의무를 힝ᄒ는 쟈라.[28]

---

25) 멸산 안호, "론셜 학문을 힘쓸 것", 《그리스도 신문》, 1906년 3월 21일, p. 278.
26) 위의 글.
27) 위의 글.
28) 위의 글.

이와 같은 노력에 힘입어 부모들은 암울한 시대적 상황에서도 교육의 필요성을 깊이 인식하게 되었다. 부흥운동 이후 자녀 교육에 대한 태도는 확실히 달라졌다. "부모들은 자녀들을 교육시켜야 한다는 결심을 하게 되었으며, 청소년들이라면 소년소녀 모두 교육이 자신들에게 주어진 특권이라는 사실을 깨닫기 시작했다."[29] 이 민족이 부흥운동 이후 얼마나 배움에 굶주리고 있었는가를 단적으로 말해주는 것이 1907년 11월 에드워드 밀러(Edward Miller)가 《코리아 미션필드》(*Korea Mission Field*)에 기고한 "배움에 대한 굶주림"(Hungry to Learn)이다.[30] 공주 지역을 맡고 있던 스위러도 같은 내용을 보고했다.

> 기독교인들이 자신들에게 신앙과 도덕 교육을 시켜줄 것과 자신들의 아들과 딸들을 위해 학교를 설립해 줄 것을 요청하고 있다. 우리는 이 요구를 충족시켜주기 위해 훈련된 교사들을 확보해야 할 것이다. … 이 일과 관련하여 한 가지 고무적인 특징은 한국인 스스로 학교 운영비를 제공하려는 노력이 일고 있다는 사실이다. 그러나 그들이 그 자금을 모금할 수 있든 없든 그들은 학교 설립을 원하고 있다. 지금은 이 나라의 젊은이들을 그리스도에게로 인도할, 우리에게 찾아온 절호의 기회이다.[31]

배움에 대한 열망은 에드워드 밀러가 말한 대로 "배움에 대한 굶주림"이라고 표현할 만큼 강렬했다. 한국교회 안에 대부흥이 일어나면서 전국의 각 선교지에서 "교육에 대한 열망이 점증하고 있었다."[32] 배움에 대한 굶주림으로 보통학교, 중학교로 학업의 길을 찾아 떠나는 이들이 수없이 많았다.[33] 심지어 외국으로 유학을 떠나는 이들도 생겨나기 시작했다.

---

29) *Minutes of Korea Mission*, Methodist Episcopal Church, 1907, p. 54.
30) E. H. Miller, "Hungry to Learn", KMF III: 11 (Nov., 1907), p. 166.
31) *Minutes of Korea Mission*, Methodist Episcopal Church, 1907, p. 60.
32) W. L. Swallen, Letter to Dr. Brown, July 25, 1907.
33) J. Z. Moore, "Changed Life", KMF III: 10 (Oct., 1907), pp. 159-160.

선교사들은 복음을 통해 놀라운 영적 각성을 경험하고 새로운 인생을 설계하는 젊은이들 가운데 지역교회의 지도자를 육성하고자 했다. 이를 위해 그들 중 몇몇을 발굴하여 교육을 시키는 일을 게을리하지 않았다.[34] 1906년 10월 1,500명의 북감리회 소속 교사들이 모임을 가진 것이나 1907년 1월 서울에서 기독교교육의 공동의 관심사를 논의하기 위해 교사대회(a Teacher's Convention)가 열렸던 것도 기독교교육의 중요성이 제기되었음을 보여준다.[35]

평양대부흥운동이 전국적으로 일어나면서 선교사들은 복음을 전하는 것으로 만족하지 않고, 우수한 젊은이들을 발굴하여 선교부가 운영하는 기독교학교에 보냈다. 그것은 이 나라 젊은이들이 장차 "모든 면에서 진리의 지식을 널리 전파하여 이 나라에 기독교 문명을 세우는 데 있어서 강력한 요소들이 될 것"[36]을 믿었기 때문이다. 젊은이들을 교육시키는 일이야말로 민족 복음화뿐 아니라 기독교 문화를 이 땅에 정착시키는 첩경이라고 확신했던 것이다.

존 무어는 평양대부흥운동 이후 1년 동안 그의 선교 구역에서만 150명의 젊은이들을 발굴하여 이들을 미션 스쿨에 진학시킬 계획을 세우고 있었다.[37] 과거에도 후보자가 없었던 것은 아니지만 평양대부흥운동 이후 숫자는 이전보다 압도적으로 증가했다. 개성의 남감리교 선교회가 운영하는 한 학교에서는 평양대부흥운동 이후 학생들이 놀랍게 불어나 이들을 학교가 수용할 수 없을 정도였고, 1906년에 설립된 평양의 숭실학교도 부흥운동으로 학생들이 급증하는 바람에 교육 시설의 확충이 시급한 현안으로 떠올랐다.

평양의 숭실중학교와 숭실대학의 경우, 교장 베어드의 보고에 따르면 1907년 11월 현재 신입생 255명을 받아 전체 숫자가 378명으로 늘어났으

---

34) 김창건, "교회 통신, 의쥬 리신", 《그리스도 신문》 1906년 1월 18일, p. 59.
35) Minutes of Korea Mission, *Methodist Episcopal Church*, 1907, p. p. 30.
36) Minute of the Seventh Annual Meeting, Korea Mission Methodist Episcopal Church, South, 1903, p. 24.
37) J. Z. Moore, "The Great Revival Year", KMF III: 8 (August 1908), p. 114.

며, 이것은 지난해의 160명과 비교할 때 압도적으로 늘어난 숫자였다.[38] 부흥운동은 한 개인의 각성으로만 그친 것이 아니라 교육에 대한 간절한 열망을 고취시켰고, 영적 각성을 체험한 젊은이들은 교육의 기회를 열심히 찾아 나섰다.

놀라운 성령의 역사로 교육에 대한 열의가 더 높아졌고, 전국의 각 지역 선교회는 더 많은 이들을 선교회가 운영하는 기독교학교에 보내는 현상이 나타났다.[39] 부흥운동으로 각 지역마다 수많은 학생들이 학교로 몰려들었다. 부흥운동을 통해 교육의 필요성이 제기되었고 자녀교육에 대한 부모의 책임의식이 증대되면서 각종 기독교학교 설립 움직임이 어느 때보다도 활발하게 진행되었다.[40] 선천지역의 경우 1907년 대부흥운동으로 기독교학교가 103개로 불어났고,[41] 남녀 초등학교가 학생들로 넘쳐났다.[42] 기독교학교가 급증하고 학생들이 학교로 몰려들기 시작한 것이다. 이 같은 현상은 한국선교를 대변하는 장로교나 감리교 모두에서 나타난 현상이다.

> 1907년 대부흥운동이 한국을 휩쓸고 있던 그해 480명-믿어지지 않는 숫자-의 학생으로 신학교가 설립되었고, 북감리회는 249명의 학생을 가진 3개 고등학교와 3,538명의 학생을 가진 103개의 사립보통학교를 운영하고 있었다. 남감리회는 128명의 학생을 가진 중학교 하나와 82

---

38) W. M. Baird, "Pyeng Yang College and Academy", KMF III: 11 (Nov., 1907). p. 175, pp. 174-176. 베어드는 미 선교 본부에 보낸 1907년 10월 23일자 편지에서 학생수가 415명이라고 기술하고 있다. "중학교와 대학교가 약 2주 전에 개학하였으며 415명의 학생으로 잘 운영하고 있습니다. 채플의 유효한 모든 공간들이 다 찼으며, 다음 학기 증가에 어떻게 대비할지 말을 할 수 없습니다. 교육문제에 대해 더 자세하게 당신에게 보고할 시간을 가질 수 있기를 바랍니다." W. M. Baird, Letter to Dr. Brown, Oct., 25, 1907. 이와 같은 숫자의 차이는 대학생을 포함하느냐 않느냐의 차이에서 비롯된 것으로 보인다. 이와 같은 숭실학교의 성장은 주로 W. M. Baird, 그의 아내 Annie Adams Baird, 그리고 Arthur L. Becker의 리더십과 헌신 때문이다.
39) W. G. Cram, "Songdo North Circuit", KMF III: 9 (Sep., 1907), p. 140.
40) H. D. Appenzeller, "Fifty Years of Educational Work", Charles A. Shauer, ed., Within The Gate, pp. 84-95, 특히 pp. 92-93을 보라. 또한 Horace Horton Underwood, Modern Education in Korea (New York: International Press, 1926), p. 46, pp. 39-110, pp. 149-188.
41) Annual Report, PCUSA (1907), p. 71.
42) Annual Report, PCUSA (1907), p. 65, 67. 초등학교 남학생이 195명, 여학생이 91명, 신학생이 28명이었다.

명의 학생을 가진 3개의 사립 보통학교, 그리고 33명의 여학생이 재학하고 있는 3개의 기숙학교를 운영하고 있었다.[43]

    1907년 현재 평양에는 사립학교에 1,500명 이상의 학생이 재학하고 있었고, 로빈슨(Robinson) 여 선교사가 운영하는 여학교에만 300명 이상이 등록하고 있었다. 그 외에도 여러 교회에서 운영하는 소학교에 4,000명의 학생이 재학하고 있다는 보고도 있다. 게다가 이 숫자는 예측할 수 없을 정도로 증가할 것으로 예상되었다. 부흥운동기간 동안 많은 교회들이 사립 소학교를 설립 운영하였고,[44] 중학교가 없는 곳에서는 지역 단위로라도 중학교를 운영해야 한다는 여론이 강하게 일고 있었다.

    그 한 예가 1906년 1월 의주에서 있었던 한국인들에 의한 중학교 설립의 움직임이다. 1월 5일에 의주의 김창건은 의주에서 한국인들에 의한 중학교 설립 소식을 전했는데, 이것은 순수하게 한국인들이 선교회와 무관하게 중학교 설립을 추진하려는 첫 번째 노력이었다.

> 셔울과 평양에 즁학교가 잇스나 이는 다 외국인의 쥬관ᄒᆞᄂᆞᆫ 바이오, 우리 동포가 운뎌서 설립한 거슨 아직 업섭더니 직금이 형데의 교육에 힘씀이 셔편 쏫에셔부터 몬져 시작되엿스니 이는 쥬의 붉은 빗츨 나나냄이오, 우리나라헤 영광이라.[45]

    부흥운동이 일면서 학교 설립이 되지 않은 곳에 한국인들의 힘으로 기독교학교를 설립하려는 움직임이 일어난 것이다. 학교 설립에 대한 열망은 어느 때보다도 간절히 타올랐다. 대부흥은 기독교대학 설립에도 큰 자극을 주

---

43) Charles A. Shauer, ed., Within The Gate, p. 92.
44) Cf. Horace Horton Underwood, Modern Education in Korea, p. 182. 1908년부터 1912년까지의 사립 보통학교의 학교와 학생 수는 다음과 같다. 1908년 48개 학교 83명의 교사, 2,529명의 학생이 재학하고 있으며, 1909년에는 학생이 2,855명으로 증가했고, 1910년에는 72개 학교에 205명의 교사, 5,139명의 학생으로 증가했다. 여기에 나타난 통계는 다른 자료의 통계와 차이가 있는데 그 같은 수적 차이는 조사 대상과 지역에 따라, 사용 통계 자료에 따라 생긴 현상으로 보인다.
45) 김창건, "의쥬 리신", 《그리스도 신문》, 1906년 1월 18일, p. 59.

었다. 1906년 대부흥운동이 일어나면서 평양에서는 대학 설립이 심도 있게 논의되기 시작했다. 성도 중에 수백 원짜리 전답을 바친 사람이 6-7명이 되고 심지어 700-800원짜리 집을 바친 이도 있고 매년 5원씩 세상을 떠날 때까지 내겠다고 작정한 이도 있었다. 모금된 돈이 무려 4,300원이나 되었다.[46] 이렇게 해서 설립된 학교가 평양숭실전문학교이다.

III. 급증하는 기독교학교 설립

1903년 부흥운동이 일어나면서 보통학교에서부터 중학교, 대학교, 그리고 실업학교에 이르기까지 학교 설립에 대한 전반적인 필요성이 대두되었다.[47] 1903년 북감리교 보고서에서 노블은 "지난 한 해 동안에 8개의 사립학교가 새로 시작되었으며, 다른 학교들의 설립도 계획 중에 있다. 이 도시의 한 학교에는 83명의 학생이 등록하였다. 우리의 시설 확충이 시급하게 요청되고 있다."[48]고 말했다. 대부흥 이후 해마다 교육에 대한 관심이 높아졌고 학생들의 숫자도 놀랍게 증가했다. 특히 1907년 부흥운동을 지나면서는 학교 설립이 놀라운 속도로 늘어났다. 1907년 7월 25일 스왈른은 미 선교부 아더 브라운(Arthur J. Brown) 총무에게 흥분을 감추지 못하고 아래와 같이 보고하였다.

> 대단히 놀라운 수의 학교가 올해 설립되었습니다. 내가 맡은 선교구에서만 지난해 16개 학교가 시작되었으며, 전체의 반 이상을 내가 관할하고 있습니다. 학교에 적합한 교사들을 공급하는 문제는 시급한 사항입니다. 대학과 연계된 단기 정규 과정의 문제가 선교부에서 논의되었

---

46) 길쟝로, "교회 통신 평양릭신", 《그리스도 신문》, 1906년 7월 19일, p. 689.
47) Lak-Geoon George, Paik, *The History of Protestant Missions in Korea*, pp. 308-330.
48) Minutes of Korea Mission, *Methodist Episcopal Church*, p. 31.

습니다. 가능한 한 교육은 한국인 교사들만으로 이루어져야 한다고 생각합니다. 그러나 그것이 성공을 거둘 수 있으려면 선교사의 감독이 요청되리라고 봅니다. 교육 전반의 문제가 너무도 긴박하여 가뜩이나 제한된 우리의 에너지의 너무 많은 부분을 교육에 소비해 현 사역의 국면에서 시급하게 돌봐야 할 정규 교회 사역이 소홀하게 되지 않을까 적지 않게 우려가 됩니다. 대학과 중학교, 그리고 정규 사역뿐만 아니라 신학교와 사경회 사역이 점점 더 많은 우리의 관심을 요하고 있습니다. 금년 가을, 선교부가 한국으로부터 많은 지원 요청을 받을 것으로 보입니다.[49]

이처럼 학교 설립이 폭발적으로 급증한 것은 대부흥운동을 통해 영적 각성을 경험한 이들이 새로운 세계에 눈을 뜨기 시작하면서, 배움에 대한 열망이 전에 없이 커졌기 때문이다. 1908년 《코리아 미션필드》에 기록된 것처럼 "학교에 대한 부르짖음이 어느 곳에서나 들린다. 수많은 학생들이 배움을 기다리고 있다."[50] 선교회는 이 같은 배움에 대한 욕구를 충족시키는 일을 선교회 전체의 중요한 사역으로 여겨왔고 지원을 아끼지 않았다. 그 단적인 예가 1908년 연례 모임에서 서울지역을 담당했던 존스(Jones)의 보고다.

교육문제에 상당한 노력이 집중되었는데 교회는 이 지역에서 33개의 학교를 갖고 있다. 이들 학교들 가운데 21개 학교는 남학교로 전체 1,015명이 재학하고 있으며 12개는 여학교로 560명 학생이 재학하고 있어 이 한 지역에서만 총 1,575명의 학생들이 있다. 이들 학교들을 구체적으로 이야기하는 것은 불가능하지만 한국인들이 남자영어고등학교에 기초하여 배재학당을 다시 오픈(open)하기 위해 진심어린 지원을 아끼지 않았다는 사실을 특별히 언급해야 할 것 같다. 아마도 이화학당은 이 나라 미션 스쿨 가운데 가장 좋은 시설을 갖춘 교육기관일 것이다. 간호훈련원은 에드먼즈 양(Miss Edmunds)의 조심스럽고 수고

---

49) W. L. Swallen, Letter to Dr. Brown, July 25, 1907.
50) KMF IV: 3 (Mar., 1908), p. 33.
51) "The Annual Meeting of the Methodist Episcopal Church Mission", KMF IV: 3 (Mar., 1908), p. 36.

를 아끼지 않으며 매우 성공적인 지도로 우리에게 한국 여성들을 위한 크고 중요한 사역의 토대를 제공할 것이다.[51]

배재학당과 이화학당을 비롯한 기존의 학교는 물론 새로 설립된 학교들도 부흥운동기간 동안 급성장하기는 마찬가지였다.[52] 따라서 점점 늘어나는 학생들을 수용할 수 있는 시설과 교사의 수급이 선교회에 당면한 현안 가운데 가장 시급한 문제로 대두되었다. 학교마다 시설확보가 시급히 요청되었다. 한 선교사는 이렇게 토로했다. "무엇보다도 우리는 이미 등록된 학생들을 수용할 수 있는 건물이 필요하다. 현 교육시설로는 도저히 수용할 수 없어 문밖으로 밀려나고 있다. 따라서 우리는 가장 빠른 시일 안에 건물을 세워야 하고 두 명의 교사를 더 고용해야 할 것이다."[53]

1904년 제물포의 남자 사립학교의 경우 40명의 학생들이 재학하고 있었으며, 시설이 부족하여 더 이상 학생들을 수용할 공간이 없었다. 새 교사가 지어지고 교사들만 확보된다면 학생들의 수는 현재보다 배가 될 것이라고 예견했다. 제물포의 한 여학교도 당시까지의 선교 사역 기간 중 가장 많은 학생들이 재학하고 있어 남녀 학교 모두 놀랍게 번성하였다. 1903년 이후 학생들이 꾸준하게 증가하여 1904년 제물포 지역에만 12개의 기독교학교가 있었으며, 이들 학교에 237명이 재학하고 있었다.[54]

특히 1907년 평양대부흥운동이 전국적으로 발흥하면서 미션 스쿨의 학생들이 눈에 띄게 늘어났다. 예를 들어 북감리교의 경우, 1906년 평양 지역에만 13개 학교에 281명이 재학하던 것이 1907년에는 17개 학교에 473명으로 크게 증가했다.[55] 1909년 감리교의 케이블 선교사는 흥분을 감추지 못하

---

52) Lak-Geoon George, Paik, *The History of Protestant Missions in Korea* (Seoul: Yonsei Univ. Press, 1990), pp. 398-399.
53) *Minutes of Korea Mission*, Methodist Episcopal Church, p. 31.
54) E. M. Cable, "West Korean Districts" Minutes of Korea Mission, *Methodist Episcopal Church*, p. 31.
55) 위의 책, p. 44.

고 "우리는 교육 혁명의 한 가운데 있다."56)고 보고하였다. 부흥운동을 통해 학교에 대한 필요성과 요구가 폭발적으로 증가하면서 학교 문제는 선교의 가장 중요한 현안으로 떠올랐다.

평양지역에서 활동하는 북장로교 선교사 스왈른이 그해 11월 1일 "우리가 직면한 가장 큰 문제는 학교 문제이다. 모든 교회가 한 학교씩 운영하고 있고, 몇몇 교회는 서너 학교를 운영하고 있다."57)고 선교본부에 보고한 것처럼 학교 문제는 선교사역 중 가장 중요한 현안으로 떠올랐다. 1907년 10월 현재 보통학교를 제외하고라도 여학교에 약 130명, 평양 숭실중학과 대학에 약 400명, 합 500명 이상의 학생들이 장로교가 운영하는 학교에 재학하고 있었다.58)

서울의 경신학교(The Wells Training School)를 맡고 있는 북장로교 선교사 에드워드 밀러(Edward Miller)는 1907년 7월 11일, "지난해는 학교 개교 이래 가장 많은 126명의 학생들이 재학하는 가장 대단한 한 해였다."고 보고하였다.59) 경신학교는 1905년에 새 건물이 완공되었기 때문에 갑자기 늘어난 입학생들을 수용하는 데 별 문제가 없었다.60) 1906년에 설립된 선천중학교도 부흥운동을 지나면서 학생수가 점증하기 시작했다. 1909년부터 미국의 파크 칼리지를 졸업한 매큔과 샤록스가 학교 운영을 맡으면서 선천중학교는 장족의 발전을 거듭했다.61)

북장로교 대구 선교부가 운영하는 대구중학교도 1907년 대부흥운동을 지나면서 학생수가 증가하기는 마찬가지였다. 1906년 가을 아담스(J. Adams)의 책임 하에 개교한 대구중학교는 개교 불과 1년만인 1907년 현재

---

56) Annual Report, PCUSA, 1909, p. 270.
57) W. L. Swallen, Letter to Dr. Brown, November 1, 1907.
58) Alice Butts, Letter to Dr. Brown, November 1, 1907. 여기서도 보고 된 통계가 다른 기록과 차이가 있는데 이것은 보통학교의 학생 수는 포함되지 않은 수치이기 때문이다.
59) E. H. Miller, Letter to Dr. Brown, July
60) Lak-Geoon George, Paik, *The History of Protestant Missions in Korea*, p. 316.
61) 위의 책, p. 397.

48명의 학생이 재학하고 있는 중학교로 발전했다.[62] 중학교 외에도 아담스가 맡고 있는 대구 동부 선교구에 5개의 보통학교가, 맥팔랜드가 맡고 있는 대구 극동과 남부 선교구에는 "지금은 11개 학교가 설립되었고, 많은 교회들이 금년 가을에 학교를 개교하려고"[63] 계획하고 있었다. 맥팔랜드가 맡은 북부 선교구에서도 교육에 대한 관심은 대단했다.

> 교회들이 한 초등학교를 설립했는데 이 학교는 교회 밖의 사람들에게 동네 학교보다도 더 인기가 있음이 증명되었다. 초등학교에 대한 열망이 모든 교회들 가운데 일어나 약 세 학교 내지 네 학교가 설립되었다. … 교육에 대한 한국인들의 열망이 빠르게 증가하고 있으며 어떤 규모의 교회이든지 머지않아 그 자체의 남녀 초등학교를 가지게 될 것이다. 올해 우리 시골 사역에서만 49개 초등학교에 433명의 학생이 재학하고 있다.[64]

실업학교의 설립 또한 시급히 해결해야 할 시대적 요청이었다. 케이블이 맡고 있는 선교구의 여러 곳에서 한국인들이 무려 1,400명이나 서명하여 실업학교를 설립해 달라고 공식적으로 요청했던 것도 그와 같은 움직임을 반영한다. "한국인 상점이 일본과 중국 제품들로 가득 찬"[65] 당시의 현실에서 한국인들이 스스로 상품을 개발하고 만들어 낼 수 있도록 교육시켜야 한다는 일종의 사명의식을 모두가 느끼고 있었다.

남감리교의 윤치호가 축이 되어 1906년 가을 14명의 학생으로 시작한 송도(개성) 실업학교는 그와 같은 시대적 분위기 속에서 태동된 대표적인 학교였다.[66] 설립 2년 만인 1908년에 재학생이 225명으로 늘어났고, 1910년에는 329명으로 불어났다. 1908년에 새로 건립된 학교 교사(學校校舍), 남감리교

---

62) Annual Report, PCUSA(1907), p. 47.
63) 위의 책, p. 44.
64) 위의 책, p. 46.
65) *Minutes of Korea Mission*, Methodist Episcopal Church, 1903, p. 31.
66) T. H. Yun, "The Anglo-Korean School, Songdo", pp. 142-144.

선교회의 집중적인 지원, 윤치호의 리더십, 그리고 왓슨을 비롯한 우수한 교수진 덕분에 이 학교는 개교하면서부터 전국적인 관심을 끌었다. 특히 교장 윤치호는 1906년 개교 때부터 1911년 105인 사건으로 투옥되기까지 헌신적인 노력을 기울여 학교 설립 불과 수년 만에 이 학교를 명실상부한 신흥명문으로 끌어올렸다.[67]

확실히 1907년 평양대부흥운동 이후 기독교학교는 가장 중요한 현안으로 부상했다. 1907년 10월부터 12월까지 3개월 간 선교여행을 다녀온 소안론은 과거와는 달리 권징은 놀랍게 줄어들었으나 학교 문제가 일선 교회에서 중요한 현안으로 떠올랐음을 발견했다. 그것은 학교에 대한 필요가 어느 때 보다도 놀랍게 일어나고 있었음을 보여준 것이다.

기독교교육에 대한 관심은 심지어 종파가 다른 한국인들에게까지 깊은 영향을 미쳐 자신들의 시설을 기증하겠다는 의사를 전달해 오는 경우도 있었다. 스왈른에 따르면 "만약 교회가 기독교 교사들을 제공한다면 불신자들은 돈과 자신들의 옛 유교학당의 시설들을 헌금하고, 기독교학교의 모든 법칙에 순종할 것과 심지어 교회의 주일예배에 자신들의 자녀들을 보낼 것을 약속하였다."[68] 대부흥이 일면서 그만큼 학교에 대한 관심이 놀랍게 급증하고 있었다. 대부흥이 막 지난 1909년 한국을 방문하여 직접 기독교학교 현장을 둘러 본 북장로교 선교회 총무 아더 브라운은 한국의 장로교 내 초등학교의 현황에 대해 이렇게 보고하였다.

> 우리는 전국에 걸쳐 589개의 초등학교를 갖고 있다. … 실제적으로 모든 한국의 교회들이 초등학교를 운영하고 있다. 때때로 독립교사를 갖고 있기도 하고 때로는 교회 건물을 학교로 사용하고 있기도 하다. 이들 학교 가운데 588개 학교가 한국 교인들에 의해 운영되고 있다. 이것은 대단히 고무적인 사실이다. 1902년 고작 63개 학교에 남학생

---

67) Lak-Geoon George, Paik, *The History of Protestant Missions in Korea*, p. 395.
68) "Narrative Report of Rev. W.L. Swallen for October, November, December, 1907", KMF IV: 3 (Mar, 1908), p. 44.

845명, 여학생 148명에 불과했으나 지금은 589개 학교에 1만 916명의 남학생과 2,511명의 여학생이 재학하고 있다는 사실이 이들 학교의 성장을 말해준다.[69]

대부흥운동을 지나면서 불과 7년 만에 초등학교 수가 무려 10배나 증가했다. 이와 같은 기독교교육 분야의 놀라운 급성장은 백낙준 박사의 말대로 "교육문예부흥"(the educational renaissance)이었다.[70]

대부흥으로 기독교교육의 르네상스 시대가 도래한 것이다. 당시 통계가 이를 뒷받침해 준다. 1907년 4월을 기준으로 전국의 주일학교 통계와 기독교학교에 대한 다음 통계가 보여주듯 미 감리교와 남감리교 2개의 감리교단과 북장로교, 남장로교, 호주장로교와 캐나다 장로교를 포함한 4개의 장로교 선교회 소속 각종 기독교학교는 427개이며, 이들 학교에 재학하고 있는 학생은 1만 3,288명이었다. 가장 많은 학교를 운영하는 선교회는 북장로교 선교회로 357개 학교를 운영하고 있으며 이어 미 감리교가 106개 학교를 운영하고 있어 이 두 선교회가 운영하는 기독교학교가 463개 학교나 된다. 이 선교회 소속 학교에 재학하는 학생수도 1만 1,831명으로 이는 학교 수나 학생수에서 전체 기독교학교의 90%가 넘는 수치이다. 가장 선교가 활발하게 이루어지고 있는 선교회이기 때문에 자연스러운 현상이라고 평가할 수 있지만 복음전파와 더불어 기독교교육에 대한 관심과 노력을 아끼지 않았음을 알 수 있다.

〈표1〉 전국 기독교학교 및 주일학교 (1907년 4월 현재)

	북장로교	미감리교	남장로교	남감리교	캐나다장로	호주장로교	합계
주일학교	596	153	55	33	58	5	900
학생수	49,545	12,333	1,784	1,770	3,366	204	69,002
신학생	58	480	6		3	1	548
중학교	13	3	1	4		1	22
기타학교	344	103	34	3	17	7	505
기독교학교 총재학생	7,564	4,267	507	333	308	309	13,288

자료: 「KMF (April 1907)」

기독교학교의 급성장을 주도한 지역은 역시 평양이었다. 평양지역 기독교학교에 대한 다음 통계가 보여주듯 1902년과 1907년 사이 불과 5년 만에 평양지역 기독교학교는 35개에서 106개로 3배가 증가했고, 학생수는 592명에서 2,583명으로 4배 이상으로 급증했다. 이들 학교에 재직하는 교사도 35명에서 121명으로 3배 이상이 증가했다. 학교 자립도도 1907년에는 100%로 평양지역의 모든 기독교학교가 자립하기 시작했다. 대부흥을 거치면서 평양지역의 기독교학교가 전반적으로 놀랍게 성장했음을 보여 준다.

〈표2〉 부흥운동기간 평양지역 기독교학교 증가

	1902	1905	1907
학교수	35	62	106
교사	35	64	121
학생	592	1,802	2,583
자립학교수	30	60	106

자료「Annual Report, PCUSA(1907)」

부흥운동 이후 이와 같이 학구열이 높아지자 선교회는 체계적이고 조직적인 지원을 위해 세계주일학교협의회(World's Sunday School Association) 한국 지부를 결성하기에 이르렀다. 이 일은 남감리교 선교회가 주축이 되어 진행했지만 남감리교만 이 일에 관여한 것은 아니었다. 장로교·감리교 모든 선교회가 이 일에 협력을 아끼지 않고 적극적으로 참여하였다. 세계주일학교협의회는 "교육은 확실히 한국교회의 필요 가운데 하나이다. 기독교교육은 교회의 젊은 남녀에게 특별한 교육의 필요성을 충족시켜줄 것이다. 젊은 이들을 가르치는 것이 과거처럼 해결하기 어려운 문제는 아니다."[71]라고 선언하였다.

---

69) A. J. Brown, *Report of a Second Visit to China, Japan, and Korea*, 1909, p. 189.
70) Lak-Geoon George, Paik, *The History of Protestant Missions in Korea*, p. 404.
71) KMF IV: 4 (Apr., 1908), p. 57.

Ⅳ. 당시 기독교학교의 현안

대부흥운동기간 동안 기독교학교가 놀랍게 증가하면서 기독교학교가 한국 교회, 사회, 민족 속에서 계속 리더십을 발휘해 나가기 위해서 풀어야 할 몇 가지 당면 과제들이 있었다. 남성위주 사회 구조 속에서 여성들을 교육의 장으로 끌어내 균등한 기회를 제공하는 일, 각 선교회가 설립된 학교에 다른 선교회 소속 학생들이 입학하면서 그 학교가 소속된 교단의 벽을 넘어서는 일, 학교의 정치화 현상 극복, 그리고 갑작스러운 총독부의 사립학교 규제는 기독교학교들이 학교적인 차원이든 교계적인 차원이든 아니면 선교회적 차원이든 풀어야 할 숙제들이었다.

1. 남녀의 균등한 교육 기회

당시 기독교학교가 직면한 가장 긴요한 과제 가운데 하나는 부모로 하여금 딸들의 교육에 관심을 기울이도록 촉구하는 일이었다. 남녀평등에 기초한 참된 교육의 구현, 문화명령의 창달, 여성 지도자들의 양성을 위해 선교사들은 여성교육의 중요성을 끊임없이 일깨워 주었다. "오직 남즈만 텬당에 가는 거시하니오 녀인도 굿치가는거시니 대개 남녀업시 다 텬부님의 즈녀"이기 때문에 "남즈를 힘써서 ㄱㄹ치는 것과 굿치 녀교인도 교육ㅎ는거시 긴요"하다고 가르쳤다.[72] 선교사들이나 교회 지도자들이 "여아로 하여금 글을 배우지 못"하게 하는 것은 성경의 원칙과도 어긋난 이 나라의 "악한 습관"이라며 그리스도인 가정에서 먼저 "녀아회를 밧당히 몬져 갈아칠" 것을 촉구했던 것도 그런 이유에서다.[73]

과거 남성 위주의 사회 구조 속에서, 교육의 기회가 남성들에게만 제한되어 있던 당시 사회에서 여성들에게도 균등한 교육 기회를 제공하는 일은 쉽

---

72) 《신학월보》 1907년 1월, p. 8.
73) "녀아회를 밧당히 몬져 갈아칠 일", 《신학월보》 1904년 7월, p. 285.

지 않은 일이다. 부모들의 협력이 절대적으로 필요하기 때문이다. 하지만 대부흥을 거치면서 이 문제는 상당히 해소되어 동양전통에 물든 한국 사회에 점차 균등한 교육에 대한 인식이 자리잡기 시작했다. 여인들에게 동등한 교육의 기회를 제공하고, 동등한 의료 혜택을 제공하며, 교회에서의 그들의 역할을 존중하는 기독교 정신은 당시 전통적인 동양의 남존여비 사상에 물든 한국 사회에 일종의 혁명이었다.[74] 균등한 교육 기회를 제공한 기독교학교는 한국 사회에 여성들의 지위를 놀랍게 향상시켜 자연스럽게 이 나라 여권 신장에 놀라운 기여를 하였다. 이것은 이 땅에 또 다른 영적 혁명을 가져다 주었다. 기독교학교에서 교육받은 수많은 여인들이 사회와 가정에서 교육을 통해 이 나라 지도자들을 양성하여 기독교가 사회와 민족을 선도하는 데 중요한 역할을 감당했다. 그것은 조용한 혁명이었다.

2. 교파 · 교단을 초월한 협력

당시 기독교학교가 직면한 또 하나의 과제는 교단의 벽을 넘어서는 일이었다. 당시 사립학교의 육성은 처음부터 교단의 전통을 존중하면서 그들을 신앙으로 교육하는 것을 그 목적으로 삼고 있었다. 그것은 보통학교뿐만 아니라 중학교와 고등학교 교육도 마찬가지였다. 특히 교단이 운영하는 중학교와 고등학교는 소속 교단의 지도자들을 육성하는 것을 중요한 교육 이념으로 삼았다. 1904년 미 감리교 소속 여 선교사 하운셀의 다음과 같은 보고는 이를 단적으로 대변해준다.

> 배재학당은 기독교학교일 뿐만 아니라 교단의 학교이다. 배재학당은 제일 먼저 그리고 항상 감리교회 남학생들과 감리교 부모들의 자녀교육을 대변한다. 만약 다른 교단의 학생들이 올 경우 그들이 우리의 종교적인 관습을 따른다면 우리는 그들을 환영하고 기쁨으로 그들을 교

---

74) J. Robert Moose가 적절하게 관찰한 것처럼 당시 한국인들에는 강한 남성우월의식이 강하게 자리 잡고 있었다. J. Robert Moose, "The Present Situation", KR (November 1905), p. 402.

육시킨다. 모든 학생들은 의무적으로 교회에 정기적으로 출석해야 하고 매일의 기도회에 참석해야 한다. 교과 과정에서 성경은 주요 교과서이다. 매 학년마다 매일 성경 한 과목의 수업을 들어야 한다. 어떤 학생도 기독교의 중요원리 및 교리에 대한 지식을 갖추지 않으면 교과 과정을 통과할 수 없다. 모든 학생들이 예수 그리스도를 그의 인격적인 구주로 영접하도록 교사와 기독교 학생 모두가 특별한 노력을 기울인다. 우리는 모든 학생들이 자신들을 하나님의 백성으로 여기고 있다고 기쁨으로 말한다.[75]

선교사들은 학생들 모두가 중생을 체험하고 성령으로 거듭나도록 만들어 주어야 한다는 사실을 일종의 소명으로 느끼고 있었다. 할 수 있다면 교회와 정부 모두를 만족시키는 것을 목표로 삼지만 참된 기독교 특성을 교육시키고 훈련시키는 것이야말로 그들이 목표로 삼았던 교육 이념이었다.[76] 교단의 신학과 관습은 교단 소속 기독교학교에서 매우 중요했고, 실제로 그런 방향에서 교육이 시행되었다.

그러나 이와 같은 교단이나 교파의식은 부흥운동이 점점 더 저변확대 되면서, 교파를 초월하여 민족복음화와 국민계몽을 이룩해야 한다는 시대적 요청 앞에 점차 사라지고 말았다. 장로교와 감리교는 좀 더 거대한 목적을 위해 교파와 교단을 초월한 협력을 아끼지 않았다. 거시적인 안목으로 민족복음화를 이룩해야 한다는 소명의식을 깊이 느꼈던 것이다. 따라서 교파와 교단을 초월한 기독교교육 분야에서의 협력은 일종의 시대적 요청이었다.

이와 같은 협력의 필요성을 충족시키기 위해 각 선교회와 보통학교는 각 교회가 운영하는 것을 원칙으로 하였고, 중학교나 대학의 경우에는 타 선교회와의 연합을 통해 학교를 운영하기도 했다. 배재학당을 남북감리교가 공동으로 운영하기로 한 것도, 또 평양의 숭실중학교와 대학을 장감이 공동으

---

75) *Minutes of Korea Mission*, Methodist Episcopal Church, 1904, p. 55.
76) 위의 책.

로 운영하기로 한 것도 그와 같은 움직임을 반영한 것이다.[77] 베커의 보고에 따르면 평양의 숭실중학교와 대학의 경우 1908년 현재 예비생 80명, 1학년 108명, 2학년 45명, 3학년 32명, 대학 신입생 8명, 대학 2학년 5명, 대학 3학년 2명 도합 280명이 재학하고 있었는데,[78] 이들 가운데 110명이 감리교인으로 장로교와 감리교가 수적 균형을 이루고 있었다.[79] 평양의 여자 고등학교도 겨울 부흥운동을 거치면서 학구열이 더 강해지고 관심이 더해져 82명이 등록했다.[80]

3. 기독교학교의 정치화 문제

독립의 소망을 상실한 시대적 상황에서 당시 초등학교는 학교의 정치화 움직임에 직면해야 했다. 처음에는 신앙적인 차원에서 순수하게 출발했으나 폭발적으로 요구되는 교사들을 충원하는 과정에서 무장이 해제된 후 적지 않은 전직 젊은 군인들이 각 초등학교 교사로 자리를 옮기면서 소학교 학생들을 대상으로 군사훈련이 실시되기 시작했다.

이로 인해 여러 학교에서 해당 교사와 학교 당국 사이에 심각한 갈등이 빚어졌다. 예를 들어 평양의 서문밖 학교의 경우 영향력 있는 한 학교 교사가 중심이 되어 "지나치게 많은 시간을 체육과 군사훈련"에 집중하자 학교가 시정을 요구하였다.[80] 그러나 해당교사가 이를 거부해 학교 교육위원회가 그를 해임시키는 일이 일어났다. 이처럼 학교를 정치 도구화하려는 움직임

---

77) Annual Report, PCUSA (1907), pp. 35-37.
78) 그중에 예비생(preparatory)이 80명, 1학년 108명, 2학년 45명, 3학년 32명, 대학신입생 8명, 2학년 5명, 3학년 2명이다.
79) 주요교과목은 국어로 교육하고 있으며, 중국어, 일본어, 그리고 영어 과목이 있다. 교수진 중에는 11명의 외국인들이 있으며, 이들은 한 주 110시간을 가르치고 20명의 한국인 선생들이 주당 전체 330시간을 가르치고 있다. 산업과(an industrial department-일종의 산학협동)가 운영되고 있어 39명의 학생들이 학교에 다닐 수 있도록 도와주고 있다. 학교는 특별히 선생들을 계발하기 위해 계획하고 있으며 이미 학생들 가운데 29명은 초등학교 선생으로 4명은 고등학교에서 가르치고 있다." "The Annual Meeting of the Methodist Episcopal Church Mission", KMF Ⅳ: 3 (Mar., 1908), p. 38을 보라.
80) Annual Report, PCUSA (1907), p. 37-38. 이들 중 적지 않은 수가 과부들이어서 교회 사역에 이들을 활용할 수 있는 중요한 자원들이었다.

이 일자 재령 선교부의 각 지역 교육위원회 위원은 목사가 임명하거나 목사의 동의를 받아 임명할 것, 교사는 반드시 목사나 조사가 임명할 것, 학교는 매일 기도회를 가질 것, 그리고 공식적인 교과과정을 준수할 것 등 교회가 통제할 수 있는 가능한 모든 방법을 강구하였다.[82] 총독부는 초등학교를 군사훈련장으로 만드는 움직임에 대해 매우 민감한 반응을 보였다. 일제가 1908년부터 모든 사립학교들이 반드시 교육부에 등록할 것을 법제화한 것도 그런 이유에서였다.[83] 이와 같은 상황 속에서 선교회는 일본 정부와의 마찰을 피해 가면서 학교 설립의 본래의 동기와 목적을 새롭게 인식하지 않을 수 없었다.

4. 일제의 사립학교 규제 문제

이 모든 것보다 당시 기독교학교가 직면한 가장 큰 문제는 총독부의 사립학교 규제였다. 기독교학교가 전국적으로 활발하게 운영되면서 일제가 주도한 공립학교가 위협을 받자 일제는 사립학교를 규제하기 시작했다. 총독부가 표면적으로 내건 사립학교 규제 이유는 교육의 질적 저하이다. 앞에서의 전국의 기독교학교 통계가 보여주듯 대부흥운동을 거치면서 교육에 대한 열망이 높아졌고, 많은 기독교학교들이 설립되면서 시설과 교사 수급이 따르지 못하는 현상이 나타났다. 대부분 독립된 학교 교사를 갖고 있지 않고 교회 시설을 학교로 사용하는 경우가 일반적이었다. 또한 각 학교에 일반적으로 한 명의 교사가 재직하고 있어, 양질의 교육을 제공하지 못하는 경우가 많았다. 당시로서는 피할 수 없는 상황이었지만 이것은 일제가 사립학교를 규제하겠다는 표면적인 이유가 되었다. 정작 사립학교 통제의 이면적인 이유는 다른 데 있었던 것이다.

---

81) Annual Report, PCUSA 1906, p. 291.
82) 위의 책, p. 306.
83) Lak-Geoon George Paik, *The History of Protestant Missions in Korea*, p. 405.

더 근본적인 이유는 신민통치 수단으로 진행되던 총독부 주도의 학교 교육이 위협을 받기 시작했기 때문이다. 기독교 사립학교에서는 정부가 주도하는 획일화된 신민교육을 실시하는 데 한계가 있었다. 더구나 서구의 자유주의 사상과 기독교 이상을 고취시키는 기독교교육은 장차 식민통치에 큰 장애요인이 아닐 수 없었다. 게다가 젊은이들에게 선교회가 운영하는 학교가 더 인기가 많았다. 을사보호조약이 체결되어 일본의 한국 지배가 가속화되면서 학생들의 학구열이 급격하게 낮아지는 현상이 발생했다. 공립학교와 같은 비 미션 스쿨에서 그와 같은 현상이 더욱 두드러지게 나타났다. 이와 대조적으로 기독교학교는 대부흥운동이 발흥하면서 역동적이고 "거의 전체가 자립하는 학교"로 정착했으며, "교육을 유지하기 위해 부모와 학생 모두가 대단한 희생을 아끼지 않았다."[84] 총독부는 기독교학교에 날카로운 눈총을 보내기 시작했고, 얼마 후 사립학교 규제에 착수했다.

기독교학교를 중심으로 기독교 세력이 계속 번성하여 결국 식민 통치에 위협적인 존재가 될 것이라고 판단한 총독부는 사립학교를 규제하기 시작했고, 더 나아가 기독교 말살 음모를 세웠다. 1911년 105인 사건은 그런 배경 속에서 발생한 일제의 기독교 세력 파괴 음모였다.

이런 상황에서 선교사들은 할 수 있는 한, 자체적으로 난립한 학교들을 정비해 가면서 정부와의 접촉을 통해 기독교학교들이 공립학교에 준하는 학력을 인정받을 수 있도록 노력을 아끼지 않았다. 예를 들어 장감연합공회의 교육위원회는 미국 총영사 토마스 새몬스(Thomas Sammons)의 도움을 받아 "한국정부의 교육기관들과 교회의 교육기관들이 더 밀접한 관계를 맺고, 기독교학교의 졸업생들이 공립학교의 졸업생들과 동등한 이익(advantage)과 특전(privilege)을 보장받을 수 있도록 한국정부 당국에 요청하였다."[85]

---

84) Bishop M. C. Harris, "Observations in Korea", KMF IV: 5 (May, 1908), p. 69.
85) "News Notes", KMF IV: 3 (Mar., 1908), pp. 42-43.

V. 기독교학교 설립 증가의 교훈

　기독교학교는 선교사들이 처음부터 강조해 온 최우선의 선교과제였지만 대부흥운동을 거치면서 한국교회는 "교육의 문예부흥"이라고 일컬을 만큼 기독교학교 설립의 전성시대를 맞았다. 특히 한국교회가 대부흥을 경험하는 1903년 원산부흥운동부터 1907년 평양대부흥운동기간까지 기독교학교 설립은 전국적인 현상으로 나타났다.

　당시 선교사들의 보고와 각종 통계가 보여주듯 대부흥운동 기간 동안 확실히 기독교학교 설립이 가속화되었다. 1903년부터 1907년 사이 전국의 기독교학교는 지역에 따라서 3배에서 5배로 증가했으며, 학생수도 거의 같은 비율로 증가했다. 이 같은 기독교학교 설립의 증가 현상은 한국교회에 몇 가지 중요한 교훈을 제시해 준다.

　첫째, 대부흥운동 기간 동안 기독교학교가 급증한 이유는 이미 선교 초부터 강조되어 오던 교육의 중요성이 널리 인식되기 시작한 데다 부흥운동으로 개인의 영적 각성을 경험한 이들이 새로운 세계에 눈을 뜨면서 배움을 열망했기 때문이다. 기독교 역사와 성경은 부흥이 일어나는 곳마다 개인의 각성이 사회각성으로 이어졌음을 보여준다. 이것은 한국의 대부흥운동에서도 예외는 아니다.

　둘째, 선교사들과 한국교회 지도자들은 복음전도와 기독교학교 설립을 처음부터 병행해 나갔는데 대부흥운동기간에 이 같은 움직임이 더욱 두드러지게 나타났다. 그 결과 이중적인 결실을 가져다주었다. 하나는 부흥운동으로 교육에 대한 열망이 점증, 기독교 영역을 넘어 타 종파 사람들에게까지 기독교학교 설립의 필요성을 저변확대시켰다는 점이다. 사람들에게 기독교 교육이 서양교육이라는 인식을 넘어 국민교육, 민족교육의 중요한 수단으로 정착하기 시작했다. 다른 하나는 교회가 수많은 소학교를 설립하고, 선교회가 여러 중학교와 여학교를 설립하여 신분과 성을 초월하여 균등한 교육 기회를 제공했다는 점이다. 이로 인해 기독교학교가 민중들 속에 파고들어 민중교육으로 자리를 잡기 시작했다는 사실이다. 누구나 접할 수 있는 수준으로 기독교학교의 벽이 낮아진 것이다. 이리하여 서양교육이라 터부시되던 기독교교육이 점차 민중의 교육으로 정착하기 시작했다. 윤치호가 중심이 되어 송도에 설립한 실업학교가 보여주듯 당시 기독교학교는 정도의 차이는 있지만 민족의식이 그 밑바탕에 자리 잡고 있었다.

셋째, 소학교의 경우 대부분의 운영이 한국교회와 교회 지도자들에 의해 이루어진 반면 중학교와 대학교의 경우는 선교회가 단독으로 혹은 협력으로 운영하였다는 사실이다. 한국교회나 한국에 파송된 선교사들은 이처럼 복음전파와 함께 사회적 책임을 충실하게 감당하려고 노력했다. 이것은 한국교회가 처음부터 강조되어 오던 복음전파와 대 사회적 책임을 동시에 구현해온 구체적인 사례로 한국교회사에 남는 일이다. 이는 오늘날의 교회가 해야 할 시대적 사명이 무엇인가를 보여준다.

넷째, 대부흥운동기간 전국에 수많은 기독교학교가 설립되어 여성들에게도 균등한 교육 기회를 제공하였다는 점이다. 이를 통해 한국교회는 물론 한국 여성들의 지위를 한층 고양시키는 결과를 가져왔다. 이들 기독교학교에서 배출된 한국인들이 교회와 사회 지도자들로 성장함으로써 대부흥운동기간 설립된 수많은 기독교학교들은 교회, 사회, 민족의 지도자 양성에도 부차적인 결실을 맺었다. 일제 36년간 한국교회가 도태되지 않고 사회와 민족을 이끄는 구심점 역할을 감당할 수 있었던 것도 이와 무관하지 않다.

한편, 기독교학교는 풀어야 할 몇 가지 과제를 갖고 있었다. 여성교육의 중요성과 필요성의 저변확대, 교단 및 교파의 장벽을 초월한 기독교교육의 구현, 교회의 정치화 현상 극복, 일제의 사립학교 규제 극복이 바로 그것이었다. 하지만 이것도 대부흥의 뜨거운 열기 앞에 넘지 못할 장벽은 아니었다. 오히려 이 같은 장벽들은 기독교학교의 저변을 더욱 확대시켜 민중 교육의 수준을 끌어 올리는 도구로 작용하게 되었다.

4장 신앙과 학문, 교회와 교육 사이의 역동성 발견

김영래 교수 (감리교신학대학교)

　신앙과 학문의 관계를 밝히는 연구는 신학과 교육적 측면에서 언제나 흥미롭고 의미 있는 연구이다. 이러한 측면에서 1907년 평양대부흥운동 이후 나타난 기독교학교의 설립 증가를 부흥운동이 낳은 결과로 보고, 이를 "기독교교육의 혁명"이라고 주장하는 박용규 교수의 글은 부흥운동(선교)과 학교 설립(교육)이라는 두 가지 현상의 인과적 관계를 밝혀내는 중요한 역사적 연구라고 할 수 있다.

　이러한 주장의 근거로 박용규 교수는 (1) 각성운동이 미션 스쿨에서 먼저 일어났고, (2) 미션 스쿨은 부흥운동의 저변확대에 중요한 역할을 감당했으며, (3) 영적 각성이 사회각성으로 이어지면서 기독교학교 설립운동이 활발히 진행되었고, (4) 기독교교육이 서양교육이라는 인식을 벗고 민중의 교육으로 자리 잡기 시작한 것이 부흥운동 이후라는 사실을 제시하고 있다. 이러한 입장은 보통 해외선교가 개종을 위한 직접적 전도에 앞서 의료와 교육과 같은 현실적 필요와 요구에 부응하는 전단계적 선교를 시행해 왔다는 일반적인 이해를 역전시키는 것으로 부흥운동이 교육에 동기를 부여했다는 주장이다.

　그렇다면 어떻게 부흥운동이 교육의 필요성을 깨닫게 하는 역할을 했을

까? 역사적 연구의 측면에서 이 질문이 가지는 의미는 크다고 볼 수 있다. 왜냐하면 보통 부흥운동은 반지성주의(anti-intellectualism)와 그 궤를 같이 하는 것이 보통이었다. 사실 돌아볼 때 지성주의의 파산은 영적 각성을 필요로 하게 되고, 반면 영성운동의 사유화와 반사회화는 다시금 지성의 역할을 확장시키는 방향으로 역사가 진행되어 왔기 때문이다. 그러나 박 교수의 주장에 의하면 20세기 초 조선(한국)에서는 영성운동과 지성주의의 관계에서 역전현상이 일어난 것이다.

이 글에서는 박 교수의 주장을 요약해보고, 그가 제시한 역사적 해석의 정당성을 검증한 뒤, 이 해석이 가지는 교육역사적 의미를 살펴보고자 한다.

I. 대부흥운동 당시 기독교학교의 역할

20세기 초 조선에서는 일제 강점, 대부흥운동, 기독교학교의 확장이라는 역사적 상황이 함께 발생하였다. 이 사건들 사이의 인과관계를 찾는 것은 일견 근대주의적 접근이라고 볼 수 있지만, 박용규 교수의 글은 역사서술(historiography)에 있어서 한 시각(a perspective)을 제공한다는 측면에서 분명 정당성을 갖는다고 할 수 있다.

노블(W. A. Noble)이 목격한 것처럼 조선인들이 보였던 "교육에 대한 갈망"은 서양학문에 대한 부르짖음이었고 교육자체에 대한 요청에서 출발한 것으로 여겨진다. 바로 이러한 갈망에 가장 신속하고 효과적으로 응답했던 집단이 기독교 선교사들이었던 것이다. 선교의 방편으로서의 교육은 1830년대 이후 중국과 일본 등 여타 선교지에서 모두 일반적인 것이었다. 우리나라의 경우 일제 강점으로 인해 발생한 민족정체성 상실과 구국의 요청은 교육의 필요성으로 직접 연결될 수 있었다. 여기에서 박 교수는 공부에 부지런 하라는 최병헌의 호소가 대부흥운동기간에 제기된 것과 연결하여, "복음에 눈을 뜨자 의식의 변화와 더불어 지적인 욕구가 생겨난 것이다."라는 이 글의 근간을 제공하는 중요한 주장을 하고 있다. 이 주장은 "… 죽음에 처한 이 나라로 인해 절망하고 있는 동안 이 나라의 희망의 별이 교회와 기독교학교의 형태로 떠오르고 있다."는 왓슨(A. W. Wasson)의 증언으로 정당성을 입증받고 있다.

박 교수는 기독교학교의 학생들 사이에서 일어난 각성운동이 부흥운동에서부터 온 것이고, 학교 안팎에서 일어난 부흥운동의 현상들은 학교의 변화 – 이것은 새로워진 학교다 – 를 이끌어내기에 충분했다고 밝히고 있다. 그리고 이는 "영적 각성운동 기간 기독교학교가 이 민족 가운데 조용히 영적 혁명의 주역으로 부상"하고 있었음을 입증하는 것이라고 했다.

II. 교육에 대한 열망 고취

마지막 부분에서 다시 언급하겠지만 망국패가(亡國敗家)와 대부흥운동 중 무엇이 교육에 대한 열망에 원인을 제공했는가 하는 문제는 논의의 여지가 있을 것이다. 왜냐하면 당시 일어난 교육에 대한 관심과 열정은 기독교적 교육을 통한 신앙적 세계관의 확립이라기보다는 우선 "국가의 흥망"과 "백성의 안위"에 초점이 맞추어져 있었고, 또 한편으로 부흥운동의 주역들이 교육을 통한 해결책을 제시한 것을 고려할 때 양자 중 어느 것 하나를 간단히 취사선택할 수 없기 때문이다.

그러나 교육의 확장을 요청한 주체들이 비록 기독교교육을 염두에 두고 있지 않았다고 하더라도, 선교사들을 주축으로 하는 교회는 이 기회를 복음 확장의 기회로 삼았고, 이러한 노력이 기독교학교의 설립으로 나타났다는 것은 주목해야할 부분이다. 그리고 결국 기독교학교의 설립에 지원을 해야 할 세력들이 대부흥운동의 영향으로 교육에 대한 확고한 신념을 가지게 된 것은 대부흥운동과 교육에 대한 열망을 연결시키는 박용규 교수의 주장을 입증해 주기에 충분하다고 여겨진다.

그리고 크램(W. G. Cram)이 기록하였듯이 "놀라운 성령의 역사로 교육에 대한 열의가 더 높아졌고, 전국의 각 지역 선교회는 더 많은 이들을 선교회가 운영하는 기독교학교에 보내는 현상이 나타났다."는 점과 아펜젤러와 언더우드가 밝혔듯이 "부흥운동을 통해 교육의 필요성이 제기되었고 자녀 교육에 대한 부모의 책임의식이 증대되면서 각종 기독교학교 설립 움직임이 어느 때보다 활발하게 진행되었다."는 보고는 (박 교수가 제시하는 다른 사료들과 함께) 매우 중요한 증거가 되고 있다.

Ⅲ. 기독교학교 설립 "운동"(movement)

부흥운동 전후 기독교학교의 수적 증가에 관한 박용규 교수의 자료는 매우 인상적이다. 1907년 스왈른이 미 선교부 아더 브라운 총무에게 보낸 보고서에서 밝힌 "대단히 놀라운 수의 학교의 설립"이 말해주듯 언더우드의 「Modern Education in Korea」의 통계수치인 1908년 48개 학교와 83명의 교사, 2,529명 학생에서 1909년 학생이 2,855명으로 증가, 1910년 72개 학교에 205명의 교사와 5,139명의 학생으로의 증가는 당시의 상황을 고려해 볼 때 대단한 성장이 아닐 수 없다. 또한 케이블(E. M. Cable)이 보고한 것에 의하면 북감리교의 경우 1906년 평양에 13개 학교, 281명의 재학생이었던 것이 1907년 17개 학교에 473명의 학생으로 증가했으니 그가 표현한 대로 "교육의 혁명"이 이루어지고 있었다. 백낙준이 "교육문예부흥"이라고 불렀던 이 대부흥운동기간 동안 불과 7년 사이에 초등학교만 10배의 증가를 이루었던 것이다.

박용규 교수가 제시한 다음의 두 통계자료는 그의 주장을 뒷받침하기에 충분한 결과라고 할 수 있다.

〈표1〉 전국의 기독교학교 및 주일학교 (1907년 4월 현재)

	북장로교	미감리교	남장로교	남감리교	캐나다장로	호주장로교	합계
주일학교	596	153	55	33	58	5	900
학생수	49,545	12,333	1,784	1,770	3,366	204	69,002
신학생	58	480	6		3	1	548
중학교	13	3	1	4		1	22
기타학교	344	103	34	3	17	7	505
기독교학교 총 재학생	7,564	4,267	507	333	308	309	13,288

자료: 「KMF (April 1907)」

〈표2〉 부흥운동기간 평양지역 기독교학교 증가

	1902	1905	1907
학교수	35	62	106
교사	35	64	121
학생	592	1,802	2,583
자립학교수	30	60	106

자료 「Annual Report, PCUSA(1907)」

역사기술에 있어서 "운동"이라고 할 때 한 현상의 자생적 발생과 편재적 확대를 근거로 삼는 것이 일반적이다. 이러한 의미에서 박 교수가 표현한 대로 기독교학교의 설립은 운동의 요건을 충족시켰으며, 이는 역사와 사회의 변동에 중요한 영향을 미쳤음에 의심의 여지가 없다고 해야 할 것이다.

IV. 갈림길에 놓인 기독교학교

　박용규 교수는 앞의 글에서 당시 기독교학교들은 (1) 양성평등교육, (2) 교단적 분리현상, (3) 교육의 정치화, (4) 일제의 규제 등 네 가지 당면문제를 안고 있었다고 기술하고 있다. 박 교수가 열거한 위의 문제들은 실로 중대한 문제라고 하지 않을 수 없다. 왜냐하면 기독교학교가 그 정체성을 유지하면서 신앙적 각성으로 일어난 교육혁명을 완수할 수 있느냐 그렇지 못하느냐의 갈림길에 놓일 수밖에 없었기 때문이다. 만일 기독교학교가 전통에 밀려 양성평등을 이루지 못하고, 학교 설립이 교단적으로 경쟁화되며, 교육내용이 정치화되고, 일제의 압박에 굴복했다면 기독교학교의 증가는 그 빛이 바랬을 것이다. 그러나 박 교수가 지적한 대로 기독교학교들은 균등한 교육의 기회를 제공하여 "한국 사회에 여성들의 지위를 놀랍게 향상시켜 … 여권신장에 놀라운 기여를 하였던" 것이다. 그리고 교단들은, 특별히 장로교와 감리교는 민족복음화라는 "시대적 요청"에 부응하여 교단의 벽을 넘는 협력을 하였다. 또한 체육과 군사훈련을 교과목을 포함시켜 "황국민화"를 시도했던 일제에 대항하여 기독교학교의 설립 동기와 목적을 보존하고자 노력했다. 기독교학교의 증가로 인해 일제 통제하의 공립학교교육이 위기에 처하자 일제는 사립학교인 기독교학교에 대한 규제에 들어갔다. 이에 따라 교회는 당시 난립했던 기독교학교의 수적 정비와 질적 향상을 통해 이 문제들을 풀어나가려고 하였다. 박 교수의 이러한 관찰은 대부흥운동의 신앙적 힘이 기독교학교의 설립과 더불어 존립에 지대한 영향을 끼쳤음을 말해주는 것이었다.

　앞서 언급하였듯이 대부흥운동이 기독교학교 설립에 영향을 끼쳤다는 박용규 교수의 주장은 일반적 역사적 현상이었던 신앙과 반지성주의, 학문과 지성주의라는 도식을 뛰어넘는 중요한 것임에 틀림이 없다. 그리고 그의 주장을 뒷받침하기에 충분한 근거를 제시하였다. 물론 대부흥운동 기간이 일제강점이라는 상황과 교차하면서 자주와 독립을 향한 열망을 교육을 통해 이루려고 한 것도 한 원인이 되었을 것이다. 그러나 기독교학교의 설립과 학생의 증가가 대부흥운동의 직접적 또는 간접적 산물인가라는 점에는 상당한 개연성이 있다고 보아야 할 것이다.

여기에 한 가지 남겨진 질문은 "과연 기독교학교에서의 신앙적 열정(복음주의)과 학문적 경향(자유주의) 사이의 조화가 이루어졌는가?"이다.

1907년 스왈른은 미 선교부에 보낸 서신에서 "교육 전반의 문제가 너무도 긴박하여 가뜩이나 제한된 우리의 에너지의 너무 많은 부분을 교육에 소비해 현 사역의 국면에서 시급하게 돌봐야 할 정규 교회 사역이 소홀하게 되지 않을까 적지 않게 우려가 됩니다."라고 했다. 이는 신앙과 학문, 교회와 교육 사이에 존재하는 갈등적 상황을 엿보게 할 수 있는 근거가 된다.

사실 당시(19세기 말-20세기 초) 미국에서는 자유주의신학과 사상이 발흥하면서 교회와 사회에 지대한 영향을 미치기 시작했다. 언더우드와 아펠젤러와 같이 조선에 복음을 전한 1세대 선교사들은 무디와 생키로 이어지는 복음주의 운동의 마지막 전수자였다고 보아야 할 것이다. 이들은 자신들의 생애 안에 복음이 땅 끝까지 전해져 예수 그리스도의 재림을 맞이하자는 신앙적 열정을 가졌던 사람들이었다. 그러나 이들 이후로 교육 분야의 선교를 위해 조선 땅을 밟은 선교사들은 다분히 자유주의적 사조에 영향을 받지 않을 수 없었다. 이와 더불어 조선인들 사이에 일어났던 교육적 열망은 신앙적 동기보다 사회적 동기가 더욱 두드러졌으며 이로 인한 갈등이 존재했던 것이 사실이다.

따라서 대부흥운동에 영향을 받은 기독교학교 설립의 증대가 교육의 현장에서 만나게 된 자유주의적(진보주의적) 교육사상과 어떠한 관계를 형성해 왔는가를 탐구하는 것이 이후에 연구되어야 할 주제가 아닌가 제시해 본다.

신앙과 학문, 교회와 교육 사이의 역동성을 밝힌 박용규 교수의 글은 기독교교육사적 측면에서 매우 중요하고 의미 있는 연구라고 할 수 있다. 물론 역사가 반드시 현재에 교훈과 지침을 제공해야하는 것은 아니지만, 박 교수의 연구에서 보듯이 신앙이 학문을, 교회가 교육을 변화시킬 수 있는 역사가 오늘과 미래에 다시 일어나길 기대해본다.

3부
기독교학교의 설립

5장 한국교회 초기 기독교학교 설립

임희국 교수
계명대학교 인문대학 독어독문학과(B.A.)
장로회신학대학교 신학대학원(M. Div.)
장로회신학대학교 대학원(Th.M.)
스위스 Basel 대학교(Dr. Theol)
대구 영남신학대학교 교회사 교수
생명길교회 담임목사 역임
현 장로회신학대학교 역사신학 교수
서울 동신교회 교육지도목사

6장 토착교회가 설립한 기독교학교의 역할

강영택 박사
미국 칼빈신학대학원 석사(M.Ed.)
미시간 주립대학교 박사(Ph.D.)
현 장로회신학대학교 강사
기독교학교교육연구소 연구교수
독수리교육공동체 기독교학교연구소 책임연구원

5장 한국교회 초기 기독교학교 설립
'토착교회의 기독교학교 설립운동'을 중심으로

임희국 교수 (장로회신학대학교)

I. 기독교학교의 초석

이 글을 통하여 우리는 우리나라 초창기(19세기 말에서 20세기 초반) 개신교(장로교회)의 기독교학교 설립에 관하여 살펴보고자 한다. 오늘날 기독교학교의 현실은 – 대학입시 위주로 편중된 교과내용에서 사학법 개정문제까지 – 여러 방면에서 여러 형태로 학교의 정체성마저 흔들리는 처지에 놓여있기에, 초창기 기독교학교들의 설립과정과 그 성격에 관하여 살펴볼 필요가 있다고 본다. 우리나라 기독교학교의 '초석'(礎石)이 무엇인지 살펴볼 필요가 있다는 뜻이다.

기독교학교의 설립에 관한 지금까지의 연구를 살펴보면, 19세기 말 내한(來韓) 선교사들의 선교사역을 서술하면서 거기에 포함시켜 기독교학교의 설립에 대하여 자주 다루었고(선교사 위주의 기독교학교 설립), 또 20세기 초반 대한제국 시절에 애국계몽운동을 위한 사립학교 설립에 대하여 종종 다루었다(민족의식에 직결된 기독교학교 설립). 그렇지만 토착(한국) 교회가 '주체적'으로 설립한 기독교학교에 관하여는 아직까지 제대로 파악되지 않았다고 본다.

이 점에 착안하여서, 교회의 기독교학교 설립에 관하여 주목하고자 한다.

초창기 우리나라 장로교회가 설립한 기독교학교에 관하여는 「독노회 회록: 1907-1912」[1]에 통계자료로 자세히 보고되었다. 또한, 당시에 발간된 신문들이 - 《예수교 신보》, 《그리스도 신문》, 《신학월보》 등 - 기독교학교 설립에 관하여 자주 보도하였다. 이러한 문서들을 우리는 중요한 사료(史料)로 활용하고자 한다.

초창기 기독교학교 설립에 관하여 두 부분으로 나누어서 살펴보고자 한다. 앞부분에서는 기독교학교의 설립과정을 연대기적으로 서술하고, 그 다음 뒷부분에서는 당시 기독교학교의 설립성격과 그 강조점을 서술하고자 한다.

II. 기독교학교 설립운동

1. 1876년, 근대화의 물꼬를 트다

우리나라 기독교학교 설립의 역사적 배경은 1876년 '문호개방을 통한 근대화'에 있다. 조선 정부가 쇄국정책을 풀고 문호를 개방하면서 근대화로 나아가는 물꼬가 트였다. 정부는 서양문물을 총체적으로 수용하는 것이 아니라 부분적으로 받아들이면서 유교국가의 약점을 보완하고자 했다. 이것은 서양의 동점(東漸) 이래로 실용주의적 관점에서 서양의 자연과학·군사·기술의 우수성과 유용성을 인정하고 이를 수용하는 방법으로서 "동도서기론"(東道西器論)이라 불렸다.[2]

---

[1] 『독노회록 및 제1회 총회록』, (대한예수교장로회 총회, 1907-1912년)
[2] 원래 도(道)와 기(器)의 개념은 『周易(주역)』에 "形而上者(형이상자)는 이를 道(도)라 하고, 形而下者(형이하자)는 이를 器(기)라 한다"는 데서 연유한다. 도란 우주만물의 본원이나 본체로서 사물의 배후에 있으면서 사물의 형체를 이루게 하는 원리를 뜻하고 기란 도에 의해서 구체적인 형체를 이룬 현실세계의 사물을 말한다.

1882년에 조선정부가 미국과 외교관계(조미조약)를 체결하던 무렵, 급진개화파의 한 사람인 김옥균이 일본으로 갔다. 거기에서 그는 미국 개신교 선교사들과 접촉하면서, 국내의 개화를 보다 효과적으로 추진하려는 목적에서, 이들이 한국으로 오도록 요청하였다. 때마침 조선정부는 서양문물을 받아들이려는 차원에서 일본으로 신사유람단을 파견하여 이들에게 정치 · 경제 · 사회 · 기술 · 문화 등 제반에 걸쳐 배워오게 했다. 김옥균의 열정과 신사유람단의 활동을 목격하며 조선의 개화의지를 확인한 미국 선교사들은 조선 선교가 대단히 중요하다고 인식하게 되었다. 1883년에 선교사 녹스(G.W. Knox)는 본국의 선교본부에 편지를 써서 조선선교의 중요성을 피력했다.[3] 그러나 미국의 선교본부는 별 관심이 없다는 반응을 보였다. 그런데, 이 즈음에 미국 현지에서 감리교회 목사가 조선선교의 중요성을 발견하게 된 일이 일어났다. 앞에서 언급한 대로, 조미조약을 맺은 다음에 답례 차원에서 조선정부는 1883년에 미국방문사절단을 파송하였는데, 이 방문단 일행이 워싱턴으로 가는 도중에 대학총장이자 감리교회 목사인 가우처(John F. Goucher)를 만났다.[4] 이 만남을 통해 가우처는 조선에 선교사를 하루 속히 파송해야 한다는 생각이 들었다. 그래서 그는 일본에서 일하고 있는 선교사 맥클레이(Robert S. Maclay)가 김옥균과 가까운 사이임을 알고 그를 통해 한국의 왕실과 접촉하도록 하였다. 맥클레이는 1884년 6월에 한국을 방문하고 국왕인 고종으로부터 학교사업과 병원사업을 하도록 윤허를 얻었다. 그 해 9월에 미국인 의료선교사 알렌(H. N. Allen)이 조선으로 들어왔다.

　가우처의 수고와 노력으로 미국에서 1885년에 아펜젤러(Henry G. Appenzeller) 부부가 선교사로 파송되었다. 또한 스크랜턴(William Bention Scranton) 부부 및 스크랜턴 모부인(Mary S. Scranton), 그리고 언더우드(Horace G. Underwood)도 선교사로 파송되었다. 이렇게 해서 한국으로 파송

---

3) 백낙준, 『한국개신교사』(서울: 연세대 출판부, 1973), p. 75.
4) *The Korea Mission Field*, Vol. 10 No.1, p. 14.

된 최초의 미국 선교사는 6명이었다. 이들은 한국으로 오다가 3월에 잠시 일본 요코하마에 들렸다. 이 때 스크랜턴 목사가 급진개화파의 한 사람 박영효를 만났는데, 박영효는 그에게 이런 부탁을 했다. "선교사들이 우리나라에서 해야 할 일이 얼마든지 있습니다. … 우리 백성이 지금 필요로 하는 것은 교육과 기독교입니다. 선교사들과 또 선교사들이 세운 학교를 통해서 우리 백성을 교육하고 향상시켜 주어야 합니다. … "5) 이러한 부탁을 받은 선교사들은 1885년 4월 5일(부활절)에 조선의 인천항에 도착했다.

2. 1885년, 첫 기독교학교를 세우다

조선정부가 동도서기론의 차원에서 허락한 미국 선교사들의 사역은 교육과 의료부문으로 한정되었고 공개적인 포교(선교)는 금지되었다.6) 이에 선교사들은 직접적인 전도활동보다는 교육 · 의료 · 출판 문화사업에 중점을 두었다.7) 1885년에 아펜젤러가 첫 기독교학교를 설립하였고8), 그 이듬해 5월에 스크랜턴 모부인(Mary F. Scranton)이 여성교육기관을 세웠으며 또한 언더우드가 '언더우드학당'을 세웠다. 왕실은 이들의 교육 사업이 정부의 개화정책에 잘 부합되리라 기대하며 큰 관심을 보였다. 고종황제는 1887년 2월에 아펜젤러가 세운 학교의 이름을 '인재를 배양하라'는 바람이 담긴 '배재학당'(培材學堂)으로 지어 주었다. 명성황후 또한 같은 해에 첫 여학교

---

5) Mrs. I. Bishop, *Korea and Her Neihbours*, John Murray, London, 1898. 재인용, 민경배,『한국의 기독교회사』, (대한기독교서회, 1968), p. 55.
6) 『한국 근대사강의』, 한국 근현대사 연구회 엮음 (서울: 한울, 1997), p. 86.
7) Frederick A. Mckenzie, *Korea's Fight for Freedom* (Yonsei Univ. Press, 1969), p.50 ; 참고, 박영신, "한국 근대 사회변동과 기독교", 《기독교사상》 (1984년 7월), pp. 122-132.
8) 이 학교의 설립에 관하여는 1885년이라는 견해와 1886년이라는 견해로 나뉜다. 李光麟,『開化派와 開化思想研究』, (서울: 일조각, 1989), pp. 93-105. 吳天錫,『韓國新教育史』, (서울: 현대교육총서출판사, 1964), p. 95.
9) 그런데 원래 이화학당 자리에는 '梨花亭'이라는 정자가 있어 그 이름을 따서 지었다는 견해도 있다. 최숙경,"梨花學堂 命名에 관한 諸說의 檢討",『梨花女子大學校 創立百周年記念論叢』제48집(인문과학편), (이화여자대학교한국문화연구원, 1986), pp. 458-459.

의 이름을 '이화'(梨花, 배꽃)로 지어주었다. 배꽃은 당시 황실을 상징하였는데, 이 꽃은 여성의 올바른 태도와 순결과 명랑을 상징하였다.[9]

그러나 '위로부터의 개화정책'이 아래로 잘 전달되지 않았다. 대다수 백성들의 눈에는 서양 선교사들이 낯선 이방인으로 비쳤고, 이 백성들에게 신식교육이란 어색하기가 짝이 없는 옷과 같았다. 이러한 이방인들이 세운 학교에 자기 자녀를 맡겨서 교육시키려는 부모는 거의 없었다. 더욱이 1888년 앞뒤로 서양 사람들은 "양귀자"(洋鬼子) 혹은 "양 도깨비"라는 소문이 파다한 상황에서, 선교사들의 교육활동이 대단히 어려웠다.[10] 그러나 큰 어려움 속에서 작은 가능성이 보였다. 당시의 서울엔 열악한 생활환경 때문에 해마다 전염병이 발생했다. 이것으로 말미암아 많은 아이들이 부모를 잃고 거리를 헤매고 있었다. 선교사들은 이러한 고아(孤兒)들과 또 다른 고아들을 불러 모아 먹이고 재우며 신식교육을 시작하였다.[11] 언더우드가 세운 학당이 바로 그러하였다. 고아원으로 시작한 기숙학교 '언더우드 학당'은 1명에서 출발하여 25명의 남자아이들을 무료로 먹이고 잠재우고 입히면서 성경과 영어와 한문을 주로 가르쳤다.[12]

이런 상황에서 1890년 봄에 중국 산동 지부(芝罘)에서 일하는 선교사 네비우스(John B. Nevius)가 서울로 와서 두 주일 동안 머물며 조선의 선교사들에게 선교에 대한 원칙을 제시하였다. '네비우스 방법'으로 불리는 이 선교 방안은 자립전도(self-propagation), 자립치리(self-government), 자립경제(self-support)의 원리를 강조하였다. 언더우드학당에 드는 모든 재정을 감당해 오

---

10) 이를테면, 알렌이 경영하는 병원 광혜원에서 사람의 눈알과 염통을 빼고 가죽을 벗긴다는 소문이 돌았다. 1888년 6월에는 소위 '애기소동'이라는 낭설이 파다하게 퍼지면서 병원은 아이들을 잡아 죽이는 도살장이라는 유언비어가 돌았다. 또한, 외국공사관은 아기 고기를 요리하는 음식점이라는 소문도 돌았다.
11) 『朝鮮예수敎長老會史記(상권, 1926)』(한국기독교역사연구소편, 2000), p. 15.
12) 이 학교의 명칭은 1891년에 耶蘇敎學堂, 1893년에 閔老雅學堂으로 바꾸었으며, 1896년에 잠시 폐교하였다가, 1901년 1월에 선교사 게일(J,S. Gale)이 耶蘇敎中學校로 다시 개교하였다. 1905년에 儆新學校로 이름을 바꾸어서 오늘에 이르렀다. 참조. 『儆新八十年略史』, (서울: 1966).

던 미국 북장로교회 선교부는 선교정책을 바꾸어 이제부터는 학비의 부담 능력이 일부라도 있는 학생에 한하여 입학을 허락하였다. 학교이름도 1891년에 야소교학당(耶蘇敎學堂), 1893년에 민노아학당(閔老雅學堂)으로 바꾸었다.

1894년 청일전쟁에서 일본이 승리하자, 서양기술과 문명을 바라보는 조선 사람들의 태도가 달라졌다. 그들은 일본이 승리한 까닭이 서양의 앞선 과학기술을 가져다 배웠기 때문이라고 파악하였다. 이렇게 전쟁을 통해 서양 기술과 문명의 실체를 알게 사람들은 서양 문물에 대한 관심을 높이게 되었다.[13] 이제는 젊은이들이 스스로 서양의 기술과 학문을 배우고자 선교사가 세운 학교로 찾아왔다. 민노아학당의 학생수도 급증하였다.

3. 1895-1908년, 열정으로 불붙는 기독교학교

조선의 근대화는 친일적 성향을 가진 온건개화파가 주도한 '갑오개혁'(1894년)이 분수령이었다.[14] 이때 근대화를 위한 교육근대화가 그 무엇보다도 중요하다고 파악되었다. 그해 7월에 정부는 근대화를 위해 학교교육을 담당하게 될 '학무아문'(學務衙門, 오늘날 교육인적자원부)을 발족시켰다. 그 이듬해(1895년) 3월에 학무아문이 '학부'로 명칭을 바꾸었고, 학부가 근대 교육체제를 만들어 나갔다. 초등교육은 1895년 7월에 '소학교'(小學校)가 설립되면서 본격화 되었다.[15] 소학교는 전국 각지에서 관·공·사립의 세 가지 형태로 설립되었다.

그러던 중 1895년에, 서울의 새문안(신문내)교회가 '영신학당'(永信學堂)을

---

13) 참고 : 임희국, "신앙각성운동을 통한 갱신과 부흥, 토착 교회의 형성. 1907년 평양 대 각성운동을 중심으로", 『제2회 소망신학포럼 자료집』(2005. 4. 20). pp. 5-28. 이 견해는 그 당시에 평양을 방문한 미국 북장로교회 해외선교부 총무 스피어(R. E. Speer)의 해석이었다. Robert E. Speer, *Report on the Mission in Korea of the Presbyterian Board of Foreign Missions*, The Board of Foreign Missions of the Presbyterian Church in the USA, 1897. p. 7.
14) 『한국사 14. 식민지시기의 사회경제 2』, (서울 : 한길사, 1994), p. 201.
15) 그러나 소학교는 1906년 8월 – 일제의 통감부가 설치되면서 – 그 명칭이 "보통학교"로 변경되었다.
16) 『朝鮮예수敎長老會史記(상권, 1926)』, p. 81.

세웠다.¹⁶⁾ 이 학교의 설립은 일차적으로 새문안교회가 성장 발전한 열매였고 또한 1887년에 선교사들이 이 교회 안에 세운 구세학당(救世學堂)의 발전에 힘입은 것이었다. 구세학당의 학생이었던 송순명(松淳明)이 영신학당의 선생으로 일하게 된 점에서 그렇게 말할 수 있다. 이리하여 이제부터는 선교사회가 운영하는 기존의 기독교학교와 한인 그리스도인들이 세운 기독교학교가 나란히 양립하였다. 그런데 10년 전의 일을 떠올리면, 영신학당의 설립은 신식교육에 대한 일반 대중의 인식변화를 대변하고 있다. 그때엔 부모들이 자녀를 신식학교로 보내지 않았는데, 이제는 '토착교인' 스스로가 이 학교를 설립하였다. 같은 해에, 평안도 용천군의 신창(新倉)교회, 정주군의 정주읍(定州邑)교회, 박천(博川)군의 남호(南湖)교회도 각각 '사숙'(私塾)을 설립하였다. '사숙'이나 '학당'은 정부·학부의 인가와 함께 정식 '학교'로 발전하였다.

1897년 8월에 미국 북장로교 선교부 연례회의가 열렸다. 이 모임에서 선교사 배위량이 입안한 교육정책 – "우리의 교육정책"(Our educational policy) – 이 심의되고 채택되었다. 배위량은 선교부의 선교정책인 네비우스 방법을 교육정책으로 적용하고자 했다. 그 내용을 요약해보면, "기독교학교 설립과 운영의 기본이념은 학생들에게 유용한 지식을 다양한 방법으로 가르쳐서 실제생활에 기여하고 더 나아가서 이들이 장차 책임 있는 일꾼으로 자라게 하는 것이다. 이를 위하여 학교는 학생들의 신앙증진과 정신함양을 위한 교육을 해야 할 것이며, 그 무엇보다도 이 학생들이 교회의 주류가 되어서 토착교회(native church)를 형성하게 해야 한다고 보았다." 이 학생들이 장차 "농부나 대장공이 되건, 의사나 교사가 되거나 혹은 정부의 관리가 되던 간에 복음을 전하는 능동적인 복음전도자가 되어야 한다"고 마무리 지었다.¹⁷⁾ 이 교육정책 아래에서, 한 걸음 더 구체적인 방안이 마련되었다. "(1) 각 지

---

17) 『숭실대학교 90년사』, (숭실대학교, 1987), pp. 60-61.

교회 지역구의 초등학교를 발전시키고, (2) 이 초등학교 교원의 확보를 위하여 특별 단기 사범과를 두어서 재직교원(在職敎員)과 기타 유망한 사람들을 모아 교원을 양성하며, (3) 특별히 선발한 학생들을 중학교와 나아가서는 전문학교에서 철저한 교육을 받도록 할 것이며, (4) 부대적으로 교과서를 준비한다."는 것이다.[18]

이어서 선교부는 배위량을 평양선교지부로 전임(轉任)시키기로 결의했고, 그는 그해 10월에 평양으로 이주했다. 평양의 선교사역은 이 무렵에 비약적인 성장을 거듭하고 있었고, 이 사역은 평안도지역과 황해도의 북부지역으로 확산되어 나갔다. 선교활동은 순회전도와 사경회로 집중되어 있었다. 이에 따라 교육활동은 부차적인 선교사역에 머물고 있었다. 이러한 가운데에서 여러 교회들이 설립한 초등교육기관(사숙, 학당 등)에서 졸업생이 배출되었다. 많은 경우에 토착교인들이 학교를 운영하며 선생으로 일하였고, 선교사들은 곁에서 협조하였다.

1898년에는 평양의 장대현(널다리골)교회와 의주군의 남산교회가 각각 사숙을 설립하였다. 1900년에는 의주읍교회, 선천읍교회, 황해도 황주군 용연교회가 각각 사숙을 설립하였다. 교회들이 학교를 설립한 동기는 하나같이 "교인 자녀들을 교육하기 위함"이었다. 아마도 경건교육(성경 · 기도)과 지식교육 – 영어 · 산수 등의 신(新) 지식교육과 전통 한문교육 – 을 병행한 교육이었다고 짐작한다.

1895년에 우리나라의 근대 중등학교가 시작되었다. 그해 4월에 소학교 교사양성을 위한 한성사범학교가 설립되었다.[19] 이 무렵 평양의 교회에서도, 증가하는 소학교 설립에 발맞추어, 학교 교사를 한시바삐 양성해야 할 과제

---

18) 위의 책.
19) 1899년에 한성중학교가 설립되었다. 중등교육과정에는 외국어학교(일어 · 중국어 · 영어 · 러시아어 · 독어 · 불어 등)와 실업학교(상공 · 농상)가 포함되었다. 이러한 중등교육은 – 오늘날처럼 – 그 다음의 상급학교로 진학하기 위해 준비하는 과정이 아니라 최종단계의 학교였다. 즉, 그 이상의 상급학교가 없는 최종과정이었고 졸업과 함께 직업을 찾아 나갔다.

가 크게 부각되었다. 1897년 8월 선교사회 연례모임 직후에, 선교사회 평양지부는 배위량으로 하여금 중등교육을 시작하게 했다. 그 해 10월에 평양으로 온 지 이제 겨우 일주일이 된 배위량은 자기 집 사랑방에서 중등교육반을 발족시켰다. 흔히 '사랑방학급'으로 알려진 이곳이 숭실학당의 모체가 되었다.[20] 그는 한학자이자 교인인 박자중(朴子重)과 함께 학생들을 지도하였다. 학생들은 초등학교를 졸업했거나 상당한 기초 실력을 가진 젊은이들이었다. 이들은 정식으로 개교하기까지 예비교육을 받았다. 사랑방 중등교육반은 이듬해(1898년) 가을에 정식으로 학생모집을 공고하였다. 약 60여 명이 지원하였고, 배위량은 이 가운데서 학력, 건강상태, 가정환경 등을 고려하여 18명을 선발하였다. 1904년에 첫 졸업생을 배출하였다. 그러자 이 학교는 또 다시 대학부를 설치하여 1905년에 대학교육과정을 시작하였다. 평양에 대학을 설립하려는 일은 그 지역 모든 교회들의 염원이었다. 그래서 1906년 음력 5월(6월경)에 교회지도자들이 장대현교회에 모여서 대학설립을 위해 논의하고 다음과 같이 즉석 모금하였다.[21]

> 음력오월 초오일에 이곳서(평양에) 대학당을 설립ᄒᆞ일을 의론초로 쟝디지 례ᄇᆡ당에 모혀셔 례ᄇᆡ절ᄎᆞ를 힝ᄒᆞᄂᆞ듸 찬미ᄒᆞ고 긔도훈후에 방목ᄉᆞ 연셜ᄒᆞ고 대한 힝데 즁 훈사ᄅᆞᆷ이 대학당이 엇더케 긴요훈 뜻을연설훈후에 연보를 훈ᄂᆞ듸 신화 수빅원 자리 뎐답을 밧친 사ᄅᆞᆷ이 륙칠인이되고 혹 칠팔빅원 자리집도 밧친이도 잇고 미년 신화 오원식 만코 미일 십젼식 셰샹ᄯᅥ나는 날ᄭᅡ지 배기로 쟉뎡훈이도 만코 지목을 밧친이도 잇고 쥬초돌 밧친이도 잇고 교의를 밧친이도 잇고 시계를 밧친이도 잇고 대못슬 여러근 밧친이도 잇고 몸으로 품삭을 밧친이도 잇고 혹 신화ᄉᆞ오십원 일이삼십원 밧친이도 만코 ᄌᆞ미들은 은퇴와 은지환과 은쟝도 밧친이도 만ᄉᆞ오니 그날 쥬를 위ᄒᆞ야 여러 형데ᄌᆞ미가 열심쓰는거슬 가히 알바로소이다 당일연보난거시 신화 수쳔 수삼빅원이옵고 소 남북 평안도와 황히도 각쳐 교회에셔도 이ᄀᆞᆺ치 열심

---

20) 『숭실대학교 90년사』, pp. 66-75. 그런데, 숭실이란 학교이름은 창립 당시는 물론이고 1900년까지도 사용되지 아니하였다고 한다. 그 무렵에는 그저 학당 또는 중학교로 불렸다. 당시의 영문보고서들도 그저 Pyeng Yang Academy로 표기하였다. 학교 이름은 1901년에 가서 "숭실"로 정해졌다고 한다.
21) 《그리스도 신문》, 1906년 7월 19일.

으로 흠모양이오니 우리나라 대학교가 쟝춧 잘될줄을 밋ㅅ온즉 여러형뎨ㅈ미들
은 대학교를 위ㅎ여 열심긔도 ㅎ시기를 ᄇ라ᄂ이다.

1901년에 선교사회 서울지부가 – 평양지부의 교육 사업이 빨리 진행되는 점에 자극을 받아 – 연지동에 '중학교'(中學校)를 설립하였다.[22] 연동교회의 부속건물을 학교로 사용하였다.[23] 설립과 함께 학생수가 점점 늘어나서, 설립 당시에 8명이었는데 4년 뒤(1905년)에 49명으로 늘어났다. 이에 교실을 신축하였다. 또한 설립 당시에는 그냥 "중학교"로 불렀는데, 1902년에 "예수교중학교"로 바꾸었고, 1905년 초에 '새로운 것으로 깨우친다'는 뜻의 경신(儆新)학교로 바꾸었다.

또한, 토착교인들도 중학교를 설립하기 시작했다. 선천읍교회 초대 장로 양전백은, 이미 1900년에 교인 자녀들의 교육을 위하여 소학교인 명신(明信)

---

22) 『조선예수교장로회 사기(상권)』, p. 174.
23) 댓돌 옆 기둥에 세로로 '중학교'라 쓴 간판이 붙은 교사는 두 개의 방을 터서 넓힌 6칸 온돌방이었는데 벽에 칠판을 달아 선생은 서서 가르치고 학생은 앉아서 배웠다. 서병호 동문(1905년 제1회 졸업) 인터뷰에서, (1964. 11. 27): 재인용, 『경신사: 1885-1991』, (서울: 1991), p. 206.
24) 『조선예수교장로회 사기(상권)』, p. 174.
25) 1902년부터 1906년까지 교회가 설립한 학교의 현황은 다음과 같다. 1902년 의주군 관리교회, 용천군 덕천교회, 용천군 덕흥교회와 사면교회와 읍교회에서 사숙을 설립하였는데 학교로 발전했다. 강서군 반석교회와 청주읍교회에서 학당을 설립하였는데 학교로 발전했다. 1903년 선산군 죽원교회와 익산군 고내리교회가 학당을 설립하였는데 학교로 발전했다. 1904년 초산읍교회, 안주읍교회, 덕천읍교회, 황주읍교회에서 학교를 설립했다. 1905년 용천군에 있는 양시(楊市)교회가 남녀학교를, 신창(新倉)교회가 여학교를, 대성(大成)교회가 남학교를 설립했다. 같은 해에 선천군 가물 남교회(嘉物南敎會)의 崇信學校, 洞교회의 義成學校, 德川郡 下達敎會의 남학교, 같은 군 水底里敎會의 新明學校, 寧遠邑敎會의 남학교, 大同郡 文發里敎會의 文興學校, 義州郡 倉會의 祇成學校, 朔州邑敎會의 여학교, 渭原邑敎會의 降信學校, 金堤郡 月成里敎會의 남학교, 善山郡 智禮敎會의 永明學校, 같은 군 路上敎會의 廣成學校, 경북 慶山郡 沙月敎會의 啓東學校, 金泉郡 黃金町敎會의 進明學校, 서울 勝洞敎會의 勝洞學校를 설립하였다. 1906년에 서울 연동교회의 普永學校, 김포읍교회의 신명학교, 양평군 용진교회의 소학교, 같은 군 봉화현교회의 소학교, 같은 군 퇴계원교회의 소학교, 양평군 묘곡교회의 소학교, 같은 군 고송교회의 소학교, 같은 군 신점교회의 소학교, 시흥군 영등포교회의 소학교, 같은 군 양평리교회의 소학교, 고양군 세교리교회의 소학교, 광주군 송파교회의 소학교, 대동군 수저리교회의 승신학교, 같은 군 병지도교회의 인실학교, 평원군 통호리교회의 일신학교, 같은 군 덕지교회의 소학교, 의주군 미산교회의 명신학교, 같은 군 청전교회의 취신학교, 선산군 죽원교회의 영창학교, 같은 군 오가동교회의 광명학교, 경산군 봉회동교회의 영창학교, 청도군 성서면교회의 소학교, 부안군 대수리교회의 소학교 등 설립. 『朝鮮예수敎長老會史記(상권, 1926)』pp. 174-177.

학교를 설립하여서 교장으로 일하였으며, 1905년에 교우들과 함께 남자 중등교육기관인 신성학교(信聖學校)를 설립하였다.[24] 1906년에는 서울 연동교회가 보영학교(普永學校)를 설립했고, 같은 해에 의주읍교회는 장유관(張有寬) 등의 발기(發起)로 동지학회(同志學會)를 조직하고 읍내 소학교를 확장하여 남녀중등교육기관을 설립, 학교이름을 양실학원(養實學院)으로 지었다.

1904년에 설립된 초산읍의 배신(培信)소학교와 안주읍의 유신(維新)소학교는 빠른 속도로 발전을 거듭하여 교실을 새로 짓고 크게 늘려갔다. 그러나 정식 학교로 발전되지 못하고 도중에 문을 닫는 사숙과 학당들이 더러 생겼다. 역시 1904년에 설립된 철산읍교회의 학당, 선천군 동림교회의 학당, 곽산읍 교회와 박천 구읍교회의 학당은 '재정 곤란'으로 폐교하였다. 또한, 전국의 모든 교회들이 골고루 학교 설립에 힘쓴 것은 아니었다. 교회의 학교 설립은 대체로 평안도 지역에서 활발하였다.[25]

1907년에 우리나라 장로교회에 '독노회'(獨老會, 대한 예수교장로회 노회)가 설립되었다. 이와 더불어 그때부터 전국에 흩어진 교회들이 설립한 기독교 학교에 대한 정확한 통계수치가 보고되었다. 그 해의 「장로공의회 통계보고표」에 따르면,[26] 1905년에 장로교회 전국 교회의 수가 417개이며 교단 소속 소학교의 수는 139개(학생수 2,730명)였고, 1906년에는 교회수가 584개이고 소학교의 수는 238개(학생수 5,124명)였고, 1907년에는 교회수가 785개이고 소학교의 수는 405개(학생수 8,615명)였고, 1908년에는 교회수가 897개이고 소학교의 수는 542개(학생수 1만 3,147명)였다. 게다가 1908년에는 중등학교와 대학교에 대한 통계도 작성되었는데, 중학교의 수가 17개(남자중 11개, 여자중 6개)에 학생수가 894명(남 683명, 여 211명)이었으며, 대학교의 수는 2개(학생수 30명)였다. 상세한 통계보고가 다음과 같이 도표로 작성되었다.[27]

---

26) 『독노회록 및 제 1회 총회록』(대한예수교장로회 총회, 1907년-1912년), 쪽 수가 없음.
27) "1908년 장로공의회 통계보고표", 『독노회록 및 제1회 총회록』(대한예수교장로회총회, 1907-1912년).

〈표3〉 1908년 지역별 학교수

지역	예배당 수	소학교 수	중학교 수(남/녀)	대학교 수
		학생수(남/녀)	학생수(남/녀)	학생수
경기도	99	39	1 / 2	1
		647 / 205	126/65	14
평안남도	168	110	2 / 1	1
		3,021 / 790	295 / 100	15
평안북도	104	148	1 / 1	0
		3,100 / 621	0 / 0	0
황해도	95	83	0 / 0	0
		1,700 / 328	0 / 0	0
전라남도	63	27	1 / 0	0
		386 / 52	84 / 0	0
전라북도	105	30	2 / 1	0
		400 / 35	62 / 39	1
경상도	230	85	1 / 1	0
		1,010 / 468	68 / 7	0
함경도	33	20	3 / 0	0
		237 / 147	48 / 0	0
합계	897개	542개	11 / 6개	2개
		10,501 / 2,646명	683 / 211명	30명

이 통계표에서 파악한 대로, 1905년에서 1908년까지 장로교회의 교회수는 해마다 100-200개 정도 늘어났으며, 교회가 설립한 기독교학교의 수도 해마다 같은 수치로 늘어났다. 또한 교회수 대비(對比) 학교수를 계산해보면 1905년에는 33%였고, 1906년에는 40%, 1907년에는 51.6%, 1908년에는 60% 이상이었다. 이 수치대비가 말해주는 바는 1905년에 평균 세 교회 당 소학교 하나가 설립되었다는 뜻이며, 2년 뒤 1907년에는 두 교회 당 소학교 하나 이상이 설립되었다는 뜻이다. 이것은 곧 교회의 활발한 기독교학교 설립운동을 대변하고 있다. 설립운동이 가장 왕성한 지역은 여전히 평안도였다. 또한 평양의 교회들은 제각기 설립한 학교들을 연합하여 하나의 학교로

묶었는데, 1907년에 숭덕(崇德)학교가 창립되었다. 이 학교의 운영과 관리는 당연히 지역의 각 교회들이 분담하였다.

그 당시 기독교학교 설립에 대한 뜨거운 열정과 정성이 교계 신문에 종종 보도되었다.[28]

연안 남면교회 형편

… 연안 남면 미산방기지 덩덕리 교회에 박륜슉씨는 쥬를 밋은지 삼년이온티 그 근쳐에 사는 밋지 않는사롬들의게 열심 젼도 ᄒ며 작년 동지돌브터 례비보고 열심으로 긔도ᄒ더니 독실히 밋는 형데ᄌ미가 ᄉ오십명이됨으로 느쥬디 교회쇽쟝 신셩쥬씨가 그곳으로 반이ᄒ야 새로 집을 짓고 박치우 박륜슉 신셩쥬삼씨가 합심ᄒ여 엽젼 삼쳔량을 구취ᄒ야 금년 음력 이월에 례비당 십간을 지엇스며 ᄯᅩ 학교ᄭᅡ지 설립ᄒ고 일홈은 긔독 부흥쇼학교라 ᄒ고 과졍은 성경과 산슐과 국한문 독본과 디지와 력ᄉ와 작문과 습ᄌ와 운동을 공부식히는디 처음에 그 교회에셔 교대를 그 학교 교ᄉ로 틱뎡ᄒ기로 교대의 방비ᄒ 의견에도 그 형데들의 열심을 너무 감샤ᄒ야 금년 이월 초오일브터 기학홀ᄯᅢ에 학도가 이십 명이오 지금 오륙삭 동안에 학도들이 공부를 열심히 ᄒ고 ᄯᅩ 오월 이십 칠 일에 노부쟝로ᄉᄭᅴ셔 계식회ᄎ로 증산교회에 와셔 박슌빈 고덕흥량씨로 교육별의원 유ᄉ를 덩ᄒ여 열심으로 찬셩케 ᄒ고 ᄯᅩ 구목ᄉ의게 셰례밧은 형데가 십여 명이오 학습인이 십오 명이라 교회와 학교는 이와 갓치 흥와ᄒ나 다만 학교 지뎡이 부족ᄒ야 학교 경비와 교ᄉ의 의식ᄭᅡ지 다 박륜슉씨가 혼자 담당ᄒ니 박씨의 교육열심을 치하ᄒ며 ᄯᅩ 박씨의 가산이 넉넉지 못ᄒᆫ터에 빗슬내여 학교 경비쓰는거슬보니 더욱 감샤ᄒᆷ을 층량치 못ᄒ겟노라 ᄒ엿더라

제3회 장로교회 독노회(1909년 9월 4일, 평양 장로회신학교)는 전국 교회들이 설립한 모든 학교들을 통괄하는 부서를 만들었다. 그래서 노회(총회) 안에다 – 정부의 학부와 비슷한 명칭인 – '학무국'을 설치하였다. 5명(평양에서 2명, 서울에서 3명)으로 구성된 학무국은 전국 장로교회 안에 있는 학교들을 관리하는 임무를 맡았다.

---

28) 《예수교 신보》, 1907년 11월 27일.

4. 1908년, 탄압 받는 기독교학교

교회가 설립한 기독교학교는 일제의 침략정책으로 타격을 입게 되었다. 일제는 1906년 대한제국에 '통감부'를 설치하여 중앙교육행정기구인 학부에 일본인들을 참여시켰다. 이들은 학제 개정, 일본어 도입, 교과서편찬에 개입하였다. 일제는 모범교육이라는 이름으로 시시때때로 사립학교의 유지를 가로막고 관·공립학교 중심으로 학제를 개편하였다. 이것은 당시 애국계몽운동을 주도하고 있던 사립학교를 견제하려는 시도였다. 1908년에는 일제가 '사립학교령'(1908년)을 만들어서 학교의 설립에서 교재 선택에 이르기까지 일일이 다 간섭했다. 일제는 학부대신의 명령을 위배하거나 유해하다고 판정된 학교를 강제로 폐쇄할 수 있도록 법령을 만들었다. 이 법령은 사립학교에 대한 일제의 탄압이었다. 이러한 과정에서 교회가 설립하여 운영하는 기독교학교 역시 사립학교의 범주에 속했으므로, 1909년 이래로 기독교학교의 수가 해마다 자꾸 줄어들었다. 장로교회에 속한 소학교의 수를 계산해보면, 1909년에 694개였는데 한 해 동안 10개가 없어졌다. 그 다음 해에는 또 다시 50여 개 학교가 없어졌고, 또 그 다음 해(1912년)에는 또 100개 가량 없어져서 전국 소학교의 수가 539개가 되었다. 그 반면에, 중학교의 수는 거의 변동 없이 유지되었다.

우리나라가 일제에 합병되고 만 1년이 지난 1911년 8월, 조선총독부는 '제1차 조선교육령'을 공포하며 지속적으로 사립학교 탄압정책을 밀고 나갔다. 총독부는 또한 대한제국 시절의 학부를 축소하여 내무부 산하 학무국에서 교육행정을 맡게 했다. 이러한 정책에 따라 전국의 사립학교가 눈에 띄게 쇠퇴했다. 이러한 상황에서, 장로교회 총회의 학무국은 교단 산하 기독교학교의 유지를 위해 총독부 내무 학무국 관리와 여러 달 동안 교섭하였다. 이와 함께 총회는 전국 대리회(노회)에 지역 교육위원을 각각 2명씩 임명하여서 그 지역의 학교를 돌아보고 보살피게 하였다. 또 교육위원들로 하여금 학교의 설립과 통폐합을 주관하게 했다. 이는 일제 총독부의 사립학교 탄압

정책에 대한 방어책이었다고 본다. 그래서 전국 모든 지역의 교단소속 학교는, 어떤 사건이 발생하면 곧 바로 머뭇거림 없이, 지방교육위원을 통하여 총회의 사무국으로 연락하도록 했다.[29] 이런 식으로 총회는 지역교육위원회를 통해 기독교학교를 유지하였다.

그러나 이러한 노력에도 불구하고, 장로교회의 기독교학교는 자꾸만 상황이 어려워졌다. 특히 학교의 재정이 더욱 힘겨워졌다. 장로교회 제1회 총회의 회의록에는[30] 전국의 노회들이 각각 학교의 상황에 관하여 보고하였는데, 많은 학교들이 재정난으로 허덕이는 가운데서 통폐합된 곳이 적지 않았다. 그렇지만 수많은 교회들이 꿋꿋하게 열심을 다해 '인재양성'에 공을 들였고 또한 경건교육(성경·기도)에 특별히 애썼다. 특별히 눈에 띄는 점은 나라 잃은 민족의 교회로서 '국어교육'에 크게 힘썼다는 것이다.

III. 기독교학교 설립의 목적과 성격

1. 교육구국운동

우리나라에 교육구국운동(敎育救國運動)은 1904년에 시작되어 1905년에 전국적으로 활발하게 일어났다. 이 운동은 애국계몽운동(愛國啓蒙運動)의 차원에서 추진되었고 또 사립학교 설립운동으로 구체화되었다. 이 운동의 주된 목적은 노일전쟁에서 승리한 일본이 조선에 대한 식민지 야욕을 노골적으로 드러낸 상황에서 나라를 구하기 위해 대중들을 깨우치려는 데 있었다. 을사늑약(1905년)으로 빼앗긴 주권을 회복하기 위해서라도 하루 속히 대중들이 깨어나야 하겠는데, 이를 위한 지름길이 교육에 있다고 확신하며 이 운동

---

29) "예수교 쟝로회 조션로회 뎨 오회 회록", (1911년 9월 17일, 대구 남문안예배당), 수록: 『독노회록 및 제1회 총회록』.
30) "예수교장로회 조선총회 제1회 회록", (1912년 9월 1일, 평양 여자성경학원), 수록: 『독노회록 및 제1회 총회록』.

을 시작했다. 이 운동은 몇 가지 점에서 그 이전의 계몽운동과 달랐다. 이전의 계몽운동은 대체로 정치개혁을 통한 사회계몽에 초점을 맞추었고 또 정부의 보조와 지원을 자주 받았던 반면에, 이제부터의 애국계몽운동은 - 정치활동이 법적으로 봉쇄된 상황에서 - 정치적인 색채를 띨 수 없거니와 정부의 힘도 입을 수 없게 되었다. 그 까닭은 노일전쟁(1904년)에서 승리한 일본이 대한제국과 '한일의정서'를 체결해서 내국인의 정치활동을 법적으로 금지시켰기 때문이었다. 더구나 대한제국은 외교권을 박탈당한 무력한 정부였다. 이러한 상황에서 애국계몽운동은 국권회복(國權回復)과 구국(救國)에 그 목적을 두었고, 신식학교의 설립과 산업진작을 통해 이 목적을 이루고자 했다. 이렇게 교육구국운동의 차원에서 전국적으로 사립학교가 설립되었다.

이러한 사립학교 설립운동에 교회지도자들도 동참했다.[31] 이 가운데서 서울의 감리교회 상동교회(尙洞敎會)와 그 부설기관인 청년학원(靑年學院)이 크게 돋보였다. 대한제국이 외교권을 박탈당하자, 상동교회 담임목회자 전덕기(全德基)와 이동녕(李東寧)·이회영(李會榮)·이준(李儁)·김병헌(金炳憲)·김구(金九) 등이 국권회복운동(國權回復運動)을 전개했다. 상동 청년학원의 교사와 학생들은 을사조약의 무효, 대한문 앞 상소운동, 종로의 가두시위연설, 구국금식기도회, 철야기도회를 개최하였다.

이 사건 직후에 안창호(安昌浩)는 국권회복을 위한 새로운 길을 제시하였다. 그는 자주독립의 과제가 시급하기는 하지만 이보다 앞서 나라를 일으킬 인재를 길러내야 한다고 주창했다. 여기에 동조한 많은 지사(志士)들이 사립학교 설립으로 뛰어들었다. 가령, 이동휘가 강화도를 중심으로 여러 지역에 보창학교(普昌學校)를 설립했다. 최재학(崔在學)은 야학(夜學)을 주도했다. 이준은 국민교육회(國民敎育會) 회장으로 일하면서 보광학교(普光學校)와 한남학교(漢南學校)를 세웠다. 이승훈(李承薰)은 오산학교(五山學校)를 세웠다. 안창

---

31) 윤경로, "105인 사건과 기독교수난", 『한국기독교와 민족운동』, (서울: 도서출판 보성, 1986), p. 307.

호(安昌浩) 자신은 대성학교(大成學校)를 세웠다.[32] 신민회의 목표는 한국의 부패한 사상과 습관을 혁신하여 '국민을 유신하며 쇠퇴를 유신하여 유신한 국민이 통일 연합하여 유신한 자유문명국을 성립하는 것'이었다.[33]

    같은 맥락에서, 이상설(李相卨)은 1906년에 북간도 용정촌으로 망명해서 대불동(大佛洞)에 교회를 설립한 다음에 서전서숙(瑞甸書塾)을 세워 교육구국운동을 펼쳤다. 여기에 이동녕(李東寧)·정순만(鄭淳萬)·박무림(朴茂林)·여조현(呂祖鉉)·김우용(金禹鏞)·황영달(黃達永) 등이 동참했다. 당시의 간도는 중국 길림성(吉林省) 동남부 지역으로서 행정구역상 연길도(延吉道)에 속했다.[34] 19세기 후반에 조선인들이 간도에 이주하게 된 큰 동기는 경제적 어려움을 타개하기 위함이었다. 대체로 농업이민이었다. 그러나 1910년에 일제의 조선식민통치가 시작되면서 이민의 양상이 달라지기 시작했다. 이제는 일제의 통치에 벗어나고자, 독립운동기지를 설립하고자, 신앙의 자유를 위하여 많은 이들이 간도로 들어왔다. 한인들이 가장 많이 모여든 곳은 용정과 국자가였다. 이 두 곳은 상업도시였으며 교육의 중심지였다. 북간도의 민족운동은 러일전쟁(1904년)에서 1919년 3월에 일어난 민족독립운동 시기까지 주로 교육을 통한 애국계몽운동이었다.[35] 북간도 민족독립운동은 이렇게 간도에 사는 수십만의 한인사회를 기반으로 이루어졌다.

    용정은 그 당시 일제의 감시가 아직 미치지 못했던 지역이었으므로, 이에 따라 북간도의 새로운 독립운동기지로 개척되던 중이었다. 또한 용정은 김

---

32) 이러한 사립학교설립운동의 배후에 신민회(新民會)가 있었다. 신민회는 철저한 비밀결사였으므로 이 단체에 대해 정확하게 파악하기가 어려운데, 이 단체의 설립은 1906년 무렵에 상동교회를 중심으로 형성되었던 국내조직과 1907년에 미국에서 귀국한 안창호의 해외지도력의 결합으로 이루어졌다고 본다. 基督敎大韓監理會 尙洞敎會歷史編纂委員會,『民族運動의 先驅者 全德基牧師』(1979), pp. 63-64.
33) 國史編纂委員會,『韓國獨立運動史』, (第1卷, 1966), pp. 1023-1024.
34) 오늘날 간도라고 부르는 곳은 두만강 건너편 동(東)간도를 가리키면서 통칭 북간도라 부른다. 간도는 연길(延吉)·화룡(和龍)·왕청(汪淸)·훈춘(琿春) 등 4개 현으로 나누어져 있었다. 간도는 현재 중국 연변조선족 자치주에 속한다.
35) 서굉일, "北間島 基督敎人들의 民族運動 硏究(1906-1921)",『한국기독교와 민족운동』, (서울: 도서출판 보성, 1986), p. 384.

약연(金躍淵)·문치정·김하규 등 관북(함경도)지방에서 온 지도자들이 활동하고 있었다. 이들은 1899년에 김약연을 중심으로 함북 종성에서 간도 화룡현 장재촌으로 이주했다. 이들은 중국인의 임야를 사들여 개간해서 한인부락을 이루었다. 김약연이 개척한 명동촌은 차츰 북간도 민족운동의 중심지역으로 바뀌어 갔다. 한학자인 그는 규엄제(圭嚴齊)라 부르는 사숙을 열어 청소년들을 교육시키며 맹자의 정치철학인 '信(신)·食(식)·兵(병)'을 교육이념으로 삼았다. 그는 이 학교의 이름을 명동서숙(明東書塾)으로 바꾸었고, 서양에서 들어오는 새로운 문화와 기독교에 대하여 깊은 관심을 갖고 있었다.

이러한 때에 상동교회 출신의 정재면(鄭載冕)과 일행이 용정으로 왔다.[36] 김약연은 그에게 명동서숙(명동학교)을 신교육체제의 학교로 개편하고 싶다는 뜻을 밝히면서 이 학교로 부임해 달라는 부탁을 했다. 이에 정재면은 학생들에게 성경을 정규과목으로 가르치고 예배도 드려야 한다는 조건을 내걸었다. 명동촌의 유학자들이 이틀 동안 논의한 결과, 정재면의 요구조건을 받아들이기로 결정했다. 이리하여 명동촌에는 신학문과 기독교 신앙이 함께 들어왔다. 명동학교는 당장 기독교학교로 개편되었다. 또한 동시에 이 학교는 서전서숙을 계승했다.

이렇게, 교육구국을 위하여 애국계몽운동에 동참한 기독교학교들은 한글교육, 우리나라 역사교육, 체육교육을 특별히 강조하였다. 상동교회가 운영한 학교에서는 한글학자 주시경(周時經)이 한글을 가르쳤다. 북간도의 명동학교 또한 한글학자 박태환과 장지영을 선생으로 모셔 왔다. 역사학자 황의돈도 모셔왔다. 역사교육의 목표는 역사에 대한 지식전달이 아니라 역사의식을 심어서 바름과 의로움을 실천하게 하는 데 있었다. 이런 차원에서 역사와 체육 두 과목을 종종 함께 묶어서 가르쳤다. 명동학교의 연합대운동회 때는 군사행진을 방불케 하는 무장시위를 벌였다. 정재면은 독립전쟁을 염두

---

36) 이 부분은 아래의 책을 크게 참고했다. 정대위 엮음. 『하늘에는 총총한 별들이. 북간도 정재면(鄭載冕)의 '독립운동사』(청맥: 1993); 송우혜, 『윤동주 평전. 아직 나의 청춘은 다하지 않았다』(세계사: 1998)

에 두고 목총을 이용한 병식체조교육도 교과과정에 포함시켰다. 그는 군사훈련과 체력단련을 중요하게 생각했다. 이렇게 그가 뿌린 씨앗은 1920년대에 북간도 전 지역에 수백 개의 학교와 교회의 설립으로 열매 맺혔고, 그리고 다수의 독립군 부대가 편성되었다.

2. 여성교육과 여권 신장

앞에서 살펴본 대로 1886년에 스크랜턴 모 부인이 첫 여자학교를 설립하였는데, 이것이 우리나라 근대 여성교육의 효시가 되었다. 그 이후로 여성교육을 위한 기독교학교들이 설립되었다. 1894년 겨울에 북장로교 선교사회가 서울 연지동에 여성교육을 위한 초등교육기관인 연동여학교(蓮洞女學校)를 설립하였다. 이후에 정신여학교(1895년), 배화여학교(1898년), 인천에 영화여학교(1892년), 재령에 명신여학교(1898년), 평양에 정의여학교(1899년)와 숭의여학교(1903), 수원에 삼일여학교(1902년) 등이 전국적으로 설립되었다.

여성교육은 맨 먼저 여성의 삶을 바꾸는 일에 공헌하였다. 이제까지 여성의 삶은 가장권(家長權)이 절대화된 가부장적 가족제도에 매여 있었다. 이 제도는 유교적 통치이념인 충효사상에 기반을 둔 것이었다. 이러한 가족제도와 사회질서아래에서 여성의 과제는 남아(男兒)출산을 통한 부계혈통(父系血統)의 유지, 부계혈통의 순수성을 지키려는 명분으로 강조된 여성의 정절과 과부의 재가(再嫁)금지, 죽은 조상에게까지 확대된 효의 실천을 위한 조상제사에 대한 책임이었다. 그런데 이제는 신교육을 받은 여성들이 개화되기 시작했다. 여성개화는 개화파 지식인들을 중심으로 일어난 사회개혁운동이었다. 독립협회가 주관해서 벌이는 남녀평등, 과부의 재가허용, 조혼폐지, 축첩폐지, 여아매매금지 등의 사회개혁에 선교사들의 교육이 호응했다.

이러한 가운데서 기독교인이 된 여성들은 봉건시대의 엄격한 내외법에서 해방되었다. 내외법은 여성의 사회활동을 철저하게 배제시키고 집안에서

만 지내도록 하는 오랜 관습이었다. 그런데 기독교인이 된 여성들이 이제 집 밖으로 나와 남성들과 나란히 교회에서 예배를 드리게 됨으로써, 교회는 간접적으로 봉건시대 관습인 내외법을 깨뜨리는 역할을 했다. 더 나아가서 교회는(예, 1897년 12월 31일, 정동교회) 토론회를 통해 남녀에게 동등한 권리가 주어졌다는 의식을 불어넣었고, 실질적인 남녀동등을 위해서는 여성과 남성이 동등한 교육을 받아야 한다는 점을 강조했다. 차츰차츰 기독교가 강조하는 여성교육론과 여권론에 대한 사회적 호응도가 높아졌다.

1908년 1월에 발간된 《예수교 신보》에서는 여성에게 다가오는 기독교 신앙은 케케묵은 '구습을 버리는 것' 이었고, 또한 아무리 신학문을 열심히 배운다 해도 예수를 믿지 아니하면 구습에서 벗어났다고 볼 수 없다고 강조했다.[37] 따라서 여성들의 신앙은 구습을 벗어버리는 데 특별한 의미를 두었다. 한 걸음 더 나아가서, 교회 여성들은 신약성경 복음서를 통해 여성을 대하시는 예수님의 행적을 읽으면서 여성됨의 '자긍심' 을 가지게 되었다. 예컨대, 예수님의 옷깃을 만지고 혈루병을 고친 여인, 예수님이 살려주신 나사로의 누이 마리아, 예수님 부활의 첫 목격자인 여성들을 통하여 여성도 남성과 동등한 인격체라는 의식을 가졌다.

그런데, 선교사들은 우리나라 대가족제도의 또 다른 측면을 알게 되었다. 밖에서 보기와 달리 가정주부의 영향력이 집안에서 대단히 크다는 점이었다. 노년이 될수록 주부의 힘은 가족들 안에서 점점 더 커진다는 사실을 선교사들이 파악하게 되었다. 이렇게 이중적인 가족제도 곧 가부장적 가족제도 안에서 가정주부가 실질적인 권리를 많이 갖고 있으며, 가정경영의 실질적 '가장'(Man-of-the-house)임을 알아챈 것이다.[38] 이제, 선교사들은 실질 가장인 여성이 기독교인이 되면 그 가정은 자연히 복음화 될 수 있겠다고 보았다.

---

37) 《예수교 신보》, 1908년 1월.

이처럼 초창기의 개신교회는 학교교육을 통해 사회의식의 개선에도 이바지하였다.[39] 이를테면 개신교회의 선교와 더불어 여성억압 문화 · 봉건적 신분차별 의식 · 지나친 형식주의 · 노동경시 풍조 등의 사회적 관행이 조금씩 개선되어 갔다. 그런데, 미국 선교사들은 이러한 근대화 과제에 대해서 잘 알지 못한 채 선교사역에 뛰어들었다고 여겨진다. 예컨대, 스크랜턴(M. F. Scranton) 부인과 캠벨(J. S. Cambell) 부인은 이화학당의 여학생들에게 동양적 교육을 시킨다는 취지로 옷, 예절, 남녀관계 등에 있어서 동양적 풍속을 강조하였다. 그런데 이것은 개화시대를 봉건시대로 다시 되돌리자는 뜻으로 비쳐졌다.[40]

3. 성령의 역사와 죄 고백

1907년 평양대부흥운동은 1903년 원산 집회 이래로 계속해서 일어나던 신앙운동의 절정이었다. 이 신앙운동의 특징 가운데 하나는 '죄 고백'이었다. 성령이 역사하심에 따라 "지은 죄가 드러나고(revealing sin)", "죄를 자각하고(conviction of sin)", "죄 짐에 짓눌려서 크게 울고(wept under a burden of sin)", "심한 고통 속에서 – 마룻바닥을 치고 옷을 쥐어뜯으며 – 죄를 고백하고(confessing their sin in great agony)", "진심으로 뉘우치고(truly repent)", "죄 용서를 탄원(pleading for forgiveness)"하였다. 그리고 나서 죄 용서의 기쁨을 얻고, "말씀 안에 있는 영원한 생명(the eternal life which is in the Word)"을 발견하고, 죄악의 사슬을 끊어 믿음 안에서 "평화를 얻게 되었다(transformed into peace.)"[41]

---

38) Geo. Herber Jones, *The korean Repository*, (1896년 6월). 재인용, 박용옥, "기독교와 여성의 개화", 『한국기독교여성 100년사. 여성! 깰지어다, 일어날지어다, 노래할지어다』, 한국기독교백주년기념사업회 여성분과위원 (서울: 대한기독교출판사, 1985), p. 81.
39) 참고: 노치준, "한말의 근대화와 기독교", 《역사비평》 27호 (1994년 겨울), p. 310 이하.
40) 참고: 강돈구, "한국 기독교는 민족주의적이었나", 《역사비평》 제27호 (1994년 겨울), pp. 317-327; 이장식, "아시아 近代史와 西洋基督教宣教史의 反省", 《기독교사상》 제298호 (1983년 4월), pp. 52-63.
41) 이 부분은 1905-1908년의 《The Korea Mission Field》에 기록된 보고서를 종합하여 포괄적으로 서술하였다.

이때 고백한 죄의 종류는 아주 다양하였다. 마음에 담겨 있던 죄(미움, 시기, 질투, 증오심, 앙심, 심술, 교만), 밖으로 드러난 악한 행위(거짓말, 눈속임, 사기행각, 술, 담배, 도박, 마약), 신앙인으로 삼가야 할 직업(주막집)과 첩살이, 형사처벌을 받을 죄(절도, 강도, 간통, 방화, 살인)까지 낱낱이 고백하여서 "마치 지옥이 제 모습을 드러낸 것"으로 비유하였다.[42] 죄 고백을 성령의 역사로 보는 또 다른 이유가 있는데, 그것은 성령의 역사가 아니고는 도저히 토해낼 수 없는 죄 고백들이 있었기 때문이다. 예컨대, 기억에서 완전히 사라져서 까맣게 잊고 있던 지난 날의 죄과를 마치 활동사진(영사기) 돌리듯이 생생하게 다시 떠올리게 한다든지 또 인간의 상상을 초월하는 극단적인 범죄 행위도 낱낱이 자백하게 하였다.

죄를 고백한 사람들 또한 남녀노소(男女老少) 다양하였다. 남자 어른은 물론이고 9살 정도의 어린아이에 이르기까지 저마다 지은 죄를 고백하였다. 이러한 가운데서 특별히 눈에 띄는 점은 공개적인 죄 고백이다. 즉, 지은 죄를 하나님 앞에서 개인적으로 고백하였을 뿐만 아니라 공중(公衆) 앞에서도 공개적으로 자백(自服)하였다. 또한, 집회의 참석자들뿐만 아니라 집회의 인도자들도(서양 선교사, 한국 교회 지도자) 모두 다 지은 죄를 자백하였다. 성령의 역사하심에 따라 집회 인도자와 참석자의 구분이 없었고, 또 복음을 전하는 선교사와 복음을 받아들이는 토착인의 구분이 없이 모두 다 지은 죄를 자백하였다.

죄 고백은 치유사건이었다. 죄로 말미암아 병들어 있던 인간의 내면이 그 죄를 인식하고 고백하면서 밖으로 드러났고, 그 죄에 대하여 뉘우치며 회개하는 과정을 통해 치유되었다. 죄 고백의 열매는 삶의 변화로 나타났다. 부정직한 삶에서 정직한 삶으로 돌아선 것이다.(예, 훔친 돈과 물건을 되돌려 준 것) 죄 고백에는 이런 식으로 윤리성이 이미 내포되어 있었다. 또한 죄의 고백은

---

42) W. M. Baird, The Spirit among Pyenng Yang Students, The Korea Mission Field Nr. 5, (1907. 5.)

사회적 차원으로 일어났다. 예컨대, 지은 죄를 모두 다 토해낸 다음에 이제까지 미워하던 사람들끼리 감싸 안으며 서로서로 자기 잘못을 인정하며 용서하고 용서받는 가운데서 서로 화해하였다. 죄 고백을 통한 하나님과 사람의 화해가 사람과 사람의 관계성 회복으로 이어졌다.

이러한 죄 고백이 평양의 여러 초·중등학교에서도 일어났다. 수요일 오전에 여자 중학교(the Advanced School for Girls and Women)[43]에서 성령의 역사가 일어났다. 오전 10시 정규 예배시간에 예배를 드리던 학생들이 울면서 지은 죄를 고백하였다. 이로 말미암아 예배를 예정된 시간에 마칠 수가 없었다. 죄 고백의 기도회가 12시까지 지속되었다. 목요일 예배시간에도 그 전날의 사건이 되풀이되어서 예배를 정오까지 마칠 수 없었다. 금요일에도 역시 이 사건이 반복되었다. 또한, 수요일 오전에 장대현교회가 운영하는 남자 중학교(The Central Church boy's school)[44]에서도 동일한 성령의 역사가 일어났다. 예배드리던 학생들이 눈물을 흘리며 지은 죄를 고백하였고, 오후 1시까지 예배가 지속되었다. 또한 목요일 오전에는 여자 초등학교(primary school for girls)[45]에서 성령의 역사가 나타나서 학생들이 울면서 죄를 고백하였다.

IV. 토착교회의 기독교학교 설립이 갖는 의의

이제까지 우리는 19세기 말에서 20세기 초엽까지 진행된 기독교학교의 설립에 관하여 연대기적으로 살펴보았고, 또 설립 성격과 그 강조점을 살펴보았다. 우리나라 기독교학교의 설립은 1876년 문호개방이 그 역사적 배경

---

43) 숭의여학교.
44) 숭실중학교.
45) 숭덕여자소학교.

이었고, 당시의 조선정부는 동도서기론의 입장에서 서양문물을 받아들이고자 미국 선교사들에게 기독교학교를 설립하게 하였다. 1885년 이래로 선교사들이 왕실의 후원 속에서 기독교학교를 설립하였으나, '위로부터의 교육개혁'은 일반 대중들에게 생소하기만 했다. 그래서 첫 기독교학교는 해괴한 풍문이 난무하는 가운데서 어렵사리 학생을 모집하였다.

선교사들이 설립한 기독교학교의 역사가 10년이 되던 1895년, 한국(토착) 그리스도인들 및 새문안교회가 기독교학교를 설립하였다. 그 이후로 선교사회가 운영하는 기독교학교와 토착교인들이 운영하는 기독교학교가 병립하였다. 1901년 이래로 토착교회의 기독교학교 설립이 차츰차츰 활기를 띠다가 1905년부터는 '학교 설립운동'으로 활성화되었다. 앞에서 살펴본 대로 1905년에는 3(세 개) 교회 당 1(한 개)학교를 설립하였는데, 2년 뒤에는 2교회당 1학교를 설립하였다. 학교 설립이 가장 왕성했던 지역은 평양을 중심으로 한 평안도였다. 기독교학교의 설립은 또한 단계적으로 발전해갔다. 초등교육기관의 설립, 중등교육기관의 설립, 그리고 고등교육기관인 대학까지 설립했다. 모든 학교의 벽돌 한 장 한 장에 선각자(先覺者) 교인들의 눈물과 땀과 희생어린 헌금이 스며 있었다. 그 당시 질풍노도(疾風怒濤)의 시대적 환경 속에서 몇몇 기독교학교들이 경제적 어려움 때문에 폐교되기도 했으나, 선각자들의 열정과 희생적 헌신으로 기독교학교 설립은 계속 이어졌다.

그러나 밖에서 안으로 밀려오는 압력 때문에, 1909년부터는 교회의 기독교학교 설립이 위축되었다. 대한제국을 향한 일제의 침략의지가 수면 위로 드러나면서, 일제는 1908년부터 본격적으로 사립학교를 탄압하는 정책을 펼쳤다. 사립학교의 범주에는 교회가 설립한 기독교학교도 포함되었다. 1910년 대한제국이 일제에 병탄된 직후에, 장로교회 총회는 총독부와 협상하여 기독교학교를 유지하려고 갖은 노력을 다하였다. 그렇지만 기독교학교의 설립은 해마다 위축되었고, 더 나아가서 많은 소학교들이 폐교되어 기독교학교의 수가 감소되었다.

토착교회의 기독교학교 설립은 미국 선교사들이 던져주는 것만 받아먹는 식의 피동적 자세가 아니라 능동적이고 적극적인 자세였음을 헤아리게 한다. 학교 설립은 선교사들이 1890년에 채택한 '네비우스 선교방법'과 또 이 방법을 구체화시킨 교육정책(1897년)과 좋은 조화를 이루면서 진척되었다. 또한 애국계몽운동에 동참하며 설립된 기독교학교는 나라의 위기를 교육을 통해 극복할 뿐만이 아니라 그 다음의 새 시대를 위하여 인재를 길러내고자 했다. 인재양성의 우선적인 목적은 자녀들을 신앙으로 양육하려는 것이었고, 그렇게 자라나는 자녀들이 그 다음 세대에 교회의 주역이 될 것으로 확신하고 기대하였으며, 더 나아가서 잃어버린 국권(國權)을 되찾자는 데 있었다.

　교회가 여성교육을 위해 여자학교를 설립한 것은 우리나라 역사의 새로운 장을 마련한 것이었다고 본다. 전통 대가족질서에 매여서 집 안에만 갇혀 있던 여성들, 봉건 신분제도 속에서 남성에 예속되어 있던 여성들이 – 우리도 남성과 동등한 – '사람'이라는 점을 신앙의 차원에서 자각했을 뿐만 아니라, 성경과 예수 그리스도의 행적을 통해서 '여성이라는 자의식(自意識, Selbstbewusstsein)과 자긍심(自矜心)'을 심어주었기에, 여자학교의 설립은 곧 구습타파의 상징이었고 그 구습을 구체적으로 타파하는 실천의 장이었다.[46]

　이 글에서 미처 다 밝히지 못한 점도 있다. 1907년 평양 신앙각성운동 기간에 그 도시의 학교에서도 – 초등학교에서 중학교까지 – 성령의 역사하심으로 죄를 고백하고 뉘우치는 신앙운동이 크게 일어났음을 살펴보았다. 이것은 어린 학생들에게도 기독교 신앙의 정체성이 형성되었음을 말해주는 대목이다. 그런데 그 이후에 이러한 학생들에게 어떤 신앙교육과 어떤 학교

---

46) 그러나 여성의 자의식과 자긍심이 장로교회 안에서는 그다지 호응을 얻지 못하였고, 대부분의 장로교회는 오히려 봉건의식을 떨쳐내지 못하였다. 그래서 1930년대 초반에 여성의 치리권 청원이 총회에서 부결되었다. 참고: 임희국, "교회 여성들의 자의식 형성과 발전에 대한 연구",「현대 교회와 교육」, (서울: 예영커뮤니케이션, 2001), pp. 302-328.

교육이 있었는지 파악할 수가 없었다. 여기에 관한 자료를 찾아내지 못했기 때문이다. 이러한 점에 관하여는 앞으로 계속 연구되어야 할 것이다.

끝으로 당시의 기독교학교가 경건교육(성경·기도)을 중심으로 신(新)지식교육(영어·수학·물리·화학·생물 등)에 크게 힘썼음을 주목하고자 한다. 지식의 근원이요 근본이신 하나님을 경외하게 하는(잠언 1장 7절) 교육 유산이 지금의 기독교학교들에게 잘 전해지고 있는지 살펴볼 필요가 있다고 본다. 또한 학생들에게 역사의식을 심어주는 역사교육과 신체훈련을 강조하는 체육교육도 오늘의 교육현실에 거울처럼 비추어 볼 수 있다고 본다. 오늘날 우리사회에 초등교육에서부터 고등교육까지 영어 배우기 열풍이 마치 열병처럼 번지는 것을 바라보면서, 당시의 기독교학교가 국어교육에 매진하였다는 점에서도 우리는 커다란 교훈을 얻을 수 있다.

부록: 신문자료

《예수교 신보》 3호 1907년 11월 27일

연안남면교회형편

빅쳔 운교 리도셔씨의 편지를 거흔즉 연안 남면 미산방기지 뎡덕리 교회에 박륜슉씨 는 쥬를 밋은지 삼년이온디 그 근쳐에 사는 밋지 않는사롬들의게 열심 젼도 ㅎ며 쟉년 동지둘브터 례비보고 열심으로 긔도ㅎ더니 독실히 밋는 형뎨조민가 수오십명이됨으 로 느쥬디 교회속쟝 신셩쥬씨가 그곳으로 반이ㅎ야 새로 집을 짓고 박치우 박륜슉 신 셩쥬삼씨가 합심ㅎ야 엽젼 삼쳔량을 구취ㅎ야 금년 음력 이월에 례비당 십간을지엇스 며 쏘 학교ㄱ지 설립ㅎ고 일홈은 긔독 부흥쇼학교라 ㅎ고 과졍은 셩경과 산슐과 국한 문 독본과 디지와 력수와 작문과 습조와 운동을 공부식히눈디 처음에 그 교회에셔 교 데를 그 학교 교수로 틱뎡ㅎ기로 교뎨의 방비 흔 의견에도 그 형뎨들의 열심을 너무 감 샤ㅎ야 금년 이월 초이일브터 기학홀때에 학도가 이십명이오 지금 오륙삭 동안에 학 도들이 공부를 열심히 ㅎ고 쏘 오월 이십 칠 일에 노부쟝로스씌셔 계사회초로 증산교 회에 와셔 박슌빈 고덕흥량씨로 교육별의원 유수를 뎡ㅎ여 열심으로 찬셩케 ㅎ고 쏘 구목수의게 셰례밧은 형뎨가 십여 명이오 학습인이 십오 명이라 교회와 학교눈이와 ㄱ치 흥왕ㅎ나 다만 학교 지졍이 부족ㅎ야 학교 경비와 교수의 의식ㄱ지 다 박륜슉씨 가 혼자 담당ㅎ니 박씨의 교육열심을 치하ㅎ며 쏘 박씨의 가산이 넉넉지 못흔터에 빗 슬내여 학교 경비쓰눈거슬보니 더욱 감샤흠을 층량치못ㅎ겟노라ㅎ엿더라

연안남면교회 형편

백천 운교 이도서 씨의 편지를 거한 즉 연안 남면 미산 방개재 정덕리 교회에 박윤숙 씨 는 주를 믿은지 삼 년이온대 그 근처에 사는 믿지 않는 사람들에게 열심 전도하며 작년 동짓달(11월)부터 예배 보고 열심히 기도하더니 독실히 믿는 형제자매가 사오십 명이 됨으로 … 교회속장 신성주 씨가 그곳으로 반이(搬移)하여 새로 집을 짓고 박치우, 박 윤숙, 신성주 세 명이 합심하여 엽전 삼천 냥을 구취하여 금년 음력 이월에 예배당 열

간을 지었으며 또 학교까지 설립하고 이름은 기독 부흥소학교라 하고 과정은 성경과 산술과 국한문 독본과 지지(地誌)와 역사와 작문과 습자와 운동을 공부시키는데 처음에 그 교회에서 교제(敎弟, 당시 교우 사이에 쓰던 자칭대명사(自稱代名詞))를 그 학교 교사로 택정하기로 교제(敎弟)의 망매(妹昧)한 의견에도 그 형제들의 열심을 너무 감사하여 금년 이월 오일부터 개학할 때에 학도가 이십 명이오 지금 오륙삭(5, 6개월) 동안에 학도들이 공부를 열심히 하고 또 오월 이십칠 일에 늙은 장로사(長老師, 당시 감리교 장로의 칭호)께서 계삭회(감리교 구역회의 전신, 지금의 감리교 여선교회 지방의회)하러 증산교회에 와서 박순빈, 고덕흥 씨 두 명으로 교육별의원 유사를 정하여 열심히 찬성케 하고 또 구 목사에게 세례 받은 형제가 십여 명이오 학습인이 십오 명이라 교회와 학교는 이와 같이 흥왕하나 다만 학교 재정이 부족하여 학교 경비와 교사의 의식까지 다 박윤숙 씨가 혼자 담당하니 박 씨의 교육 열심을 치하하며 또 박 씨의 가산이 넉넉지 못한 터에 빚을 내어 학교 경비 쓰는 것을 보니 더욱 감사함을 측량치 못하겠노라 하였더라.

《예수교 신보》 3호 1907년 11월 27일

련동즁학교기학
본월 이일 하오 이시에 련동 교회즁학교에서 기학례식을 힝ᄒ엿ᄂᆞᆫᄃᆡ 고찬익씨ᄂᆞᆫ 긔도ᄒ고 싱도들은 찬미ᄒ고 회쟝 유셩쥰씨ᄂᆞᆫ 칙어를 봉독ᄒ고 회쟝 어비신씨ᄂᆞᆫ 학교지금 형편을 셜명ᄒ고 교ᄉ 최광옥씨ᄂᆞᆫ 학교 젼졍을 셜명ᄒ고 긔목ᄉᄂᆞᆫ 유고불참ᄒᆫᄃᆡ에 학무국쟝 윤치오씨ᄂᆞᆫ 신학문의 필요ᄒᆷ을 셜명ᄒ고 싱도 심은동제씨ᄂᆞᆫ 답샤로 연셜ᄒ고 리샹지 유셩쥰제씨ᄂᆞᆫ 리빈을 감샤ᄒ고 리원긍씨ᄂᆞᆫ 축샤를 랑독ᄒ고 싱도들과 리빈들이 ᄒᆷᄭᅴ만셰를 부르고 교쟝 밀의두씨가 긔도ᄒᆫ후에 폐회ᄒ엿더라

연동중학교 개학
본월 이일 하오 두 시에 연동교회 중학교에서 개학예식을 행하였는데 고찬익 씨는 기도하고 생도들은 찬미하고 회장 유성준 씨는 칙어를 봉독하고 회장 어비신씨는 학교 지금 형편을 설명하고 교사 최광옥 씨는 학교 전정을 설명하고 기 목사는 유고 불참한 데에 학무국장 윤치오 씨는 신학문의 필요함을 설명하고 생도 심은동 씨 등은 답사로

연설하고 이상재, 유성준 씨 등은 내빈에게 감사하고 이원긍 씨는 축사를 낭독하고 생도들과 내빈들이 함께 만세를 부르고 교장 밀의두 씨가 기도한 후에 폐회하였더라.

《예수교 신보 3호》 1907.12.11

> **황히도**(黃海道)
> —풍천읍교회 최승현
> 경계쟈는 지녕 신환포거ㅎ든 한쟝로치슌씨는 금년 이월에 풍천으로 반이ㅎ온후에 교회 흥왕ㅎ기위ㅎ여 그 디경교회 쥬관ㅎ는 군복스와 의론ㅎ고 신환포거ㅎ는 황인셩씨를 젼도인으로 틱뎡ㅎ고 몃둘동안에 열심젼도홈으로 밋는형데가 一百여명이되여 례비당이 좁아지니 한쟝로가즈긔의집 엽젼 일쳔오빅량주고 산二十九간되는집을 교회에 드려 례비당을 삼고 교회에셔 八百二十량자리집을 사셔 거쳐ㅎ게ㅎ엿고 또 각쳐교우를 합농ㅎ야 풍쳔읍뇌 방업진 강변에 여러히 묵은 따에 보를막고 논을 긔간(起墾)ㅎ야 一百五十셕직이가되엿스나 다른사롬의 빗갑에 三十五셕 열닷말을 졔ㅎ고 十一됴를 밧아셔실노엇은거시 열흔셤여돏말락이가 되여 교회에유익ㅎ게 쓰게되엿스오니 감샤ㅎ오며 쏘 근일에 교학교도 셜립되고 학도들을 열심으로 교육ㅎ오니 하ᄂᆞ님 은혜 더욱 감샤ㅎ오며 각쳐 형데즈미는 이곳 교회가 더 흥왕ㅎ기 위ㅎ야 긔도ㅎ여주옵쇼셔

황해도
_풍천읍교회 최승현
삼가 아뢰옵기는 신환포(황해도 재령군 소재)에 살던 한 장로 치순씨는 금년 이월에 풍천으로 반이(搬移)한 후에 교회 흥왕하기 위하여 그 지경 교회 주관하는 군복사와 의논하고 신환포에 사는 황인성 씨를 전도인으로 택정하고 몇 달 동안에 열심 전도함으로 믿는 형제가 일백여 명이 되어 예배당이 좁아지니 한 장로가 자기의 집 엽전 일천오백 냥 주고 산 스물아홉 간 되는 집을 교회에 드려 예배당을 삼고 교회에서 팔백이십 냥짜리 집을 사서 거처하게 하였고 또 각처 교우를 합농하여 풍천읍내 방업진 강변에 여러 해 묵은 땅에 보를 막고 논을 기간(起墾)하여 백오십 석 지기가 되었으나 다른 사람의 빚 값에 삼십 오 석 열 닷 말을 제하고 십일조를 받아서 실로 얻은 것이 열한 섬 여덟 말이 되어 교회에 유익하게 쓰게 되었사오니 감사하오며 또 근일에 교학교도 설립되고

학도들을 열심으로 교육하오니 하나님 은혜 더욱 감사하오며 각처 형제자매는 이곳 교회가 더 흥왕하기 위하여 기도하여 주옵소서.

《예수교 신보》 3호 1907년 12월 11일

평안도(平安道)
평양남산현쇼학교형편

—김씨써카나한

경계쟈 남산현 녀쇼학교 교쟝 으라빈쓰부인쯰셔 환국ᄒ시눈티 그 학교학도들이 양력 십일월 이일 하오이뎜에 본교당에서 젼별회를 힝ᄒ엿눈티 그례식은 여좌ᄒ니 찬미가 一百五十一쟝을 합챵ᄒ고 긔도ᄒ후에 창셰긔 三十一쟝 四十八九졀ᄭ지 본후에 본학교 챵셜ᄒ 리력을 셜명ᄒ고 으라빈쓰 교쟝쯰셔 치하연셜ᄒ고 녀학도흔분은 작별뜻으로 연셜ᄒ고[이학도눈 금년 여름에 졸업ᄒ 닐곱학도즁 ᄒ나인티] 그일홈은 디샹힘] 또 닐곱졸업싱녀 학도들이 미시파노래를 영어로 합챵ᄒ고 녀즁학교 총티원이 연셜ᄒ고 회즁에셔찬미가 一百五十三쟝을 합챵ᄒ고 녀학당녀션싱들의 총뉘원이 연셜ᄒ고 닐곱졸업싱들이 영어찬미합챵ᄒ고 칠산 녀쇼학교총티원은 그날 풍우가심ᄒᆷ으로 불챰ᄒ엿고 평양부인회 총뉘가 치하연셜ᄒ고 평양진명녀학교 녀교ᄉ쯰셔 치하연셜ᄒ고 쥬일 학당션싱 총티가 치하연셜ᄒ고본학교 녀학도들이 다쇼ᄒ 물픔으로 교쟝의게 드리고 교쟝 으라빈쓰부인이 답샤ᄒ고 빙(盲)학싱들이 평안이가심을 츅원ᄒ눈노래를 영어로합챵ᄒ고페회ᄒ엿더라 사롬의 지은거시오 학교안에셔 쓰눈 제구도 또흔 외국 사롬의 쟉만ᄒ거시오 또 여러가지 경비도 또흔 외국 사롬이 인인여긔ᄒ눈 ᄆ음으로 흔다ᄒᆯ지라도 우리 한국二千만 형제즁에눈 이러흔 ᄆ음쓰눈이가 흔두분 업눈지 혹 잇셔도 힝ᄒ지 못ᄒ엿눈지 알수업눈지라 그럼으로 뇌외국형제 몃사롬들이 형동 의론ᄒ야 위원회를 조직ᄒ고 본학교를 확쟝ᄒᆷ과 유지 維持 ᄒᆯ방칙을 린ᄭᆫ히 의론흔즉 긔본금(基本金)을 만히 몬져 셰운후에 여러가지 일이 다 구비ᄒᆯ지라 근졀히 브라건티 여러 형데들은 우리육신의 사눈 거슨 우리의 졍신을 스ᄉ로 기르ᄂᆞᆫ함으로 동국 동포의게 조션ᄒ신 의긔를 분발ᄒ와 힘써 찬성ᄒ시기를 원ᄒ누이다

륭회원년 십월일 찬무위원 이원긍 김규식 리샹지 셔샹륜 유셩쥰 김셕태 고찬익 송순명 민쥰호

평안도
평양 남산현 소학교 형편

_김쎄써카나한

삼가 아뢰옵기는 남산현 여소학교 교장 으라빈쓰(로빈스) 부인께서 환국(還國)하시는데 그 학교 학도들이 양력 11월 2일 오후 두 시에 본 교당에서 전별회를 행하였는데 그 예식은 이러하였다. 찬미가 151장을 합창하고 기도한 후에 창세기 31장 48, 9절까지 본 후에 본 학교 창설한 내력을 설명하고 으라빈쓰 교장께서 치하연설하고 여학도 한 분은 작별 뜻으로 연설하고 (이 학도는 금년 여름에 졸업한 일곱 학도 중 하나인데 그 이름은 지상함) 또 일곱 졸업생 여학도들이 미시파 노래들 영어로 합창하고 여중학교 총대원이 연설하고 회중에서 찬미가 153장을 합창하고 여학당 여선생들의 총대원이 연설하고 일곱 졸업생들이 영어찬미 합창하고 칠산 여소학교 총대원은 그날 풍우가 심함으로 불참하였고 평양부인회 총대가 치하 연설하고 평양진명여학교 여교사께서 치하연설하고 주일학당 선생(男姟友) 총대가 치하연설하고 본 학교 여학도들이 다소(多少)한 물품으로 교장에게 드리고 교장 으라빈쓰 부인이 답사하고 맹(盲)학생들이 평안히 가심을 축원하는 노래를 영어로 합창하고 폐회하였더라. (학교도 외국) 사람의 지은 것이오 학교 안에서 쓰는 제구도 또한 외국 사람의 장만한 것이오, 또 여러 가지 경비도 또한 외국 사람이 애인여기(愛人如己, 남을 자기와 같이 사랑함)하는 마음으로 한다 할지라도 우리 한국 이천만 형제 중에는 이러한 마음 쓰는 이가 한두 분 없는지 혹 있어도 행하지 못하였는지 알 수 없는지라. 그러므로 내외국 형제 몇 사람들이 함께 의논하여 위원회를 조직하고 본 학교를 확장함과 유지(維持)할 방책을 난만(爛漫, 오래 두고 여러 번)하게 의논한 즉 기본금(基本金)을 많이 먼저 세운 후에 여러 가지 일이 다 구비할지라. 간절히 바라건대 여러 형제들은 우리 육신의 사는 것은 우리의 정신을 스스로 기르는 것으로 동국 동포에게 자선하신 의기를 분발하여 힘써 찬성하시기를 원하나이다. 융희 원년(1907) 10월 일 찬무위원 이원긍 김규식 이상재 서상륜 유성준 김석태 고찬익 송순명 민준호

《예수교 신보》 3호 1907년 12월 11일

광고

본학교를 창립 흔 쥬의는 형졔즁 총쥰ᄌ졔를 ᄯᅡᆨᄒᆞ여 교육ᄒᆞ야 우리 구쥬의 일만히ᄒᆞᆯ 인ᄌᆡ를일우고져ᄒᆞᆷ이니 학교는 이층 벽돌집을 지엇스니 이는 외국 목ᄉᆞ가 거관의 ᄌᆡ물을 젼당ᄒᆞ엿고 학교에셔 쓰는 졔구와 교ᄉᆞ의 월급과 ᄀᆞ양경비를 ᄯᅩᄒᆞᆫ 다 외국목ᄉᆞ가 판츌ᄒᆞ야 쓰온즉 이는 이인여긔ᄒᆞ는 구쥬의 인ᄋᆡ를 본밧아 이ᄀᆞᆺ치 됴흔결과를 엇엇스니 하ᄂᆞ님의 은총을 감샤ᄒᆞ옵ᄂᆞ이다 그러ᄒᆞ나 방금학당 ᄉᆞ무를 ᄎᆞ례로 확쟝ᄒᆞ는때를 당ᄒᆞ야 경비도 조연 ᄯᅡ라 더만ᄒᆞ지겟스즉 더드는 경비ᄭᆞ지 외국 목ᄉᆞ의게만 의로ᄒᆞ면 이는 우리의 사는 졍신을 남의게 의지ᄒᆞᆷ과 ᄀᆞᆺ흔지라 그럼으로 본 위원회에셔 결뎡ᄒᆞ기를 지금브터 확쟝ᄒᆞ는 경비는 본국 교회에셔 담당ᄒᆞ기로 쟉뎡ᄒᆞ옵고 이ᄀᆞᆺ치 앙포ᄒᆞ오니 이ᄉᆞ실을 보신후에 연조금의 다쇼는 물론ᄒᆞ옵고 각각 힘대로 ᄒᆞ실거시오 보내시는 졀ᄎᆞ는 혹 ᄆᆡ삭 몃환식을 보내시거나 혹 ᄆᆡ년 몃환식 보내시던지 ᄆᆞ음대로 ᄒᆞ실거시오 교무를 확쟝ᄒᆞ야 나아가는 졍도를힘ᄡᅥ 찬셩ᄒᆞ여 주시기를 ᄇᆞ라ᄂᆞ이다 쥬강싱 一千九百七년十一월일 련동경신즁학교 찬무위원 리원긍 송슌명 리샹ᄌᆡ 김규식 유셩쥰 셔샹륜 고찬익 김셕ᄐᆡ 민쥰호 신샹민

광고

본 학교를 창립한 주의(主義)는 형제 중 총준한(聰俊, 뛰어난) 자제를 택하여 교육하여 우리 구주의 일 많이 할 인재를 키우려 함이니 학교는 이층 벽돌집을 지었으니 이는 외국 목사가 거관의 재물을 전당하였고 학교에서 쓰는 제구와 교사의 월급과 가양 경비를 또한 다 외국 목사가 마련하여 쓰니 이는 애인여기(愛人如己, 남을 자기와 같이 사랑함)하는 구주의 인애를 본받아 이같이 좋은 결과를 얻었으니 하나님의 은총을 감사하옵나이다. 그러하오나 이제 학당 사무를 차례로 확장하는 때를 당하여 경비도 자연 따라 더 많아지겠은즉 더 드는 경비까지 외국 목사에게만 의뢰하면 이는 우리의 사는 정신을 남에게 의지함과 같은지라. 그러므로 본 위원회에서 결정하기를 지금부터 확장하는 경비는 본국 교회에서 담당하기로 작정하옵고 이같이 앙포하오니 이 사실을 보신 후에 연조금의 다소는 물론하옵고 각각 힘대로 하실 것이오 보내시는 절차는 혹 매삭 몇 환씩을 보내시거나 혹 매년 몇 환씩 보내시던지 마음대로 하실 것이오 교무를 확장하여 나아가는 정도를 힘써 찬성하여 주시기를 바라나이다. 주강생 1907년 11월 일 연동 경신중학교 찬무위원 이원긍, 송순명, 이상재, 김규식, 유성

준, 서상륜, 고찬익, 김석태, 민준호, 신상민

《예수교 신보》 3호 1907년 12월 25일

> **성탄일긔념**
> 구쥬성탄일에 정동교회에셔는 홍응셥씨와 숑셜당최씨끠셔 빅미 각 일셕을 연조ᄒ고 교회에셔 빅미 삼셕을 연조ᄒ야 두되식 무명 주머니에너허 빈한흔사ᄅᆞᆷ일빅삼인을 구제ᄒ엿고 연조금은 칠십여환이오 크리스머스튜리(誕日樹) 쟝식과례빅당안에 쟝식흔 경비가 오십여환이더라 련동 교회에셔는 성탄일밤 칠뎜죵에 련동 리목ᄉ가 와셔 예수의 힝젹을 환등(幻燈)으로 설명ᄒ고 긔목시의 령낭(令娘)은 특별히 남녀 쇼학교 학도들을 위ᄒ야 크리스마스튜리를 셰우고 그 나모가지마다 과ᄌ봉을 걸고 례식을 필흔후에 학도들이 호수 추례대로 나와셔 례물을 밧아가셧고 셔울 각교회에셔 각각 다 깃분 ᄆᆞ음으로 셩황(盛況)을 드럿더라

성탄일 기념

구주 성탄일에 정동교회에서는 홍응섭 씨와 송설당 최씨께서 백미 각 한 석을 연조하고 교회에서 백미 세 석을 연조하여 두 되씩 무명 주머니에 넣어 빈한한 사람 일백삼인을 구제하였고 연조금은 칠십여 환이오 크리스마트리(誕日樹) 장식과 예배당 안에 장식한 경비가 오십 환이더라. 연동교회에서는 성탄일밤 칠점종(七點鍾, 7시)에 연동 이 목사가 와서 예수의 행적을 환등(幻燈)으로 설명하고 기 목사의 영낭(令娘, 따님)은 특별히 남여 소학교 학도들을 위하여 크리스마스트리를 세우고 그 나뭇가지마다 과자봉을 걸고 예식을 필한 후에 학도들이 번호 차례대로 나와서 예물을 받아가셨고 서울 각 교회에서 각각 다 기쁜 마음으로 성황(盛況)을 드렸더라.

《예수교 신보》 1908년 1월

쇼ᄋ의위싱

_보광학교 싱도 고일쳥

ᄋ희를 웃게 ᄒᄂ대 주의ᄒᆞᆯ것

이거슨 ᄋ희의 모친과 부인들 가온대 더욱 주의ᄒᆞᆯ지니 ᄋ희가 쳐음으로 웃슬때에ᄂᆞᆫ 그 웃ᄂᆞᆫ 태도가 가히 ᄉᆞ랑스럽고 어린 ᄋ희에 ᄆᆞ음을 즐겁게 ᄒᆞᆷ으로 그 모친으로 브르어 어룬들이 다 ᄋ희를 웃게 ᄒᆞ기를 조와ᄒᆞ며 또 놈의게 자랑코져 ᄒᆞ야 자조자조 웃게 ᄒᆞ기도 ᄒᆞ며 코소리롭게 웃게 ᄒᆞ기도 ᄒᆞ야 이거스로써 즐거운 노름 가음을 삼으니 그 웃ᄂᆞᆫ대 수가 과ᄒᆞ면 ᄋ희에 뢰를 괴롭게 ᄒᆞ야 장셩ᄒᆞᆫ 후에 신경병도 되며 밋병도 되ᄂᆞ니 이런 병을 엇으면 쟝수치 못 ᄒᆞᆯ ᄲᅮᆫ아니라 셜혹 쟝슈ᄒᆞᆫ다 ᄒᆞᆯ지라도 졍신이 부죡ᄒᆞ야 공부를 못ᄒᆞᆯ지니 공부를 못ᄒᆞ면 엇지 국가에 바른 수업을 ᄒᆞ리오 맛춤ᄂᆡ 하등 인물을 면치 못ᄒᆞᆯ지라 그 죄ᄂᆞᆫ ᄋ희를 기르ᄂᆞᆫ 모친의게 잇스니 하ᄂᆞ님ᄭᅴ셔 주신 귀ᄒᆞᆫ ᄋ희를 이 ᄀᆞᆺ치 ᄒᆞ면 여긔셔 더 큰 죄ᄂᆞᆫ 업슬지니라
이런 죄를 지ᄂᆞᆫ 근원은 부인들이 무식ᄒᆞᆷ으로 지음이니 그런 고로 교육에 급션무ᄂᆞᆫ 녀조의 교육이니라

소아의 위생

_보광학교 생도 고일청

아이를 웃게 하는데 주의할 것

이것은 아이의 모친과 부인들 가운데 더욱 주의할지니 아이가 처음으로 웃을 때에는 그 웃는 태도가 가히 사랑스럽고 어린 아이의 마음을 즐겁게 함으로 그 모친으로부터 어른들이 모두 다 아이를 웃게 하기를 좋아하며 또 남에게 자랑코저 하여 자주자주 웃게 하기도 하며 콧소리로 웃게 하기도 하여 이것으로써 즐거운 놀이감을 삼으니 그 웃는데 수가 과하면 아이의 뇌를 괴롭게 하여 장성한 후에 신경병도 되며 잇병도 되나니 이런 병을 얻으면 오래 살지 못할 뿐 아니라, 설혹 장수한다 할지라도 정신이 부족하여 공부를 못할지니 공부를 못하면 어찌 국가에 바른 수업을 하리오. 마침내 하등 인물을 면하지 못할라. 그 죄는 아이를 기르는 모친에게 있으니 하나님께서 주신 귀한 아이를 이같이 하면 여기서 더 큰 죄는 없을지니라. 이런 죄를 짓는 근원은 부인들이 무식함으로 지음이니 그런 고로 교육에 급선무는 여자의 교육이니라.

《예수교 신보》 1908년 1월

긔셔
구습을 브릴것

_용천 리윤옥

대뎌우리가 공경하는 하느님이 이젼공경하던 신이며 밋는 예수가 이젼에 밋던이며 보는 성경이 이젼에 보던성경이오 닛가다이젼에보고 듯지못한바라예수를 밋지아니하는 이가 아모리 신학문을 공부하드라도 하느님을 모르면 구습에서버서낫다 할수업는지라 우리밋는 형뎨야 엇지구습을 브리지아니하리오 지금우리나라각처에서 여러학교를 셜립하는디 다 남즈의게만 교육하고녀즈를 위하야 한다는의론이만치 아니하며또 이곳으로 볼지라도 례비당이 근이십처에 남학교는만하되유독녀학교는 삼처밧긔 업소오니 이는 삼처교육당밧긔 다른교당에는 남즈만 잇고 녀즈는 업서 그러한지알수업거니와 이는 다른샷둘이아니라이왕구습대로 녀즈는남즈보다낫게넉이는 연고라우리밋는 형뎨야엇지 이러케싱각하리오쯔 구쥬께 이방가나안 녀인과 옷가을 만지고 열두히 혈루병곳친 녀인의 밋음을 칭찬하심과 나사로의 누의마리아는 도를듯는 직분으로 틱하셧다 하심과 이 밧긔도 여러 녀인을 다 말할수업거니와 쥬쯰셔도 녀즈를 분간업시 사랑하셧고 또 쥬를 수모하는 거스로 말할지라도 여러 녀인들이 슈흉 드렷고 또 무뎐에 쟝ᄉ힌후 칠일첫날에 녀인들이 몬져 무덤에 가셔 련수를 보왓스니 우리가 항샹 이곳치 구습을 싱각하릿가 교육하기로 말하면 신령한 리치와 오묘한쯧슬 쎄도는디는 녀즈가 남즈보다 낫다하겟스니 우리밋는 형뎨는 녀즈를 분간업시 교육하시기를 브라는이다

기서
구습을 버릴 것

_용천 이윤옥

대저 우리가 공경하는 하나님이 이전 공경하던 신이며 (우리가) 믿는 예수가 이전에 믿던 이며 (우리가) 보는 성경이 이전에 보던 성경입니까? 모두 다 이전에 보고 듣지 못한 바라. 예수를 믿지 아니하는 이가 아무리 신학문을 공부하더라도 하나님을 모르면 구습에서 벗어났다 할 수 없는지라. 우리 믿는 형제야 어찌 구습을 버리지 아니하리오? 지금 우리나라 각처에서 여러 학교를 설립하는데 다 남자에게만 교육하고 여자를 위하여 한다는 의논이 많지 아니하며 또 이곳으로 볼지라도 예배당이 근 스무 곳에 남학교

는 많되 유독 여학교는 세 곳 밖에 없사오니 이는 세 곳 교육당 밖에 다른 교당에는 남자만 있고 여자는 없어 그러한지 알 수 없거니와 이는 다른 까닭이 아니라 이왕 구습대로 여자는 남자보다 낮게 여기는 연고라. 우리 믿는 형제야 어찌 이렇게 생각하리오. 또 구주 때에 이방 가나안 여인과 옷가를 만지고 열두 해 혈루병 고친 여인의 믿음을 칭찬하심과 나사로의 누이 마리아는 도를 듣는 직분으로 택하셨다 하심과 이 밖에도 여러 여인을 다 말할 수 없거니와 주께서도 여자를 분간 없이 사랑하셨고 또 주를 사모하는 것으로 말할지라도 여러 여인들이 수종 들었고 또 무덤에 장사한 후 칠일 첫 날에 여인들이 먼저 무덤에 가서 천사를 보았으니 우리가 항상 이 같이 구습을 생각하리까? 교육하기로 말하면 신령한 이치와 오묘한 뜻을 깨닫는 데는 여자가 남자보다 낫다 하겠으니 우리 믿는 형제는 여자를 분간 없이 교육하시기를 바라나이다.

《예수교 신보》 1908년 1월 29일

평안북도 (平安道)

_럴산챠련관교회 최응션

경계ᄒᆞ는 이곳은 젼브터 부정ᄒᆞᆫ 풍쇽과 악ᄒᆞᆫ 힝실이 만흔곳이라 셩신이 도으샤 삼년 젼브터 밋는사ᄅᆞᆷ이 두어분ᄲᅮᆫ이옵더니 지금 거진 삼년동안 밋는사ᄅᆞᆷ이 날마다 왕셩ᄒᆞ야 남녀교우가 一百五六十명이되옵고 젼일에 악ᄒᆞᆫ힝위ᄒᆞ든사ᄅᆞᆷ도 만히밋ᄉᆞ오니 감샤ᄒᆞ오며 쟉년 륙월에 쇼학교를 셜립ᄒᆞ엿ᄂᆞᆫ디 학도가 한 십여명이옵더니 지금 三十四명에 달ᄒᆞ옵고 공부반수ᄂᆞᆫ ᄉᆞ반ᄭᆞ지 잇ᄉᆞ오며 또 쥬의 ᄉᆞ랑을 본밧음으로 셔로 ᄉᆞ랑ᄒᆞᄂᆞᆫ ᄆᆞ음이 날노더ᄒᆞ오니 하ᄂᆞ님 은혜 더욱 감샤ᄒᆞᄂᆞ이다.

평안북도

_열산 차련관교회 최응선

삼가 아뢰옵기는 이곳은 전부터 부정한 풍속과 악한 행실이 많은 곳이라 성신이 도우사 삼 년 전부터 믿는 사람이 두어 분 뿐이옵더니 지금 거의 삼 년 동안 믿는 사람이 날마다 왕성하여 남여교우가 백 오륙십 명이 되옵고 전일에 악한 행위하던 사람도 많이 믿사오니 감사하오며 작년 유월에 소학교를 설립하였는데 학도가 한 십여 명 되옵더니 지금 삼사십 명에 달하옵고 공부반 수는 사 반까지 있사오며 또 주의 사랑을 본받음으로 서로 사랑하는 마음,날로 더하오니 하나님 은혜 더욱 감사하나이다.

《예수교 신보》 1908년 1월 29일

고빅

_평양대즁학교 위원능

경계쟈논 여러형데 주민의 긔도ᄒ심과 권고ᄒ심을 힘닙어 하ᄂ님은혜가온디 본즁학교와 대학교가 졈졈 아름답게되여가오니 감샤ᄒ오며 지난가을브터 공부ᄒ학도가 삼빅팔십여명이옵고 지난섯ᄃᆞᆯ 이십ᄉ일에 방학하엿다가 오는 이월뉵일(음력정월 초오일)에 다시 기학ᄒ옵ᄂᆞ듸 임의 공부ᄒ던 학도들은 미리알고 지강이나 무슴 별강ᄒᆞᆯ것 잇ᄂᆞᆫ 학도들과 새로시험ᄒᆞᆯ 학도들은 이월일일 쥬일젼으로드러와 초삼ᄉ오일에 강ᄒ게ᄒ고 혹 신병이나 무슴 특별ᄒ 연고가잇서 방학젼에 나아갓던 학도도 강시작ᄒ기젼에 미리드러와 다시 강ᄒ허락을 밧은 후에 탄일젼에 못ᄒ강을 오젼히 ᄒ여야 그등급에서 다시 공부ᄒ거시오며 신입ᄒᆞᆯ 학도는 밋ᄂᆞᆫ시도 오래고 진실ᄒ며 학비도 주당ᄒ고 탄일젼 공부ᄒ거슬 다강ᄒ여 미과에 팔십오덤이상을 밧은후에 입학금 이원을내고 입학거시로듸 등수ᄂᆞᆫ 우드에서 ᄒᆞᆯ거시오 ᄯᅩ 각각 주긔디방 쟝도나 권ᄉ나 조사나 젼도인의게 쳔셔를밧아가지고 그지방오ᄂᆞᆫ 목ᄉ의게 갓다드린후에 목ᄉ의게 다시 증셔를밧하 교쟝의게 드리고 입학ᄒᆞᆯ거시오며
다시 ᄋᆞᆼ고ᄒᆞᆯ말ᄉᆞᆷ은 금년도 젼과ᄀᆞ지 즁학교를위ᄒ여 그쥬일에 언보ᄒ여 븨목ᄉ의게로 보내여주옵기를 ᄇᆞ라옵ᄂᆞ이다
여러형데ᄌᆞ민는 이곳학교를 위ᄒ여 만히긔도ᄒ시과 하ᄂᆞ님의 일꾼 비양ᄒᆞᄂᆞᆫ학교가 흥왕하게ᄒ옵시기를 원ᄒ오며 셩신이 흥샹 각교회에 퓽만ᄒ기를 근졀히 ᄇᆞ라옵ᄂᆞ이다

고백

_평양대중학교 위원능

삼가 아뢰옵기는 여러 형제자매의 기도하심과 권고하심을 힘입어 하나님 은혜 가운데 본 중학교와 대학교가 점점 아름답게 되어가오니 감사하오며 지난 가을부터 공부한 학도가 삼백팔십여 명이옵고 지난 섣달(12월) 이십사일에 방학하였다가 오는 이월 육일(음력 정월 오일)에 다시 개학하옵는데 이미 공부하던 학도들은 미리 알고 재강(再講)

이나 무슨 별강(別講)할 것 있는 학도들과 새로 시험할 학도들은 이월 일일 주일 전으로 들어와 삼, 사, 오일에 강하게 하고 혹 신병이나 무슨 특별한 연고가 있어 방학 전에 나갔던 학도도 공부 시작하기 전에 미리 들어와 다시 공부할 허락을 받은 후에 탄일 전에 못한 공부를 온전히 하여야 그 학년에서 다시 공부할 것이오며 신입할 학도는 믿은 지도 오래고 진실하며 학비도 스스로 부담하고 탄일 전 공부한 것을 다 공부하여 매 과에 팔십오점 이상을 받은 후에 입학금 이원을 내고 입학할 것이로되 등수는 우등에서 할 것이오 또 각각 자기 지방 장로나 권사나 조사나 전도인에게 추천서 맡아가지고 그 지방 오는 목사에게 갖다드린 후에 목사에게 다시 증서를 맡아 교장에게 드리고 입학할 것이오며 …

다시 앙고(仰告)할 말씀은 금년도 전과 같이 중학교를 위하여 그 주일에 연보하여 배 목사에게로 보내어 주시옵기를 바라나이다. 여러 형제자매는 이곳 학교를 위하여 많이 기도하시어 하나님의 일꾼 배양하는 학교가 흥왕하게 하옵시기를 원하오며 성신이 각 교회에 항상 가득하시기를 간절히 바라옵나이다.

《예수교 신보》 5호 1908년 1월 15일

> 연산 고산 려산익산으로돈 닐시 수년젼으로말ᄒ면 십군즁에 쥬의 말슴을듯고 알고져 ᄒ눈이가 ᄒ나도업서 주미업게 도니옵더니 그밋지아니ᄒᄃ 사룸들이 지금은 각각 쥬의말슴듯기를 스스로 원ᄒ오며 쏘 교회가 수십처오 각교회로 모히ᄂ 슈효는 십인으로브터 팔구십명식되옵고 례빈 새로짓ᄂ곳도 만코 지금 시작ᄒ ᄂ곳도잇스며 사셔씀이 ᄂ곳도잇수옵고 쏘 형뎨ᄌ미들ᄭ셔 열십연본호와 제직회를 열고 두사룸을 틱뎡ᄒ야 젼도ᄒ옵더니 금년 가을에 젼도인 ᄒ사룸을 더 틱ᄒ엿ᄉ오니 더욱 감샤ᄒ오며 쏘 금년에 한지(旱災)가잇ᄂ듯ᄒ더니 팔빅리 디방을 관활ᄒᄂ 목ᄉ와ᄀᄎ치 도니며 본즉 빅곡이 풍성ᄒ야 인민들이 걱정업시 지내ᄂ거슬보오니 하ᄂ님 은혜 더욱 감샤ᄒ오며 쏘 수년젼브터 금년 가을ᄭ지 원입교인과셰례밧은이를 통합ᄒ오면 불과 삼빅명이옵더니 지나간 번 문답호 ᄎ례에 원입교인이 一百六十여인이오 셰례밧은이가 九十八인이오며 명년 졍월브터 멋교회에서 쇼학교를 설립ᄒ기로 작뎡되엿ᄉ오니 하ᄂ님 은혜 더욱 감샤ᄒ오며 각쳐 교회형뎨님 은혜 더욱 감샤ᄒ오며 각쳐 교회형뎨는 이교회를위ᄒ야 긔도ᄒ여주옵쇼셔

연산, 고산, 여산, 익산으로 다닐 새 4년 전으로 말하면 열 군 중에 주의 말씀을 듣고 알고저 하는 이나 하나도 없어 재미없게 다니옵더니 그 믿지 아니하던 사람들이 지금은 각각 주의 말씀 듣기를 스스로 원하오며 또 교회가 수십 처로 각 교회로 모이는 수효는 십 인으로부터 팔구십 명씩 되옵고 예배(당) 새로 짓는 곳도 많고 지금 시작하는 곳도 있으며 사서 꾸미는 곳도 있사옵고 또 형제자매들께서 열심 연보하여 제직회를 열고 두 사람을 택정하여 전도하옵더니 금년 가을에 전도인 한 사람을 더 택하였사오니 더욱 감사하오며 또 금년에 한재(旱災, 가뭄)가 있는 듯 하더니 팔백 리 지방을 관할하는 목사와 같이 다니며 본 즉 백곡이 풍성하여 인민들이 걱정 없이 지내는 것을 보오니 하나님 은혜 더욱 감사하오며 또 수 년 전부터 금년 가을까지 원입교인과 세례 받은 이를 통합하오면 불과 삼백 명이옵더니 지난 번 문답한 차례에 원입교인이 160여 인이오 세례 받은 이가 98인이오며 명년(내년) 정월부터 몇 교회에서 소학교를 설립하기로 작정되었사오니 하나님 은혜 더욱 감사하오며 각처 교회 형제님 은혜 더욱 감사하오며 각처 교회 형제는 이 교회를 위하여 기도하여 주옵소서.

《예수교 신보》 5호 1908년 1월 15일

_룡쳔교회 리윤옥

경졔쟈 본읍 교회에 황부인 신도씨는 삼년젼 겨으브터 감화를 밧아 수신 우상을 다 거졀하고 쥬를 밋으며 열심으로 국문을 공부하여 밤낫슬 물론하고 셩경보기와 찬미 긔도하시기를 긋치지아니하오며 작년 가을브터 본교회 권찰직분을 맛흔후로 슈고를 수양치아니하옵고 찬미와 셩경을 가르치오며 또 밋음이 연약한 형뎨를 권면하기와 긔도를 게으르게하는 집에가셔 열심권면함으로 녀교우가 흥왕하야 지금은 수간방이 좁사오며 이 부인이 가셰는 넉넉지못하오나 교회에 무솝연보가잇던지 항샹 열심으로 연보하와모든 교인의게 본이되게 하오며 또 녀학교에 미삭 엽젼 십오량식 연조하오며 그외에 이 부인의 허다한 힝젹은 다말할수업시 대강만 앙달하오니 이 통신보시는 형 제즈민는 이 누님을 위하와 긔도를 도와주옵쇼셔

_용천교회 이윤옥

삼가 아뢰옵기는 본읍 교회에 황부인 신도 씨는 삼 년 전 겨울부터 감화를 받아 사신

(邪神) 우상을 다 거절하고 주를 믿사오며 열심히 국문을 공부하여 밤낮을 가리지 않고 성경보기와 찬미, 기도하기를 그치지 아니하오며 작년 가을부터 본 교회 권찰직분을 맡은 후로 수고를 사양치 아니하옵고 찬미와 성경을 가르치오며 또 믿음이 연약한 형제를 권면하기와 기도를 게으르게 하는 집에 가서 열심 권면함으로 여교우가 흥왕하여 지금은 네 간 방이 좁사오며 이 부인이 가세는 넉넉지 못하오나 교회에 무슨 연보가 있든지 항상 열심으로 연보하여 모든 교인에게 본이 되게 하오며 또 여학교에 매달 엽전 십오 냥씩 연조하오며 그 외에 이 부인의 허다한 행적은 다 말할 수 없사와 대강만 앙달(仰達)하오니 이 통신 보시는 형제자매는 이 누님을 위하여 기도를 도와주옵소서.

《예수교 신보》 5호 1908년 2월 26일

> **평안도** (平安道)
>
> _평양 셔문밧 쇼학교 쥬공삼
> 평양 쟝대지 교회속한 셔문밧 쇼학교는 십여년전에 마목스씌셔 설립한거신디 학도가 졈졈 흥왕흠으로 일빅오륙십명에달한지라 용신홀 자리가 업슴으로 형뎨들이 열심히 신화 쳔여원을 연조ᄒ야와가 십구간을 건축ᄒ엿스니 감샤한일이오이다

평안도

_평양 서문밖 소학교 주공삼
평양 장대재 교회에 속한 서문밖 소학교는 십여 년 전에 마 목사께서 설립한 것인데, 학도가 점점 흥왕함으로 일백 오륙십 명에 달한지라. 용신(容身)할 자리가 없음으로(비좁아서) 형제들이 열심히 신화(新貨) 천 여원을 연조하여 와서 열아홉 간을 건축하였으니 감사한 일이오이다.

《예수교 신보》 5호 1908년 2월 26일

_중남포비셕동긔독학교시험 위원 빅형식

경계쟈 금년 일월 이십칠일에 본학교에서 남녀 학도의 년죵 시험을 지내엿는디 남학도 륙등에 리동규 한셩팔 림용필 빅형유 뎡현셕 홍뎡욱졔씨오 오등에 박챵연 박근셩 한셕원졔씨오 ᄉ등에 리형태졔씨오 삼등에 림병식 허광옥 노대욱 안셕슌렴덕원 한태동 빅동쥬 한명호 김셩긔 김챵년졔씨오 이등에 려명슌 김대셩 오지학 방즁구 박현구 허쥰 황뎡샹 오근식 박윤삼 황긔풍졔씨오 일등에 한챵동 한쥰명 김태후 유긔셩 박인황졔씨눈 진급쟝을 주고
녀학도 윤심셩 박인덕졔씨눈 륙등에 과졍을 필ᄒ엿기로 졸업증셔를 주고 진급쟝쥰이 눈 삼인인디 례식 힝ᄒᆯ때에 남학도 리등규씨눈 셰샹에 데일 귀ᄒᆫ거시 지식이란 문뎨 로 박챵연씨눈 매일 귀ᄒᆫ거슨 도덕이란 문뎨로 연셜ᄒ고 녀학도졸업싱 윤심셩씨눈 인 이에 결과눈 셩공이란 문뎨로 박인덕씨눈 근즉필셩이란문뎨로 연셜ᄒᆯ때에 자미 만히 보앗ᄉ오며 교육에 열심ᄒ시눈 신ᄉ들은 각각 만흔 물픔으로 학도의게 샹급주엇ᄉ오 니 하ᄂ님의 은혜 감샤ᄒ ᄂ이다

_중남포 비석동 기독학교 시험위원 백형식

삼가 아뢰옵기는 금년 1월 27일에 본 학교에서 남여 학도의 연종(年終) 시험을 지내었 는데 남학도 6등에 이동규, 한성팔, 림용필, 배형유, 정현석, 홍정욱 등이오 5등에 박창 연, 박근성, 한석원 등이오 4등에 이형태 등이오 3등에 임병식, 허광옥, 노대욱, 안석순, 염덕원, 한태동, 백동주, 한명호, 김성기, 김창년 등이오 2등에 여명순, 김대성, 오지학, 방중구, 박현구, 허준, 황정상, 오근식, 박윤삼, 황기풍 등이오 1등에 한창동, 한준명, 김 태후, 유기성, 박인황 등에게는 진급장을 주고 여학도 윤심성, 박인덕 등은 6등에 과정 을 필하였기로 졸업증서를 주고 진급장 준 이는 3인인데 예식 행할 때에 남학도 이등규 씨는 세상에 제일 귀한 것이 지식이란 문제로, 박창연 씨는 매일 귀한 것은 도덕이란 문 제로 연설하고 여학도 졸업생 윤심성 씨는 인애에 결과는 성공이란 문제로, 박인덕 씨 는 근즉필성(勤卽必成)이란 문제로 연설할 때에 재미 많이 보았사오며 교육에 열심하 시는 신사들은 각각 많은 물품으로 학도에게 상급 주었사오니 하나님의 은혜 감사하나 이다.

《예수교 신보》 1908년 2월 26일

박인덕씨의리력

삼화 중남포 비석동 긔독학교 녀학도 박인덕씨의 졸업혼 릭력을 말홀진딕 이 학도가 칠세에 그부친이 셰샹을 떠나고 그모친은 무의무가 ᄒ야 의탁홀곳이업서 도로에 방황 홀 즈에 셩신이 인도홈으로 예수밋기를 쟉뎡 ᄒ고 인덕을 칠세에 학교에 입학 ᄒ 여 공부 식히 눈 딕 인덕의 모친이 풍우를 무릅쓰고 촌촌이 돈니며 혹푼뎐 쟝ᄉ도 ᄒ며 눔의게 품도풀니며 구츠 ᄒ게 구걸 ᄒ야 그 녀즈의 학비를 감당 홀 때에 인덕의 싱각에 내 모친 이 이와 ᄀ치 학비를 딕여주시며 셩취 ᄒ기를 ᄇ라시 눈 딕 내가 잠시라도 나타 ᄒ야 공부 에 셩취가 업스면 불효막심이라 ᄒ며 풍한서습을 무릅쓰고 학교에셔 자며 남비를 걸 고 조밥을지여 먹으며 이를써셔 공부 ᄒ더니 금년십이세에 교학교졸업쟝을 밧아ᄉ오니 영광을 하ᄂ 님 ᄭ 돌니옵ᄂ 다

거룩 ᄒ 다 이 모친이여 몸품을 파라 학비를 당 홀 때에 그 졍셩이 얼마나 지극 ᄒ 며 착 ᄒ 다 인덕씨여 남비에 조밥지여먹을때에 그 ᄆ 음이 얼마나 괴로워스리오 우리쥬를 밋 눈 부모형데 눈 이 모친과 ᄀ 치 곤궁 홀지라 즈녀의 학비를 열심으로 도와주신 거시오 학도 들은 인덕씨와 ᄀ 치 효도로 모친을 슌종 ᄒ 고 밋음으로 쥬를 ᄉ 랑 ᄒ 고 인인 ᄒ 야 우리나 라로 ᄒ 여곰 텬국과 ᄀ 치 문명 ᄒ 게되기를 ᄀ 졀이 원 ᄒ 노다

박인덕 씨의 내력

삼화 중남포 배석동 기독학교 여학도 박인덕 씨의 졸업한 내력을 말할진대 이 학도가 7세에 그 부친이 세상을 떠나고 그 모친은 무의무가하여 의탁할 곳이 없어 도로에 방황할 차에 성신(聖神)이 인도함으로 예수 믿기를 작정하고 인덕을 7세에 학교에 입학하여 공부시키는데 인덕의 모친이 풍우를 무릅쓰고 촌촌이 다니며 혹 푼전 장사도 하며 남에게 품도 팔며 구차하게 구걸하여 그 여자의 학비를 감당할 때에 인덕의 생각에 내 모친이 이와 같이 학비를 대어주시며 성취하기를 바라시는데 내가 잠시라도 나태하여 공부에 성취가 없으면 불효막심이라 하며 풍한서습(風寒暑濕)을 무릅쓰고 학교에서 자며 냄비를 걸고 조밥을 지어 먹으며 애를 써서 공부하더니 금년 12세에 학교 졸업장을 받았사오니 영광을 하나님께 돌리옵니다.

거룩하다 이 모친이여 몸품을 팔아 학비를 당할 때에 그 정성이 얼마나 지극하며 착하다 인덕 씨여 냄비에 조밥 지어 먹을 때에 그 마음이 얼마나 괴로웠으리오? 우리 주를 믿는 부모형제는 이 모친과 같이 곤궁할지라도 자녀의 학비를 열심히 도와주실 것이

오, 학도들은 인덕 씨와 같이 효도로 모친을 순종하고 믿음으로 주를 사랑하고 인애하여 우리나라로 하여금 천국과 같이 문명하게 되기를 간절히 원하노라.

《예수교 신보》5호 1908년 1월 15일

> **련동학교년종시험**
> 련동 경신즁학교 교감과 여러 교ᄉ들이 신령ᄒᆫ ᄯᅩᆺᄉ로 인도ᄒᆞ고 지셩ᄒᆞᆫ ᄯᅩᆺᄉ로 교육ᄒᆞᆷ과 학도들이 열심으로 공부ᄒᆞᆷ은다 아ᄂᆞᆫ바어니와 그 학교에셔 동긔시험을지나엿ᄂᆞᆫ듸 그 등수ᄂᆞᆫ 삼반 최우등(最優等)에 박원구 우등에 신샹민 급뎨(及第)에 졍인호 졔씨오 이반 최우등에 쟝쥬현씨요 일반 최우등에 리지익 우등에 류영모 간승우 김셩구 졍인슉 리갑셩 오일환 급뎨에 리권형 졍구풍 민봉식 졔씨오 예비반 최우등에 하샹현 우등에 최한쥬 리규환 박교샹 김덕겸 김한식 급뎨 김갑슈 졔씨더라

연동학교 연종(年終)시험
연동 경신중학교 교감과 여러 교사들이 신령한 뜻으로 인도하고 지성한 뜻으로 교육함과 학도들이 열심히 공부함은 다 아는 바이어니와 그 학교에서 동기시험을 치렀는데 그 등수는 3반 최우등에 박원구, 우등에 신상민, 급제에 정인호 등이며, 2반 최우등에 장주현 씨요, 일반 최우등에 이재익, 우등에 류영모, 간승우, 김성구, 정인숙, 리갑성, 오일환, 급제에 리권형, 정구풍, 민봉식 등이며, 예비반 최우등에 하상현, 우등에 최한주, 리규환, 박교상, 김덕겸, 김한식, 급제 김갑수 등이더라.

《예수교 신보》 5호 1908년 12월 15일

경샹도 (慶尙道)

_안의군현 너면셔원촌 교회 홍봉이 경계쟈본 교회 아직빈한 와근근히부지 옵더니례비건축 기위 와형뎨들이열심연보 시교뎨삼십량이오죠용식닷량조성셥십오량규유셕김봉조십오량김쳘로십량김판기닷량리대형닷량최곰불닷량정광옥닷량검귀동열량을연보 야겨우빅량을수합 옵고부죡됴가빅량이온딕류긔도씨 본리빈한 터에싱이 갓쟝수 옵더니쥬를 랑 ᄂᆞᆫ 으로례비당집사기를위 야즈 긔집을륙십량에팔고부죡젼四十량은빗을엇어빅량을연보 엿슴으로이빅량자리집을사셔즁슈 옵고례비를보오니하ᄂᆞ 님의은혜와류긔도씨의열심을감샤 오며지난팔월에쇼학교를셜립 고학도 삼십여명이오교 리몽우씨 열심으로교육 오니감샤 오며 말솜 올거슨거챵읍 너에셔멋분이예수를밋겟다고인도 여달나 기로리몽우씨와학도도멋분이그곳에갓다가 길에나아가셔전도 ᄂᆞᆫ 디우리나라슌샤정원현이가리교 를잡아쌤을 따리며말 기를 다시이런일을힝 면잡아가둔다 하매소문이퍼져셔전도길이막혓 오니각처형뎨쥬 민 이곳젼도문이열니기위 야긔도 여주옵소셔

경상도

_안의군 현내면 서원촌 교회 홍봉이 삼가 아뢰옵기는 본 교회는 아직 빈한(貧寒)하여 근근히 부지하옵더니 예배 건축하기 위하여 형제들이 열심 연보할새 교제 삼십 냥이오, 용식 닷 냥, 조성섭 십오 냥, 유규유석 냥, 김봉조 십오 냥, 김철로 십 냥, 김판개 닷 냥, 이대형 닷 냥, 최공불 닷 냥, 정광옥 닷 냥, 검귀동 열 냥을 연보하여 겨우 백 냥을 모으고도 백 냥이 부족한데 류기도 씨는 본래 빈한한 터에 생활은 겨우 장사하옵더니 주를 사랑하는 마음으로 예배당 건물 사기를 위하여 자기 집을 육십 냥에 팔고 부족전 40냥은 빚을 얻어 백 냥을 연보하였음으로 이백 냥짜리 집을 사서 중수하옵고 예배를 보오니 하나님의 은혜와 류기도 씨의 열심을 감사하오며 지난 팔월에 소학교를 설립하고 학도는 삼십여 명이오 교사 이몽우 씨는 열심히 교육하오니 감사하오며 또 말씀하올 것은 거창 읍내에서 몇 분이 예수를 믿겠다고 인도하여 달라 하기로 이몽우 씨와 학도 몇 분이 그 곳에 갔다가 한길에 나아가서 전도하는데 우리나라 순사 정원현이가 이 교사를 잡아 뺨을 때리며 말하기를 다시 이런 일을 행하면 잡아 가둔다 하매 소문이 퍼져서 전도길이 막혔사오니 각처 형제

자매는 이곳 전도문이 열리기 위하여 기도하여 주웁소서.

《그리스도 신문》 10권 29호 1906년 7월 19일

교회통신

_평양리신 길쟝로

음력오월 초오일에 이곳셔 대학당을 설립ᄒ일을 의론초로 쟝디지 례빅당에 모혀셔 례비졀ᄎ를 힝ᄒ눈디 찬미ᄒ고 긔도ᄒ후에 방목ᄉ 연셜ᄒ고 대한 힝데즁 ᄒ사롭이 대학당이 엇더케 긴요ᄒ 쓧슬연셜ᄒ후에 연보를 ᄒ눈디 신화 수빅원자리 뎐답을 밧친 사롭이 륙칠인이되고 혹 칠팔빅원 자리집도 밧친이도 잇고 ᄆ년 신화 오원식 만코 미일 십젼식 셰샹쩌나ᄂ 날ᄭ지 배기로 쟉뎡 ᄒ이도 만코 지목을 밧친이도 잇고 쥬초돌 밧친이도 잇고 교의를 밧친이도 잇고 시계를 밧친이도 잇고 대못슬 여려근 밧친이도잇고 몸으로 품삭을 밧친이도 잇고 혹 신화ᄉ 오십원 일이삼십원 밧친이도만코 ᄌ미들은 은퇴와 은지환과 은장도 밧친이도 만ᄉ오니 그날 쥬를 위ᄒ야 여려 형뎨ᄌ미가 열심쓰눈거슬 가히 알바로소이다 당일연보난거시 신화 ᄉ쳔 ᄉ삼빅원이옵고 ᅀ 남북 평안도와 황ᄒ도 각쳐 교회에셔도 이ᄀᆞᆾ치 열심으로 흘ᄆᆞ양이오니 우리나라 대학교가 쟝쵯 잘될쥴을 밋ᄉᆞ온즉 여러형뎨ᄌ미들은 대학교를 위ᄒ여 열심긔도 ᄒ시기를 ᄇᆞ라ᄂᆞ이다

교회통신

_평양내신 길 장로

음력 5월 5일에 이곳에서 대학당(대학교)을 설립할 일을 의논하려고 장대재 예배당에 모여서 예배절차를 행하는데 찬미하고 기도한 후에 방 목사 연설하고 대한(大韓) 형제 중 한 사람이 대학당이 어떻게 긴요한 뜻을 연설한 후에 연보(헌금)를 하는데 신화 수백 원짜리 전답을 바친 사람이 육, 칠인이 되고 혹 칠, 팔백 원짜리 집도 바친 이도 있고 매년 신화 오 원씩 (작정한 이도) 많고 매일 십 전씩 세상 떠나는 날까지 내기로 작정한 이도 많고, 재목을 바친 이도 있고, 주초 돌 바친 이도 있고, 교의를 바친 이도 있고, 시계를 바친 이도 있고, 대못을 여러 근 바친 이도 있고, 몸으로 품삯을 바친 이도 있고, 혹 신화 사, 오십 원, 일, 이, 삼십 원 바친 이도 많고, 자매들은 은퇴와 은지환(은반지)과 은장도 바친 이도 많사오니, 그날 주를 위하여 여러 형제자매가 열심 쓰는 것을 가히

알 바로소이다. 당일 연보 낸 것이 신화 사천 수삼백 원이옵고 또 남북 평안도와 황해도 각처 교회에서도 이같이 열심히 할 모양이오니 우리나라 대학교가 장차 잘 될 줄을 믿사온즉 여러 형제자매들은 대학교를 위하여 열심 기도하시기를 바라나이다.

《그리스도 신문》 10권 32호 1906년 8월 9일

_의쥬 양시리신 리치원

경계자는 본회 형데들이 작년 십일월브터 힘써 젼도ᄒᆞ여 밋는이가 만흠으로 교회가 흥왕ᄒᆞᆫ말숨은 임의 앙고ᄒᆞ엿거니와 교인만 흥왕ᄒᆞᆯᄲᅮᆫ만 아니라 남녀학도가 날노만아셔 녀학도가 오십명이오 남학도가 륙십명이오니 학당이 협착ᄒᆞ여 금년봄에 학당을 새로 짓기 위ᄒᆞ야 돈 수천여랑을 연보ᄒᆞ고 젼학당집을 팔아 보리여 방금 남녀학당을 각 ᄉᆞ간식 넓게 짓ᄉᆞ와 남녀학도가 다시 빅명이 입학ᄒᆞᆯ지라도 좁지 아니ᄒᆞ겟ᄉᆞ오며 감샤ᄒᆞᆫ즁 더옥 감샤ᄒᆞ온거슨 이곳은 본시 ᄯᅡ이 편벽ᄒᆞ고 ᄯᅩ 쟝거리가 됨으로 인심이 괴악ᄒᆞ야 죄가 만흔곳이옵더니 하ᄂᆞ님의 은혜가 이곳에 풍부히 림ᄒᆞ샤 지금 회기ᄒᆞ고 쥬를 밋는형뎨의 지붐ᄅ 계수ᄒᆞ면 디경안에 삼분에 일분이되옵고 ᄯᅩ 밋지도안코 ᄌᆞ녀만 학교에 입학지도 아니ᄒᆞ신 형뎨중 리셩렬 김희션 승경룡 삼씨가 ᄌᆞ쳥ᄒᆞ와 학교집 짓는디 각기 동화오십량식연조ᄒᆞ셧ᄉᆞ오니 우리는 이삼씨의 교육셩심을 감샤ᄒᆞ오며 브라옵기는 각쳐 형데들이 이곳을 위ᄒᆞ여 긔도만히 ᄒᆞ와 이곳 사ᄅᆞᆷ이 다 하ᄂᆞ님 은혜를 닙어 회기ᄒᆞ고 쥬를 밋음으로 이곳 교회와 학교가 더옥…

_의주 양시내신 이치원

삼가 아뢰옵기는 본회 형제들이 작년 11월부터 힘써 전도하여 믿는 이가 많음으로 교회가 흥왕한 말씀(소식)은 이미 알려드렸거니와 교인만 흥왕할 뿐만 아니라 남여학도가 날로 많아져 여학도가 50명이오 남학도가 60명이오니 학당이 협착(狹窄)하여 금년 봄에 학당을 새로 짓기 위하여 돈 사천여 냥을 연보하고 전 학당 건물을 팔아 보태어 방금 남여학당을 각 네 간 씩 넓게 짓사와 남여학도가 다시 백 명이 입학할지라도 좁지 아니하겠사오며 감사한 중 더욱 감사하온 것은 이곳은 본시 땅이 편벽(偏僻)하고 또 장거리가 됨으로 인심이 괴악(怪惡)하여 죄가 많은 곳이옵더니 하나님의 은혜가 이곳에 풍부히 임하사 지금 회개하고 주를 믿는 형제의 집을 계수하면 지경 안에 삼분의 일이 되옵고 또 믿지도 않고 자녀만 학교에 입학지도 아니하신 형제 중 이성렬, 김희선, 승경룡 세 명이 자청하여 학교 건물 짓는데 각기 동화 오십 냥씩 연조하였사오니 우리는 이 세 명의 교육성심을 감사하오며 바라옵기는 각처 형제들이 이곳을 위하여 기도 많이 하여 이곳 사람이 다 하나님 은혜를 입어 회개하고 주를 믿음으로 이곳 교회와 학교가 더욱…

《그리스도 신문》 10권 37호 1906년 9월 13일

> 긔셔
> **학문을부즈런이공부홀것**
> —즁화 리창셜
>
> 데뎌 세샹 가온되 여러가지 학문 느이잇는되 부즈런이 비호지아니ᄒ면 아모리오래 비홀리자도 맛춤내 실효를보지못홀지라 그런고로 동양 션지들도 권학문을 지을때에 말ᄒ기를 오늘 비호지못ᄒ면 리일비호겟다 ᄒ지말며 금년에 비호지못ᄒ면 리년에 비호겟다 ᄒ지말나 ᄒ엿고 또 션비가 ᄒ로라도 글을 닑지아니ᄒ면 입가온되 형극이 난다 ᄒ엿스니 이셰상 학문이라도 게을니ᄒ면 성공홀수업거든 ᄒ물며 텬국 학문이야 게으르고 엇지 셩취홀수 잇스랴 그런고로 모세는 률법을밧을때에 셔나산에 수십년을 공부ᄒ고 바울은 복음을 묵시로 밧을때에 아랍비아에셔삼년을 공부ᄒ엿스니 이런 셩인들도공부를 부즈런이 ᄒ엿거든 ᄒ물며 우리 밋는 형뎨들이야 공부를 부즈런이 아니ᄒ고야엇지 복음의 츰리치를 알수가잇스리오 우리 쳥년들씌 권면ᄒ옵기는 셰월을허송치말고 츰리치를 어셔비화 복음을 광포ᄒ여 온셰샹을 구ᄒ옵셰다

기서
학문을 부지런히 공부할 것
—중화 이창설

대저 세상 가운데 여러 가지 학문이 있는데 부지런히 배우지 아니하면 아무리 오래 배울지라도 마침내 실효는 보지 못할지라. 그런고로 동양 선지들도 권학문(勸學文)을 지을 때에 말하기를 오늘 배우지 못하면 내일 배우겠다 하지 말며 금년에 배우지 못하면 내년에 배우겠다 하지 말라 하였고, 또 선배가 하루라도 글을 읽지 아니하면 입 가운데 형극(荊棘, 가시)이 난다 하였으니 이 세상 학문이라도 게을리 하면 성공할 수 없거든

하물며 천국 학문이야 게으르고 어찌 성취할 수 있으리오? 그런고로 모세는 율법을 받을 때에 시내 산에 사십 년을 공부하고 바울은 복음을 묵시로 받을 때에 아라비아에서 삼년을 공부하였으니 이런 성인들도 공부를 부지런히 하였거든 하물며 우리 믿는 형제들이야 공부를 부지런히 아니하고야 어찌 복음의 참 이치를 알 수가 있으리오? 우리 청년들께 권면하옵기는 세월을 허송치 말고 참 이치를 어서 배워 복음을 광포(廣布, 널리 전함)하여 온 세상을 구합시다.

《그리스도 신문》 10권 37호 1906년 9월 13일

_평양리신 숑현근

경계쟈는 룡강동촌 일하디회에 김근화씨는 빅슈로인이라 예수를 밋은지 스오년에 풍우를 무릅쓰고 십여사롬을 인도ᄒ여 드리고 십리되는 어고리회당에 돈니더니 쟉년가을에 회당을 건축ᄒ려고 경영ᄒᆯ시 로용규씨는 직북을내고 김근화씨는 틔와 니영을 내여 五六간회당을 세우고 례빈ᄒ게 되엇스니 하ᄂᆞ님의 풍부ᄒ신 은혜를 감샤ᄒ오며 ᄯᅩ 금년 정월부터는 김로량씨가 일심으로젼도ᄒ오니 하ᄂᆞ님쯰셔 그의 슈고를 권고ᄒ샤 여러곳사롬의게 은혜를 부어주샤 회기고 나아오는 사롬이 만흐니 이를볼진디 밋는 쟈의 슈고가 헛되지아니ᄒᆞᆷ을 알겟고 ᄯᅩ 에셩지라 ᄒ는곳에 잇는 림신근씨는 아둘과 ᄯᆞᆯ이잇는디 아둘의 나흔 십삼셰오 ᄯᆞᆯ의 나흔 십일셰라 그 부쳐가 서로말ᄒ기를 ᄯᆞᆯ의 션금을밧아서 며ᄂᆞ리를 밧쟈고 의론ᄒ든즁 밧춤 그의안히가 성신의 감화ᄒ심을닙어 예수를 밋은후에 ᄯᅩ 그 남편도 회기ᄒ고 조녀를 드리고 멋쥬일을 직회고 서로 말ᄒ되 내ᄯᆞᆯ인디 엇지 즘성과ᄀᆞ치 돈밧고팔며 ᄯᅩ 며ᄂᆞ리를 엇지 죵과ᄀᆞ치 돈을주고 사리오 이거시 다 하ᄂᆞ님을 모르는 연고오 ᄯᅩ 혼인에 조물을의론ᄒ는거슨 다 이덕의 풍속이라ᄒ야 그 혼수를 뎡ᄒ지아니ᄒ고 아둘을 이십리밧가동교회 학당으로보내여 공부식히니 이거시 밋음에 본밧을일이외다 하ᄂᆞ님과 구쥬의 은혜가 아니면 잇지이덕의 풍속을 변ᄒ고 죄악의쑤리를 ᄇᆞ릴수 잇스리오 그러나 엇던형데는 밋는지 칠팔년에도 힘스를 이기지 못ᄒ오며 ᄯᅩ 어린조식둔이가 삼스빅량 돈을 밧고 뎡혼한다ᄒᆞ오니 이러ᄒ고야 잇지죄악에 쑤리를 ᄇᆞ리고 영싱의길노 나아갓다ᄒᆞ리오 우리는 이런형데를 위ᄒ야 긔도ᄒᆞᆸ세다

_평양내신 송현근

삼가 아뢰옵기는 용감 동촌 김근화 씨는 백수노인(白首老人)이라. 예수를 믿은 지 4, 5년에 풍우를 무릅쓰고 십여 사람을 인도하여 데리고 십리 되는 어고리회당에 다니더니 작년 가을에 회당을 건축하려고 경영할 새 노용규 씨는 옷을 내고 김근화 씨는 터와 이엉을 내어 오륙십간 회당을 세우고 예배하게 되었으니 하나님의 풍부하신 은혜를 감사하오며 또 금년 정월부터는 김로량 씨가 일심으로 전도하오니 하나님께서 그의 수고를 권고하사 여러 곳 사람에게 은혜를 부어주사 회개하고 나아오는 사람이 많으니 이를 볼진대 믿는 자의 수고가 헛되지 아니함을 알겠고 또 예성재라 하는 곳에 있는 임신근 씨는 아들과 딸이 있는데 아들의 나이는 십삼 세요 딸의 나이는 십일 세라 그 부처가 서로 말하기를 딸의 선급(先給)을 받아서 며느리를 맞자고 의논하던 중 마침 그의 아내가 성신의 감화하심을 입어 예수를 믿은 후에 또 그 남편도 회개하고 자녀를 드리고 몇 주일을 지내고 서로 말하되 내 딸인데 어찌 짐승과 같이 돈 받고 팔며 또 며느리를 어찌 종과 같이 돈을 주고 사리오? 이것이 다 하나님을 모르는 연고요 또 혼인에 재물을 의논하는 것은 다 이적(夷狄)의 풍속이라 하여 그 혼사를 정하지 아니하고 아들을 이십 리 밖 가동 교회 학당으로 보내어 공부시키니 이것이 믿음에 본받을 일이외다. 하나님과 구주의 은혜가 아니면 어찌 이적의 풍속을 면하고 죄악의 뿌리를 버릴 수 있으리오? 그러나 어떤 형제는 믿은지 칠팔년에도 행사를 이같이 못하오며 또 어린 자식 둔 이가 삼사백 냥 돈을 받고 정혼한다 하오니 이러하고야 어찌 죄악의 뿌리를 버리고 영생의 길로 나아갔다 하리오? 우리는 이런 형제를 위하여 기도합시다.

《그리스도 신문》 10권 37호 1906년 9월 13일

월산녀학교 방학

_김느범

월산교회에 녀쇼학교의 학도들을 방학하는디 여러목수와 학교를 쥬쟝하시는 부인들과 쟝로와 모든 직분잇는 형데들이 모혀셔 공부한 학문을 강밧는디 형데주미가 만히 모혀 방청하고 일년급브터 오년급까지 잇는디 신구약 셩경즁에 이빅절식 외오고 마가복음과 수도힝젼을 가강하는디 대지를 무불통달하고 뭇는쏟슨다 디답하고 디도와 산슐과 한문 공부를 다 잘 도강한후에 부목수와 형데 이삼인이 녀학도를 권면하는 됴흔말노

연설ᄒ고 각각 공부에 ᄎ셔대로 진급표를 준후에 몃분 형뎨들이 지필묵을 샹식으로 샹급을 후이준후에 폐회ᄒᄂ디 형뎨ᄌ민의 깃분 ᄆ음은 한량이 업더라 우리나라ᄒᆡ긔ᄌ 동츈ᄒ여 교면 팔조한후로 이ᄯᅢᄭ지 ᄯᆞᆯ을 잣다ᄒ면 그부모ᄂ 막론ᄒ고 인근 사람ᄭ지 셥셥ᄒ여 ᄒ더니 지금 하ᄂ님의 은혜로 녁하도의 공부가 진취ᄒᄂ거슬 본즉 교회에 영광이오 나라에 긔초니 누구시던지 녀ᄌ를 학교로 보내지 아니ᄒ면 야만을 면ᄒᆞᆯ수 업슨즉 우리 ᄉᆞ랑ᄒᄂ 형뎨ᄌ민ᄂ 녀자 교육에 열심 내시기를 천만 ᄇ라옵ᄂ이다

월산여학교 방학

_김내범

월산교회에 여소학교의 학생들을 방학하는데 여러 목사와 학교를 주장하시는 부인들과 장로와 모든 직분 있는 형제들이 모여서 공부한 학문을 배우는데 형제자매가 많이 모여 방청하고 일학년부터 오학년까지 있는데 신구약 성경 중에 이백 절 씩 외우고 마가복음과 사도행전을 가르치는데 대지를 무불통달하고 묻는 뜻은 다 대답하고 지도와 산술과 한문 공부를 다 잘 도강(都講)한 후에 부목사와 형제 두세 명이 여학도를 권면하는 좋은 말로 연설하고 각각 공부에 순서대로 진급표를 준 후에 몇 분 형제들이 지필묵을 삼색으로 상급을 후하게 준 후에 폐회하는데 형제자매의 기쁜 마음은 한량이 없더라. 우리나라에 기자(箕子)가 와서 팔조(八條, 고대에 가르치던 여덟 가지 법금(法禁))를 가르친 이래로 이때까지 딸을 낳았다 하면 그 부모는 막론하고 인근 사람까지 섭섭하여 하더니 지금 하나님의 은혜로 여학생의 공부가 진취(進就)하는 것을 본 즉 교회에 영광이요 나라에 기초니 누구시던지 여자를 학교로 보내지 아니하면 야만을 면할 수 없은즉 우리 사랑하는 형제자매는 여자 교육에 열심 내시기를 천만 바라옵나이다.

《신학월보》 3권 4호 1903년 4월

녀학교 설립함

함종읍에는 작년오월에 평양게신미국부안 에쓰틔씨의셔 녀학교를설립하엿는대 학교 선생은 강서 김승지의부인전씨 삼덕씨라 이부인이가산의부요한것과 자손들의효양함을 밧기원치아니하시고 집을ᄯᅥ나타읍에가서 외로이계시며 학도를배양하시니 참이부인은 예수의마음을본밧어 그의뜻을 일우랴하시는부인일너라 학도는 안씨도병과 오씨

광명과 김씨성덕과 리씨성심과 홍씨경신인디 이녀아들노 삼덕씨의덕행을본밧어 모든 사롬의게빗과갓치되엿시니 미구에 일읍이한종할너라 이학교에서 예수의영광만히나타낼 선생만히니러날술밋삼니다 아멘

여학교 설립함

함종읍에는 작년 오월에 평양에 계시는 미국부인 에스더 씨께서 여학교를 설립하였는데 학교선생은 강서 김 승지의 부인 전 씨 삼덕 씨라. 이 부인이 가산의 부요한 것과 자손들의 효양(孝養)함을 받기 원치 아니하시고 집을 떠나 다른 마을에 가서 외로이 계시며 학도를 기르시니 참 이 부인은 예수의 마음을 본받아 그의 뜻을 이루려하시는 부인일러라. 학생은 안도명 씨와 오광명 씨와 김성덕 씨와 리성심 씨와 홍경신 씨인데 이 여아들도 삼덕 씨의 덕행을 본받아 모든 사람에게 빛과 같이 되었으니 오래지 않아 마을이 모두 믿게 될 것이라. 이 학교에서 예수의 영광 많이 나타낼 선생 많이 일어날 줄 믿습니다. 아멘.

《신학월보》 3권 5호 1903년 5월

학교왕성

평양남산현회당에 쇽흔 녀학교는 학도가 四十명이오 선생은 김씨쏘라씨이라부인은 학식이유독ᄒ시고 덕힝이거룩ᄒ시니 진실노 예수님성품과 덕힝을본밧은부인이라 이학교녀학도들이 학문과덕힝을겸ᄒ야 비호는즁에 특별한공부는성경이오 그외에여러과정은 ᄋᆞ히들의등분ᄯᅡ라 ᄀᆞ르치더라 엇던유명한학승의말과 ᄀᆞ치온세샹일세디 ᄋᆞ히들을 그리스도어머니의게 밧겨교육ᄒ면 온세샹을일세딕동안새롭게변홀지라 이와ᄀᆞ치 우리 대한모돈부모들은 모든ᄌᆞ식들을 유덕ᄒ 그리스도인모친쯰 밧기기를원ᄒ노라 평양남산현남학교는 학도ᄂᆞᆫ 五十六명인딕 션싱은회쳔쌍에 고명혼션싱을택ᄒ여왓더라 이학교ᄋᆞ히들의과정은 여러가지인딕 산슐공부는 김독수씨가실심으로 결을을차차 ᄀᆞ르치더라 학교에셔뎡한규측은 엄히마련한즁에 미삭에일초식공부한거슬 도강ᄒᄂᆞᆫ 딕 강녕에목수와 ᄋᆞ히들의부모가 다참례ᄒ기로쟉뎡ᄒ엿고 강잘ᄒᄂᆞᆫ ᄋᆞ히는 노볼목수쯰샹급을 주기로쟉뎡ᄒ엿시니 작란은 불금이ᄌᆞ금이오 ᄋᆞ히들의공부와 규모는일취월쟝ᄒ니 기업교육샹일량계라 외인들도말ᄒ기를 ᄌᆞ식은교회학교에보내야 잘된다더라

학교왕성

평양 남산현 회당에 속한 여학교는 학생이 40명이요 선생은 김 씨와 라 씨이다. 부인은 학식이 유족하시고 덕행이 거룩하시니 진실로 예수님 성품과 덕행을 본받은 부인이라 이 학교 여학생들이 학문과 덕행을 겸하여 배우는 중에 특별한 공부는 성경이요 그 외에 여러 과정은 아이들의 등분을 따라 가르치더라. 어떤 유명한 학생의 말과 같이 온 세상 한 세대 아이들을 그리스도 어머니에게 맡겨 교육하면 온 세상을 한 세대 동안 새롭게 변할지라. 이와 같이 우리 대한 모든 부모들은 모든 자식들을 유덕한 그리스도인 모친께 맡기기를 원하노라.

평양 남산현 남학교는 산술공부는 김독수 씨가 열심히 쉬는 시간을 찾아 가르치더라. 학교에서 정한 규칙은 엄히 마련한 중에 매 달 한 번씩 공부한 것을 가르치는데 강녕에 목사와 아이들의 부모가 다 참여하기로 작정하였고 공부 잘하는 아이는 노볼 목사님이 상급을 주기로 작정하였으니 장난은 금하지 않으나 본인이 스스로 치지 않으며(作亂은 不禁而自禁) 아이들의 공부와 규모는 일취월장하니 … 외인들도 말하기를 자식은 교회학교에 보내야 잘된다더라.

《신학월보》 4권 4호 1904년 4월

소학교신설

강셔읍과 증산오수리와 심화읍과 금당리와 일출리이닷샷곳은그곳쥬리하는문목사와 대한교우가합동하야 각기소학교를설립하엿더라

소학교 신설

강서읍과 증산 오수리와 심화읍과 금당리와 일출리 이 다섯 곳은 그곳에 사는 문목사와 대한(大韓) 교우가 힘을 합쳐 각기 소학교를 설립하였더라.

6장 토착교회가 설립한 기독교학교의 역할

강영택 박사 (기독교학교교육연구소)

　임희국 교수의 글은 19세기 말에서 20세기 초기에 걸쳐 한국교회가 설립한 기독교학교들에 대한 연구이다. 전반부에서는 그 시기 기독교학교들의 설립과정을 역사적으로 고찰하였고, 후반부에서는 기독교학교들의 목적과 성격을 논의하였다. 그 논의 과정에서 1907년 평양대부흥운동이 기독교학교와 학생들에게 어떤 영향을 주었는지가 간단하게 기술되고 있다.

　임 교수는 이 글에서 1895년 새문안교회가 세운 영신학당을 시작으로 우리나라의 교회들이 학교 설립에 매우 헌신적이어서 1908년에는 교회수(장로교회)가 897개에, 소학교의 수가 무려 542개에 이르게 되었음을 보고하고 있다. 1907년 평양 대각성운동은 기독교학교의 설립을 촉진시켰을 뿐 아니라 회개운동을 통하여 학생들의 내면과 생활을 새롭게 하는 계기가 되었다고 한다. 그리고 이 시기 기독교학교들은 한글교육, 우리나라 역사교육, 체육교육 등을 강조함으로 애국계몽운동에 동참하였으며, 여성의 자각과 권익의 보호에 기여하는 여성교육을 통해 사회의식 개선에도 이바지하였다고 한다.

I. 토착교회의 기독교학교 설립의 의미

1. 기독교학교의 한국적 뿌리 제시

임희국 교수의 글은 다음 두 가지 측면에서 우리나라의 기독교학교 운동과 연구에 매우 귀중한 공헌을 한다고 할 수 있다. 첫째, 최근 우리나라의 기독교학교 운동 및 연구의 서구 편향적 풍토 속에서 이 글은 기독교학교의 한국적 뿌리를 제시하고 있다. 오늘날 한국에서의 기독교학교 운동은 제2의 부흥기를 맞이하고 있다. 20세기 초 "교육문예부흥"(the educational renaissance)이라 불릴 정도의 급격한 기독교학교들의 증가[1]에 이어, 최근 기독교학교는 불과 7-8년 사이에 50여 개가 새롭게 설립되는 놀라운 현상을 보여주고 있다.[2] 최근 설립되고 있는 기독교학교들은 기존 기독교학교들과 성격상의 차별성을 드러내기 위해 기독교학교라는 명칭 대신 '기독교대안학교'라는 말을 사용하기도 한다.[3] 또는 기존의 기독교학교들을 미션 스쿨이라 칭하고 새롭게 생겨나는 학교들을 기독교학교라 명하기도 한다.[4] 논자들은 기존의 기독교학교들이 교사의 자질, 교육과정의 운영, 학교 행정에 있어 기독교적 정신을 담보하고 있지 못하다고 보고, 학교 운영 전반에 기독교 세계관이 스며있는 새로운 개념의 기독교(대안)학교가 필요하다고 주장한다. 그리고 그 학교들의 원형적 모범을 서구의 기독교학교들에서 찾는다. 그래서 최근 기독교(대안)학교들에 관한 논의에서는 주로 서구의 기독교교육론과 학교론에 대한 문헌들을 참고하고 있으며, 어떤 기독교(대안)학교들은 서구

---

[1] 1907년을 전후해서 7년 동안 기독교 초등학교 수가 무려 10배나 증가했다. : 박용규, 『평양대부흥운동』 (서울: 생명의 말씀사, 2005), p. 434.
[2] 기독교학교교육연구소의 조사 결과임.
[3] 기독교대안학교연맹의 홈페이지 (http://www.casak.org); 임태규, "대안학교 제도화에 대한 기독교대안학교의 입장" 기독교대안학교연맹 심포지엄 자료집(2005년도).
[4] 기독교대안교육협의회의 홈페이지 (http://www.caeak.com); 오춘희 (2005) "21세기 한국 기독교의 교육적 과제: 기독교학교와 홈스쿨링을 중심으로" 한국 기독교교육정보학회 2005년도 춘계학술대회 자료집.

기독교학교들의 교육과정을 가져와서 그대로 사용하곤 한다.

이런 상황에서 근대교육의 역사 초기에 서구 선교사들이 아닌 "토착 (한국) 교회"들이 주도한 기독교학교 설립에 관한 임 교수의 연구는 매우 중요한 시사점을 준다고 할 수 있다. 비록 근대학교의 개념이 서구에서 생겨난 것이고 서구의 선교사들에 의해 초기 기독교학교들이 설립되었지만, 우리나라에 첫 기독교학교가 설립된 지 10년 후 부터는 토착 (한국) 교회들이 주체적으로 기독교학교들을 만들기 시작하였으며 이들 기독교학교들은 당시 한국 사회의 필요성에 대한 기독교적 사명을 감당하기 위하여 적극적으로 대응하였음을 보여준다. 이런 관점에서 볼 때 이 글은 오늘날 다시 활발하게 일어나고 있는 기독교(대안)학교 운동이 지나치게 서구 의존적 경향에 치우쳐 있으며, 한국적 상황에서의 기독교학교 모델 개발을 위한 고민과 연구가 부족한 것이 아닌지 자각하게 한다.

2. 기독교학교 설립을 통한 사회 공헌

둘째, 한국교회가 대 사회적 역할을 제대로 수행하지 못해 어려움을 겪고 있는 현 상황에서 이 글은 근대 초기 한국교회가 기독교학교 설립을 통해 어떻게 한국 사회의 발전에 이바지하였는지를 보여준다. 19세기 말에서 20세기 초 우리나라 기독교학교에 대한 연구가 주로 서구의 선교사들에 의해 설립된 학교들에 집중되어 있는 상황에서 "토착 (한국) 교회가 주체적으로" 설립한 기독교학교들이 초기 기독교학교 운동에서 중요한 한 흐름을 차지한다는 사실을 밝힌 것은 매우 뜻깊은 지적이라 할 만하다. 즉, 한국 기독교학교의 역사가 외국인 선교사들 뿐 아니라 당시 초기 한국 교회들에 의해서도 형성되어 왔다는 사실은 오늘날 많은 교회들에게 도전을 주는 점이라 할 수 있다. 1907년 대부흥운동 당시에 교육구국 운동의 일환으로 두 교회가 소학교 하나 이상을 설립 운영하고 있었다는 사실은 교회의 영적 자각과 교회의 교육과 사회에 대한 헌신도가 얼마나 밀접한 관계를 맺고 있었는지를 잘 보여주는 예라 할 수 있다. 당시 한국 교회들은 영세한 처지 속에서도 기독교학교를 설립하여 "나라의 위기를 교육을 통해 극복할 뿐 아니라 새 시대를 위한 인재를 길러내고자" 혼신의 힘을 기울였다. 교육과 사회에 대한 이러한 헌신의 모습은 오늘날 수적으로 대단한 성장을 이루었으면서도 상대적으로 학교 교육과 사회의 미래에 대해 큰 관심을 나타내고 있지 않는 많은 한국 교회들에게[5] 경고의 메시지를 던져준다고 할 수 있다.

또한 오늘날 많은 기독교(대안)학교들이 교회보다는 개인에 의해 설립, 운영되고 있는 관계로 교육의 질에 있어 영세성을 면치 못하고 있는 실정이다. 이 글에서 밝히고 있는 것처럼 우리의 자녀에 대한 신앙교육과 우리 사회의 미래를 위한 인재양성이 한국교회가 짊어져야 하는 중요한 과업이라 볼 때, 교회의 기독교(대안)학교에 대한 지원이 시급하다 하겠다.

II. 질문 및 제언

1. 기독교학교 간 설립 목적의 차별성

첫째, 임 교수는 서론에서 이 글이 한국교회가 설립한 기독교학교에 초점을 맞추며, 이는 "선교사 위주의 기독교학교 설립"이나 "민족의식에 직결된 기독교학교 설립"과 구별되는 학교 운동이라 서술했다. 그러나 본론에서, 교회가 설립한 이들 학교들이 설립 주체의 측면 외에 학교 설립의 목적이나 학교의 성격에서 다른 기독교학교들과 구별되는 특성이 있었는지 자세하게 기술하고 있지 않다. "교인 자녀들을 교육하기 위함"이라는 목적 외에 이들 학교들이 지니는 목적이나 성격에 차별성이 있었는지 궁금하다.

---

5) 1998년 시점으로 장로교회의 대표적인 교단인 예장 통합과 예장 합동의 교회 수는 각각 6,061개, 6,281개이다. 각 교단에 소속된 기독교학교 수는 97개, 7개에 불과하다 (김희자, "기독교학교의 본질과 목적" 제26차 총신대 기독교교육연구소 학술 세미나 자료집, 1998). 물론 교회와 기독교학교 수의 비율이 교회의 사회와 교육에 대한 관심도를 정확하게 반영한다고 말할 수는 없다. 그러나 현 한국 교회들의 대 사회적 관심의 취약함을 드러내는 지표 중 하나로 활용될 수 있으리라 생각된다.

2. 신앙과 학문의 통합 방식

둘째, 첫 번째 질문과 관련된 것으로 기독교학교의 교육 내용에 관한 것이다. 논문은 당시 기독교학교에서 이루어지는 교육이 "경건교육(성경, 기도)과 지식교육(영어, 산수 등의 신지식교육과 전통 한문교육)"을 병행한 교육이었다고 기술하고 있다. 신앙과 학문의 통합이라는 것, 달리 말하면 성경적 관점에서 지식을 교육한다는 것을 기독교학교의 본질적인 특성이라 할 때, 이들 기독교학교들은 어떤 방식의 특징들을 지니고 있었는가 하는 것이다. 물론 우리 나라에서 기독교적 통합 혹은 기독교 세계관의 주제를 본격적으로 논의한 지가 오래되지는 않았다는 점을 고려할 때 이러한 질문은 우문일 수 있다. 그러나 기독교교육에서 핵심적인 개념인 통합이나 세계관과 같은 것의 원인(遠因)을 서구 철학에 두기보다 그것을 가능케 한 성경에서 찾는다면 우리 나라의 초기 기독교학교에서도 이러한 면들의 실마리를 찾을 수 있지 않을까 생각해 본다.

3. 재정과 인력 운영 방식

셋째, 작은 소학교라 할지라도 교회가 학교를 설립 운영하는 데는 신앙적 열정 외에 어느 정도의 재정과 인력이 필요했을 것이다. 수적으로나 재정적으로 영세한 수준에 있던 한국교회가 어떻게 학교를 지속적으로 운영할 수 있었는지, 그리고 외국 선교사회에서 설립한 기독교학교 또는 나라에서 설립한 학교와 질적 수준의 차이가 있었는지에 대한 설명이 필요하다.

이와 관련, 개 교회가 설립한 학교의 운영에 대해 교단 차원에서 어떤 협조 체제가 있었는지 궁금하다. 본문에서는 장로교 독노회 산하에 학무국을 설치하고 학교들을 관리하는 임무를 맡겼다고 기술하고 있다. 또한 일제 강점기 때 총회 산하 기독교학교들의 유지를 위해 노력하였다고 한다. 교단이 이들 기독교학교들의 재정 지원, 교사 양성, 교육과정 편성 등에 어느 정도, 어떤 방식으로 지원 혹 관여를 하였는지 보다 구체적으로 밝혀주었으면 한다. 이는 기독교학교 운영의 중요한 한 주제인 학교, 설립 교회, 교단과의 건설적인 관계 정립을 위해 필요한 작업이라 할 수 있다.

4. 구체적 사료 보완 필요

넷째, 이 글은 1907년 평양 대각성운동의 영향으로 나타난 현상들을 기술하고, 대부흥운동으로 인해 많은 교회들이 기독교학교를 설립했다고 지적하고 있다. 그런데 대각성운동과 기독교학교 설립의 상관성에 대해 좀 더 구체적인 분석과 충분한 사료 제시가 필요하다. 이러한 연구는 영적 각성과 교육에 대한 헌신의 관계성을 보여주어 오늘날 교회들에게 기독교학교에 대한 관심을 불러일으킬 수 있는 중요한 작업이 될 것이다.

4부
기독교학교의 건학이념

7장 한국교회 초기 기독교학교의 건학이념 연구

조성국 교수
고신대학교 신학대학 기독교교육과(B.A.)
고신대학교 신학대학원(M.Div.)
고신대학교 대학원 기독교교육학과(M.A.)
남아공 Potchefstroom대학교 대학원 교육철학(Ph.D.)
현 고신대학교 기독교교육과 교수
고신대학교 부설 기독교교육연구소장

8장 기독교학교 비판, 사료 통한 대응 기대

최태연 교수
성균관대학교 교육학과
숭실대학교 대학원 철학과
독일 베를린자유대(FU Berlin) (Ph.D.)
숭실대학교 기독교학대학원 겸임교수 역임
현 백석대학교 기독교학부 교수, 기독교철학연구소장, 백석정신아카데미 기획실장
기독교윤리실천운동 이사
기독교학문연구소 부실행위원장
아시아청소년교정포럼 이사

7장 한국교회 초기 기독교학교의 건학이념 연구

조성국 교수 (고신대학교)

I. 민족교육에 대한 관심과 건학이념의 연구

우리나라 근대학교교육의 시작과 발전에 있어 기독교학교의 존재와 역할과 기여는 기독교학교에서 수학한 경험이 있는 사람들과 기독교인들 외에도 한국교육의 역사에 관심을 가진 사람들, 그리고 근대와 현대의 우리나라 학교교육에 참여해 온 사람들에게 일종의 상식이다. 지나간 역사에 거의 무관심한 사람들에게조차 기독교학교들은 사실상의 그리고 살아있는 역사적 기념비로서 지역사회의 생활 터전 안에 굳건히 자리 잡고 있다.

해방 이후 우리나라 교육사 및 교육철학 연구에 있어서 초기 기독교학교의 무대였던 개화기 근대교육에 대한 연구는 일제시대 교육연구에 비하여 거의 두 배에 달한다. 민족주의적 관점에서 볼 때 결코 그 정통성을 인정할 수 없는 일제시대 관립교육에 비하여 교육연구자들에게 더 호감을 얻었기 때문이다. 그리고 개화기 교육연구에서 근대교육의 성립과 성격, 학교, 교육 근대화와 종교의 역할, 계몽운동, 여성교육, 민족교육 등 기독교학교가 논의될 수밖에 없는 주제들이 전체 연구의 거의 압도적인 비중을 차지한다.[1] 그 이후의 일제시대 교육에 대한 연구에 있어서도 민족교육운동은 가장 중요한 연구주제가 되어왔다. 그 민족교육운동이 일제의 관립학교가 아닌 사립학교들을 통해 주도되었다고 할 때, 가장 영향력 있었던 사립학교 교육집단이었던 기독교학교는 직접 간접으로 이 시기 교육 연구의 주요 대상이 될 수밖에 없었다.

한국근대교육사 연구의 주요한 동인이 되었던 민족교육에 대한 관심은 자연스럽게 근대학교의 건학 내지 교육이념에 대한 연구와 맞닿아 있었다. 따라서 민족주의적 관점에서 근대사립학교의 교육이념을 연구한 대표적 연구자인 손인수[2] 외에도 여러 연구자들이 초기 기독교학교의 건학 및 교육이념에 대하여 연구해 왔고, 또 건학 및 교육이념에서부터 학교교육의 다른 연구주제들을 탐구해왔다. 비록 이러한 연구에서 주된 관심이 건학 및 교육이념의 민족주의적 특성에 기울어 선교의 이념이 소홀하게 취급되기는 했으나 그것은 한국교육연구의 영역에서 이루어진 일반교육연구의 특성으로 이해할 만하다.

소홀하게 취급된 선교적 특성의 빈자리는 한국교회사 연구가들의 연구로 보완되어 왔다. 비록 교회사 연구가들의 주된 관심이 학교가 아니라 교회에 있어 교육연구가들의 관점에서 볼 때 만족할 만큼 체계적으로 이 문제를 다룬 것은 아니라고 해도 기독교학교 건학이념의 요점은 다루어져 왔다. 그리고 한국사회의 역사의식 발전과 맞물려 더욱 활발해진 기독교학교들의 학교역사자료집 내지 역사책 간행사업은 기독교학교의 건학이념에 대한 균형 잡힌 연구와 이해를 더욱 용이하게 해 주고 있다.

---

1) 오인탁 외, 『한국현대교육철학과 교육사학의 전개: 1945년부터 2000년까지』 (서울: 학지사, 2001), p. 60, 62의 표 참조. 오인탁의 분석에 따르면 2000년까지 개화기교육에 대한 연구의 논문 편수는 468편이지만 일제시대의 교육연구 논문은 235편이었다. 그리고 개화기 교육연구 468편의 7개 분류주제 중 동학을 제외하고는 6개 분류 주제가 모두 직접 간접으로 기독교학교와 관련될 수밖에 없는 주제들이다(근대교육의 성립과 성격, 학교, 교육근대화와 종교의 역할, 계몽운동, 여성교육, 민족교육). 이렇게 볼 때 우리나라 근대교육에 있어 기독교학교의 존재와 의의라는 것은 지대한 것 이상이었다.
2) 손인수는 박사학위 논문뿐만 아니라 이와 관련된 몇 편의 논문을 발표하였다. 그의 박사논문은 다음과 같다: 손인수, 「한국근대학교의 건학정신과 교육구국운동에 관한 연구」, 미간행박사학위논문, (세종대학교 대학원, 1984).

역사의 문제이해와 그에 반영된 이념에 대한 연구는 많은 경우 현재의 상황과 요구에 맞닿아 있다. 특히 역사적 사건의 해석과 그 사건에서 의도된 이념에 대한 연구라면 대부분 현재의 요청에서 이루어지는 과거에 대한 연구라고 할 수 있다. 초기 기독교학교의 건학이념에 대한 새로운 연구의 필요성도 이러한 상황적 요구에 기인한다고 할 수 있다.

지난 20여 년간 우리사회는 민족주의에 대한 새로운 해석과 운동 양상을 보여주었다. 이러한 새로운 해석과 운동은 이따금씩 기독교학교에 대한 평가절하와 비판으로 발전하였고, 최근에는 학교 내 예배와 종교수업문제, 그리고 사립학교법 개정문제 등에서 표출된 부정적인 사회적 분위기에 힘입어 기독교학교의 건학이념 및 역사적 기반에 대한 제도적 도전으로 발전하는 것은 아닌지 염려될 수준에 이르렀다. 또한 기독교공동체가 과도한 입시 열풍과 획일적 공교육이 초래한 부작용을 극복해 보려는 대안적 노력으로 대안학교들을 설립하면서, 자연스럽게 기독교학교의 건학 및 교육이념에 대한 연구가 요청되고 있다. 이러한 상황적 필요성은 우리나라 초기 기독교학교의 건학이념에 대한 새로운 연구를 통하여 더욱 전문적인 논의로 발전할 수 있다고 본다.

따라서 이 글은 이러한 연구사적, 그리고 상황적 맥락에서 초기 기독교학교의 건학이념을 분석할 것이다. 연구의 방법은 역사적 방법에 기초하지만 역사학의 희귀한 원 사료 처리방법보다는 연구문제인 초기 기독교학교 건학이념에 대한 직접 혹은 간접적인 주요 자료들을 통한 역사, 철학적 분석을 시도할 것이다. 연구의 시간적 범위는 초기 기독교학교의 건학이념 연구에 제한하기 위해 편의상 1885년부터 1910년까지로 한다. 1910년 한일합방 이후 일본은 노골적으로 학교교육을 종교적 성격의 군국주의 이데올로기 형성을 위한 도구로 삼았고, 그 교육정책 하에서 기독교학교들은 지속적으로 생존을 위한 타협과 왜곡을 강요받았기 때문이다.

II. 건학이념의 배경 분석

학교는 새로운 세대에게 축적된 지식과 기술을 전달할 뿐 아니라 한정된 기간 안에 효율적인 방법으로 그 사회가 요구하는 이상적 인간을 의도적으로 형성하는 전문기관이다. 따라서 학교는 필연적으로 세계와 삶에 대한 그 사회공동체의 해석, 그리고 그 사회가 꿈꾸는 비전 등을 포함하는 '공동의 세계관'을 형성하는 도구이다. 우리나라 초기 기독교학교의 설립동기와 건학이념도 비록 당시 한국사회에서 새로운 것이었다고 해도 그것은 당시대 조선사회의 세계관과의 관계 안에서 만들어진 것이므로 그 배경을 검토해야 한다.

기독교학교 건학이념의 설정과 발전, 그리고 구체화의 과정에서 당시 조선 사회는 조선사회의 성리학적 유학의 세계관이 직면한 한계, 서구로부터 유입된 근대적 세계관을 향한 극히 조심스러운 세계관 개방, 그리고 곧 이어진 일본의 근대 군국주의적 이데올로기에 대항하는 새로운 민족주의 세계관으로 이행되는 과정 등이 혼재해 있었다. 기독교 세계관은 조선사회의 세계관이 혼란스럽게 변화해가는 과정에 선교사와 한국인 기독교인들의 선교활동을 통하여 조선사회에 뿌리를 내렸다. 기독교학교는 기독교 세계관을 체계적으로 형성하는 교육기관이었다. 기독교학교와 당시 조선 사회 세계관과의 관계성을 정리하면 다음과 같다.

첫째, 19세기 말 조선이 취했던 전통적 세계관의 폐쇄적 특성이 기독교학교의 설립동기가 되었다. 이미 임진왜란과 천주교를 통하여 부정적인 방식으로 서구 세계관을 경험했던 조선사회는 위협적인 서구 세계관에 대하여 강한 방어적 태도를 취하며 쇄국 정책을 고수하였다. 그럼에도 불구하고 전통의 성리학적 세계관은 서구의 근대 세계관을 직면한 이후 이미 실재 해석에 한계를 드러냈으며, 그 동안 누려왔던 절대적 권위는 점점 약화되기 시작했다. 지적 엘리트 계층에서 나온 실학사상과 농민계층의 사회적 운동인 동학사상, 그리고 조선말기 성리학으로 무장된 엘리트들의 무능과 부패 등은 당시 조선사회의 주도적 세계관이었던 성리학적 유학의 세계관이 지닌 한계를 보여주는 현상들이었다. 그럼에도 불구하고 세계관의 변화는 급격하게 이루어지지 않기 때문에 오랫동안 방어적이고 폐쇄적인 태도로 표현되었다. 국왕의 진보적 발상도 보수적인 대신들의 집단적 반대에 막혀 실현되지 못하였다.[3]

  선교활동으로 초래될 세계관 갈등과 그에 따르는 사회적 혼란을 두려워한 조정과 양반계층 그리고 사회전반의 방어적 태도로 인하여 한동안 선교의 자유를 인정받지 못했던 선교사들은 의료와 교육활동을 통한 선교의 방법을 선택할 수밖에 없었다. 초기 기독교학교도 많은 경우 전통적 교육기관인 서당과 같이 소규모 형태로 시작되었고, 한국인 교사들을 통하여 전통적인 교육을 병행하였으며, 학교생활에 있어서 전통적인 예법과 방식을 따랐다. 이처럼 교육선교가 대단히 조심스러운 방법으로 이루어졌음에도 불구하고 한동안 지원하는 학생들은 많지 않았다.

  둘째, 조선사회는 근대적 문명으로 무장한 구미 강대국들과 일본의 도전 앞에서 폐쇄적인 태도만을 견지할 수 없었다. 우선적으로 외교적인 문제에 효율적으로 대처할 관리들이 필요했고, 비록 너무 조심스럽게 진행되기는 하였으나 새로운 변화에 대처할 수 있는 인재양성을 위한 근대교육은 불가피한 일이었다. 따라서 전통적 세계관을 대체할 정도는 아니더라도 전통적 세계관을 개방하여 근대적 세계관을 수용할 수밖에 없는 단계로 발전하였다. 그 진행은 외국어통역관리 양성교육의 소극적인 단계에서, 과거제도를 폐지하고 근대적 교육법규를 공포(1895년)하는 단계에까지 나아갔다. 그러나 청일전쟁 이후 조선사회는 더 이상의 유보적 태도에서 벗어나 근대교육을 적극적으로 수용하려는 단계로 발전하였다.

---

3) 이만열, 『한국기독교문화운동사』 (서울: 대한기독교출판사, 1987), p. 182.

이 과정에서 선교사들은 관리양성의 외국어교육에서 출발하여 학당을 개설하였고, 학당은 조정에 의해 공인받는 수준까지 발전하였다. 전도의 자유가 용인되면서 교육을 통한 선교는 더욱 활발해졌다. 고아원을 병행한 소규모 교육기관으로서 중·하층 출신이 다수였던 단계를 넘어, 청일전쟁 이후에는 학생의 수가 급증하였고, 점차 상류계층의 자제들도 지원하는 학교로 발전하였다. 복음과 더불어 자국의 자원으로 조선인들을 기꺼이 돕고자 한 희생적 동기를 가졌던 선교사들이 설립하거나 협력한 기독교학교들은 근대교육의 정통성 있는 주체였다. 당시 근대학교를 제대로 운영할 수 있는 능력도 전문성도 갖지 못했던 조선사회에, 세속적인 관점이 아니라 기독교적 관점으로 근대적 세계관을 재해석하여 전달한 것이다. 초기 기독교학교의 건학이념은 이 단계에서 표면화되었다.

셋째, 근대교육을 통해 적극적으로 근대적 세계관을 형성하려 했던 조선사회는 일본제국주의의 주도면밀한 작업에 따라 결국 군국주의 이데올로기를 형성하는 타락한 근대교육으로 나아갔다. 일본은 조선의 국가근대교육을 지도한다는 명분으로 1904년 "한일외국인고문빙용에 관한 협정"에 따라 학정참여관을 파견하였고, 1906년 통감부를 설치한 후 교육제도와 행정을 실질적으로 지도하였으며, 1908년 사립학교령을 제정하여 사립학교들조차 통제하기 시작하였고, 한일합방 직후 1911년에는 조선교육령을 통해 노골적으로 조선의 관립근대교육을 일본군국주의 이데올로기 형성의 도구로 삼았으며, 1915년 개정사립학교규칙을 통하여 기독교학교조차 그 국가이념 형성 교육에 제한하려 하였다. 결국 국가주의 이데올로기를 형성하려는 목적으로 서양에서 제도화된 근대학교교육이 우리나라에서는 일본에 의해 식민사회에 군국주의 이데올로기를 강요하는, 가장 타락한 방식으로 전개되었다.

이 과정에서 기독교학교들은 학당의 단계를 넘어 교사와 시설과 학생의 외적 조건, 그리고 교육과정까지 제대로 갖춘 학교로 발전하였다. 기독교적 건학 및 교육이념이 교육활동을 통하여 얼마동안 효과 있게 실현되었다. 동시에 건학이념에 명백하게 명시되지는 않았지만, 잠재적인 교육과정과 한국인 교사들의 수업을 통하여 저항적 민족주의가 형성되었다. 학교교육에 있어 일본제국주의의 장악이 현실화되면서 기독교학교들은 건학 및 교육이념의 유지를 위해 고심하였고, 점차 타협하거나 아니면 인가받은 학교의 지위를 유보하거나 거부하는 저항의 길을 선택하게 되었다. 그 과정에서 기독교학교의 한국인교사들과 학생들의 민족주의 의식은 더욱 강해졌으며, 이에 대한 선교사들의 지지도 커졌다.

III. 학교별 건학이념 탐구

우리나라 초기 기독교학교는 이미 존재하는 기독교공동체가 오랜 기간 연구 검토하고 논의한 후 만든 계획서대로 설립한 것이 아니다. 기독교 공동체가 존재하기 이전부터 효율적인 선교 차원으로 시작된 것이어서 학교의 건학이념과 교육이념은 학교의 발전과정에서 점차 명료화되고 체계화되었다. 따라서 일정 규모의 학교 형태로 발전하기 이전에는 설립과 운영에 관여한 선교사의 편지에 반영된 - 생각과 비전, 학교의 이름, 그리고 학당의 표어, 학교의 교육활동 - 설립이념이 반영되었다. 그리고 선교사들의 회의에서 결정된 교육정책은 초기 기독교학교들의 건학이념에 방향성을 부여하였고 어느 정도 공통성을 갖게 만들었다.

1885년부터 1909년까지 설립된 39개의 기독교계 사립학교의 일람표에 정리된 장로교와 감리교에 속한 37개 학교들에 대해[4] 추적해 보았다. 1973년 정리된 바 있는 대한기독교교육협회 자료집에 소개된 17개 학교의 역사

---
4) 손인수, 『한국근대교육사 1885-1945』 (서울: 연세대학교 출판부, 1984), pp. 24-25.
5) 대한기독교교육협회, 『한국기독교육사』 (서울: 대한기독교교육협회, 1973), pp. 271-367. 17개의 학교를 자료집의 순서에 따라 표기하면, 경신, 계성, 광성, 매향, 배재, 배화, 보성, 성명, 수피아, 숭실, 숭의, 신흥, 영화, 이화, 정명, 정신, 호수돈이다.

및 현황과[5] 2006년 8월 현재 그 학교들의 홈페이지에 공개된 역사 및 건학이념 자료를 참고하였다. 그 결과, 이미 잘 알려져 있는 대표적인 학교들과 그 외 몇몇 학교들을 제외하고는 1910년 이전에 잘 정리된 건학 혹은 교육이념의 내용을 확인하기 어려웠다. 따라서 초기 기독교학교의 건학이념은 결국 배재와 이화처럼 이미 많이 연구된 기존의 문헌자료와 논문들, 경신과 정신과 숭실의 경우처럼 충실하게 만들어진 학교의 역사서, 그리고 교회사의 연구서에 반영된 일반적인 자료들과 그 외 몇몇 학교들의 역사자료집을 통하여 그 일반적 특성을 추적할 수밖에 없다.

학교교육선교에 상당한 관심을 기울였던 감리교의 경우 초기 기독교학교들의 건학 및 교육 이념은 대표적인 학교인 배재학당(1885년)과 이화학당(1886년)의 사례로 정리될 수 있다. 아펜젤러는 1885년 가을 미국 대리공사 포크를 통해 영어학교를 설립할 의향을 국왕에게 전달하여 허락받은 후, 1886년 공식적으로 학당을 열고 관직을 열망하는 학생들을 모아 가르치기 시작했다. 1887년에는 국왕으로부터 배재학당의 이름과 사액 현판을 하사받았다. 국왕의 학당명 하사는 아펜젤러의 표현처럼 배재학당에 대한 '공립학교'와 같은 수준의 인준을 뜻했다.[6] 배재(培材)학당이라는 이름에는 국가의 유용한 인재를 양성(Hall for Rearing Useful Men)하기를 기대하는 조선의 국가적 건학이념이 반영되어 있었고 아펜젤러는 그 기대를 정확하게 이해하고 있었다.[7] 그리고 배재학당 졸업생들은 상당수가 관직에 등용되었다.

그러나 아펜젤러의 건학 및 교육이념은 관직을 위해 영어를 공부하려는 학생들의 기대보다 더 포괄적이었다. 그의 건학이념은 학생들이 복음을 수용하여 그리스도인이 되게 하는 것과, 더 나아가 기독교적 교양교육을 통해 타인을 섬기는 지도자를 양성하는 데 있었다. 그는 "갈보리에서 돌아가신 주의 피로써 구원받지 않고는" 유용한 인재가 양육될 수 없다고 확신하고

---

6) 김기석, 류방란, 『한국 근대교육의 태동』(서울: 교육과학사, 1999), p. 94.
7) 이만열, 앞의 책, p. 211.

영적인 힘이 넘치는 학교를 만들고 싶어 했다.[8] 그가 한국인 교사 조성규의 번역도움으로 마태복음 20장 26-28절을 기초하여 만든, "크고자 하거든 남을 섬기라(欲爲大者 當爲人役)"는 학당훈은 배재교육의 목표와 이상이 되었다.[9] 이러한 표현들은 교회와 국가를 위한 기독교적 인재양성에 해당하는 배재의 건학이념을 잘 반영하고 있다.

스크랜턴도 1886년 기숙학교를 만든 후 국가의 공인을 얻기 위해 외교적 교섭을 시도하였고, 1887년 국왕으로부터 이화학당이라는 명칭과 사액현판을 하사받았다. 이화의 명칭의 기원이 분명하지는 않지만 배꽃이 한국 여성에 대한 부드럽고 시적인 표현이었으므로 "배꽃처럼 희어서 맑고 깨끗하라"는 고종황제의 뜻이 반영되어 있다고 본다.[10] 여성교육에 대한 기대를 예상하기 어려운 당시의 세계관을 이해할 때 학교의 명칭보다 더 중요한 것은 학교에 대한 왕실의 공적인 인정이었다.

스크랜턴이 가졌던 건학이념은, 비록 이화학당의 명칭에 반영된 조선 사회의 세계관을 그 명칭과 더불어 수용했지만, 그녀가 선교적 함의를 가진 전신(專信)학당(Entire Trust School)이라는 이름을 더 원하였다는 기록에 반영되어 있다.[11] 길모어의 언급처럼 이화학당의 목적은 모범적인 주부를 만들어 친척과 친구들에게 십자가를 증거하는 선교사를 만들려는 데 있었다. 그와 동시에 교육의 이념은-스크랜턴의 편지에 표현된 것처럼-여학생들을 서양인들의 생활과 문화양식에 맞추는 것이 아니라 그리스도와 그 분의 가르침을 통하여 더 나은 한국인으로 만들어 한국이 한국적인 것에 더욱 긍지를 가지며 완전한 한국을 만드는 데 있었다.[12] 이러한 특성은 스크랜턴 이후의

---

8) 위의 책, p. 213.
9) 배재중학교 홈페이지 자료(배재 100년사, www.pcms.ms.kr) 2006년 8월 24일.
10) 이화여자대학교 홈페이지 자료(이화연혁, 역사, 상징, www.ewha.ac.kr) 2006년 8월 24일; 이화여자고등학교 홈페이지 자료(이화 백년사, 교훈, 교가, 교화, www.ewha.hs.kr) 2006년 8월 24일.
11) 김기석, 류방란, 앞의 책, p. 104.
12) Lak-Geoon George Paik, *The history of Protestant missions in Korea 1832-1910* (Seoul: Yonsei University Press, 1980), p. 128.

학당장이었던 로드와일러에 의해서도 확인되었다. 그녀는 "우리는 보다 나은 한국 사람을 만들려는 것이요 외국인을 만들려는 것이 아니다."라고 말했다.[13] 이처럼 초기 이화학당의 건학이념은 선교사들의 글을 통하여 선교와 이상적인 한국 기독교인 여성 양성으로 표현되었다.

장로교계 초기 기독교학교들의 경우는 장로교 선교부의 선교 및 교육정책, 경신학교(1886년)와 정신여학교(1887년), 그리고 숭실학교(1897년)의 사례들을 통해 정리될 수 있다. 언더우드는 1886년 고아원학교 설립을 허락받으려고 미국공사관을 통해 서류를 제출하였고, 어렵지 않게 국왕의 윤허를 받았다. 국왕과 조정은 고아를 구제하고 학교를 통하여 한문과 국문과 기술을 가르쳐 나라의 인재가 되게 하겠다는 언더우드의 의향을 세상의 으뜸가는 선정이라고 칭찬하였다.[14] 고아원학교에 대한 조정의 이해는 당시 엘리트계급 중심의 세계관에 비추어볼 때 자선적 행동 이상의 특별한 의미를 갖지는 못했다.

이 학교의 이름은 상당기간 동안 확정되지 않고 고아원, 주간학교, 남학교, 예수교학당, 서울학당, 구세학당, 언더우드학당, 정동학당, 민로아학당 등으로 칭해지다가 선교정책의 이유와 만족스럽지 못한 운영 등으로 1897년 폐당되었다. 그러나 근대교육에 대한 한국사회의 요구가 더욱 커지면서 선교부는 교육선교의 필요성을 다시 절감하게 되었고, 1901년 게일이 이 학교를 재설립한 후 예수교중학교로 칭하다가 1905년 한국인교사들과 함께 협의하여 학교의 이름을 경신(儆新)학교로 확정하였다.[15] '새로운 것을 깨우친다'는 의미의 학교이름에 반영된 '새로운 것'은 기독교신앙과 근대지식을 포괄하는 것이었다. 1905년 교표에는 십자가와 태극기가, 그리고 1910년 이후에는 태극모양을 대신한 불빛(성령)의 등잔이 학교의 건학이념을 상징적으로 표현하였다.

---

13) 김선영, "설립초창기 한일기독교계 여학교의 교육 모티브에 관한 비교연구", 기독교교육논총6, 2000, pp. 207-208.
14) 경신사편찬위원회, 『경신사』(서울: 경신중고등학교, 1991), p. 122.
15) 위의 책, pp. 210-211.

언더우드는 처음부터 선교의 목적으로 고아원학교를 구상했으므로 성경과 기독교 신앙교육은 줄곧 이 학교의 주요한 교육내용이었다. 따라서 교육의 일차적 목표는 "자기 동족들에게 진리를 간증하게 할 전도사와 교사"의 양성이었다.[16] 학교가 자리를 잡아가면서 교육목표는 "소년들을 유위(有爲)한 그리스도인으로 만들기 위한" 것으로 더욱 확대되었다.[17] 따라서 건학 및 교육이념은 선교에서 출발하여 기독교적 인재의 양성으로, 점진적으로 구체화되고 확대되었다.

정신여학교는 1887년 엘러스가 고아 여자아이들을 자신의 숙소에서 양육하며 글을 가르친 데서 시작되어 발전하였다. 이 학교는 정동여학당(1887-1894년)으로, 그리고 연동여학교(1895-1902년)로 칭해지다가, 1909년 학교의 이름을 정신(貞信)여학교로 확정하여 구한국정부의 사립학교령에 따라 인가를 받았다. 학교이름에 의도적으로 반영하고 싶어 했던 건학 및 교육의 이념은 "굳은(곧은) 신앙과 절개를 가진 여성 양성"이었다.[18]

•엘러스가 내세운 학당의 교육목표는 '하나님을 믿자', '바르게 살자', '이웃을 사랑하자'는 교훈에 명료하게 표현되었다.[19] 그 교훈은 선교교육에 근거한 성경적 인간상을 잘 보여주고 있다. 이 학교도 서양식 교육을 통해 미국여성을 양성하려는 것이 아니라 조선인의 가정에 맞는, 교양 있는 기독교인 여성을 양성하려 하였으므로 영어를 가르치지 않고 성경과 한문, 한글과 가사와 예절을 가르쳤다.[20]

숭실학당은 1987년 베어드가 기독교인의 자녀들을 위해 사랑방학교를 개설한 데서 출발하여 중등교육반으로 발전하였다. 학교의 형태가 확립되기 전까지 평양학교, 그리고 예수교학당으로 칭해지다가 1901년 베어드는 한

---

16) 위의 책, pp. 152-153.
17) 위의 책, p. 164.
18) 정신100년사출판위원회, 『정신백년사』(서울: 정신여자중고등학교, 1989), pp. 219-220.
19) 위의 책, p. 112, 120.
20) 위의 책, p. 114, 120.

국인교사 박자중과 함께 건학의 이념이 함축된 학교의 이름을 숭실(崇實)로 확정하였다. 진리 혹은 진실을 숭상한다는 이 명칭을 The Venerate Truth School[21]로 영역한 베어드의 의도는 곧 숭상할만한 진리의 학교 혹은 진리를 숭상하는 학교였다.

베어드가 입안한 장로교 선교부의 교육방침에 근거할 때 숭실학교의 설립목적은 (1) 유용한 지식을 다양하게 교수하여 학생들이 실생활의 여러 부분에서 책임 있는 일꾼이 되도록 하는 것, (2) 학생들에게 종교적이고 정신적인 영향력을 함양시키는 것, (3) 자국민들에게 적극적인 포교활동을 할 수 있는 교회 육성과 교회의 지도자의 양성이었다.[22] 베어드는 교육의 결과 졸업생들이 어떤 직업을 갖게 되든지 복음을 전달하는 능동적인 전도자가 되게 해야 한다고 강조하였다.[23] 그리고 교시와 같은 이념이 된 경천애인(敬天愛人) 사상은 진리의 추구와 사랑의 실천이라는 선언으로 압축, 정리되어 숭실의 건학이념을 드러내는 표현이 되었다.[24] 곧 진리의 교육을 통해 하나님을 사랑하고 사람을 사랑하는 일에 역량을 갖춘 지도적 인물을 양성하려는 것이 교육의 목적이었다.

IV. 초기 기독교학교 건학이념의 특징: 선교와 양육

초기 기독교학교들의 건학이념은 전통적 세계관의 붕괴조짐과 근대적 세계관의 유입과정에서 기독교 세계관을 함양함으로써 조선인의 세계관을 바르게 세워가려는 의도를 담고 있었다. 이러한 시도는 또 다른 왜곡을 강요하는 일본의 군국주의 이데올로기에 직면해서도 마찬가지였다. 앞 장에서

---

21) 숭실100년사편찬위원회, 『숭실100년사』 (서울: 숭실중고등학교, 1998), p. 59.
22) 위의 책, p. 51, 54, 60.
23) 위의 책, pp. 51-52.
24) 위의 책, pp. 60-61.

간단하게 정리된 초기 기독교학교 건학이념을 그 배경과 실제 교육활동 및 결과의 맥락에서 정리할 때 다음과 같은 주요한 특성들로 정리될 수 있다.

첫째, 초기 기독교학교의 건학이념은 선교의 기회를 얻는 데 있었다. 직접 선교가 허락되지 않았던 상황에서, 그리고 아직 전통적 세계관이 견고한 벽을 치고 외부의 세계관에 대하여 경계심을 풀지 않고 있는 상태에서 복음을 수용하고 더 나아가 기독교 세계관을 통해 기존의 세계관을 대체하는 일은 조선인의 절박한 필요를 채워주는 것, 혹은 약자에 대한 사랑의 배려, 긴 시간의 지속적 접촉과 교육 형식을 필연적으로 요청하였다. 배움에 대한 열망을 가진 조선인들에게 학당은 적절한 접촉점이었다.

선교사에 의해 설립된 기독교학교는 중·상류계층에게는 외국어와 근대 문화에 대한 교육의 필요를 채워줄 수 있었고 하류계층에게는 돌봄과 교육 기회를 제공하는 것이었으므로 학교교육은 덜 방어적인 상태에서 복음과 기독교 세계관을 가르칠 수 있는 기회와 시간을 보장해주었다. 당시 여성과 여자 아이들을 접촉하는 일은 더욱 어려운 일이었으므로 여자 선교사의 기숙시설을 통해 그들을 보호하고 교육할 수 있었던 학교는 가장 효과적인 전도의 방법이었다. 따라서 선교사들은 지방을 순회하면서 종종 사랑방학교를 만들어 학생을 모집하였다. 그리고 많은 여자학교는 고아원 형태의 기숙학교로부터 출발하였다.[25] 물론 고아나 사회적 약자에 대한 구제를 선교의 수단으로 삼았다는 말이 부정적으로 해석되어서는 안 된다. 왜냐하면 선교란 전인적 차원의 구제와 회복에 해당하기 때문이다. 선교와 교육은 정영희의 표현처럼 "정신적 구제"였다.[26] 초기 기독교학교는 종종 예수교학당이라는 명칭을 가졌던 것처럼 기독교 신앙을 충분히 접촉할 수 있는 장소였다. 초기 기독교학교의 건학 동기는 선교적 출발점을 갖는다.

둘째, 초기 기독교학교의 건학이념은 선교적 접촉의 단계에서 한 걸음 더

---

25) 이화와 정신뿐만 아니라 부산의 일신여학교도 마찬가지이다.
26) 정영희, 『개화기 종교계의 교육운동 연구』(서울: 혜안, 1999), p. 152.

나아가 자국민들을 위한 전도자 양성에 맞추어져 있었다. 아펜젤러는 배재학당을 통하여 "크리스천 사역자들을 훈련시켜서 지방의 전임교역자로 만드는 보다 숭고한 사업"을 시도하려는 생각을 감추지 않았다.[27] 이화학당의 경우도 "친척과 친구들에게 십자가의 도를 전파하는 사람이 되게 하는 데" 교육의 목적을 두었다.[28] 특히 장로교계 초기 기독교학교의 주된 목적은 선교에 있었다. 과도한 선교지향성 때문에 학교교육에 대한 관심이 소홀하기도 하였으나 초기 기독교학교의 주된 건학이념은 복음전도자 양성에 있었다.[29] 구체적으로 경신학교의 설립목적은 자국민들에게 진리를 전파해야 하는 설교자와 교사의 양성이었다.[30] 숭실학교를 설립한 베어드는 장로교 선교부의 교육정책을 입안하여 제안하면서, 이상적인 선교학교의 교사는 무엇보다도 우선적으로 복음 전도자를 만들 수 있는 사람이어야 한다고 강조하였다.[31] 부산 일신여학교의 경우 멘지스는 고아들을 한국인을 위한 선교사를 만들 목적으로 어린 나이 때부터 교육시키기 위해 고아원으로부터 주간학교를 시작하였다.[32]

셋째, 초기 기독교학교의 건학이념은 기독교 공동체의 자녀들을 위한 기독교 세계관 교육을 전제하고 목표하였다. 그리스도인들의 수가 많아지면 기독교 공동체가 형성되고, 그 기독교 공동체는 기독교 세계관에 일치하는 교육과, 그리고 그 세계관을 적극적으로 형성하는 기독교학교를 요청하게 된다. 따라서 참된 기독교학교교육은 기독교 공동체에서 출발하며 기독교 세계관 형성을 목표한다. 베어드는 "불신자의 교육은 우리의 사명이 아니다. 그러한 사람들에게 우리는 그리스도를 선포해야 한다. 신자들과 그들의 자

---

27) 이만열, 앞의 책, p. 216.
28) Lak-Geoon George Paik, 앞의 책, p. 127.
29) Harry A. Rhodes ed., *History of the Korea mission: Presbyterian Church USA*, Vol.1. 1884-1934, (Seoul: The Presbyterian Church in Korea, Department of Education, 1984), p. 264.
30) 위의 책, p. 111.
31) 숭실100년사편찬위원회, 앞의 책, p. 52.
32) 동래학원100년사편찬위원회, 『동래학원100년사』 (서울: 학교법인동래학원, 1995), p. 28.

녀를 우리는 봉사를 위해 교육해야만 한다. … 우리에게 직면해 있는 가장 중요한 교육문제는 교육사업이 세속화되지 않도록 하는 일"이라고 말했다.[33]

장로교 선교부는 처음부터 교육사업의 기초를 불신자가 아니라 신자의 자녀, 곧 교회의 자녀들을 기독교 지도자들로 양육하는 데 두었다. 그래서 종종 반복된 슬로건은 "이방인에게 복음을 전하라 그리고 그리스도인들을 교육하라"였다.[34] 따라서 신자들의 수가 충분히 많아져 교육사업의 요구가 많아질 때까지 장로교의 기독교학교는 활성화되지 못했다. 그리고 선교부의 정책도 교육보다는 전도에 우선순위를 두었다. 1897년 내한한 미국선교본부 총무 스피어는 전도사업이 더 시급하고, 한국 기독교인들의 고등교육에 대한 요구가 적으며, 그 동안 학당이 만족스럽게 운영되지 않았고, 교육사업에 몰두할 인적 자원이 없다는 이유로 기존의 민로아학당(경신학교)조차 폐당하였다.[35] 그러나 교회의 성장으로 교인들의 수가 늘어나면서 신자의 자녀들을 위한 기독교학교의 요구가 많아지자 전국적으로 기독교초등학교 및 학생수가 급증하였고, 또 중등교육에 대한 요구가 많아지면서 중등학교 설립도 활성화되었다.

선교사 공의회는 1893년 네비우스 선교정책으로 초등학교 설립의 선교방법을 결정하였고, 1897년에는 지역 교구의 초등학교 설립을 적극적으로 추진할 계획을 세웠다.[36] 그 결과 1904년 이후 전국적으로 장로교 초등학교의 수가 100개를 넘어섰고, 1910-1911년에는 544개의 초등학교, 그리고 15개의 중학교가 운영되었다.[37] 초등학교의 경우는 대부분 지역교회가 직접 설

---

33) Harry A. Rhodes, 앞의 책, p. 265.
34) George Thompson Brown, *Mission to Korea*, (Seoul: The Presbyterian Church in Korea, Department of Education, 1984), p. 66.
35) 경신사편찬위원회, 앞의 책, pp. 185-186.
36) 숭실100년사편찬위원회, 앞의 책, p. 28(네비우스 원리 3항: 기독교교육은 지방도시에서 초등 정도의 학교를 경영함으로써 큰 효과를 거둘 수 있다), 52(선교교육정책을 위해 베어드가 제안한 구체적인 실천 방안: 각 지역 교구에서 초등학교를 발전시킨다.)
37) Harry A. Rhodes, 앞의 책, pp. 550-551 교육통계표.

립하여 재정을 지원하였으며, 한국 기독교인 교사들이 주체적으로 그 공동체의 학생들을 가르쳤다.

초기 기독교학교의 교육과정에서는 전통적인 문헌들 중 비기독교적 성격의 문헌들이 의도적으로 배제되었다. 성경교육뿐 아니라 기독교학교에서 개발한 과목교육 내용, 그리고 기독교인만으로 이루어진 교사들을 통하여 그 내용을 가르칠 때, 비록 단순하고 소박한 수준이었을지라도 기독교학교는 전통적 세계관의 한계와 세속적인 근대 서구 세계관의 약점을 극복하면서 적극적으로 기독교 세계관을 형성할 수 있었다.

넷째, 초기 기독교학교의 건학 및 교육이념에 반영된 교육적 인간상은 기독교적 가치와 덕목을 소유한 인간이었다. 주로 성경말씀으로부터 직접 추출된 교훈과, 성경적 정신을 반영하는 학교의 이름들은 이러한 기독교적 가치와 덕목을 잘 드러내고 있다. 그 주요한 측면은 먼저 하나님과의 관계에서는 하나님을 섬기는 사람, 진리를 숭상하는 사람, 곧은 신앙을 가진 사람, 온전한 신앙을 가진 사람, 진리를 깨닫는 사람, 큰 믿음을 가진 사람, 믿음의 군사 등으로 표현되었다. 복음의 진리를 깨닫고 하나님을 경외하는 사람이 교육적 인간상의 기초이면서 가장 중요한 목표였다.

인간사회의 관계에서 교육적 인간상의 특성은 다른 사람을 섬기는 사람, 다른 사람을 사랑하는 사람, 사랑을 실천하는 사람, 정의로운 사람, 진실을 추구하는 사람, 진리를 전하는 사람, 빛을 비추는 사람, 바른 길로 나아가는 사람, 성실한 사람, 사회에 유익한 사람 등을 뜻하였다. 그 전체적인 의미는 성경적 가르침에 따라 다른 사람을 사랑하고 섬기면서 정의를 추구하는 사람이었다.

그리고 학교의 명칭과 교훈에 표명되지는 않았지만 선교사들의 선교정책과 학교경영에서 명확하게 표현된 덕목인 "스스로 일하여 자립하는 인간" 역시 주요한 덕목이었다. 이미 선교사 공의회는 네비우스 선교정책을 통하여 교육을 포함하는 전체 선교의 방향으로 "선교사의 도움을 받는 사람의 수효를 될수록 곧 줄이고, 자급하여 세상에 공헌하는 개인을 늘려야 한다."[38] 는 원칙을 세워 자립적인 인간상을 지향하였다. 이 원칙에 따라 초기 기독교학교에서는 실업교육을 강조하였고, 학생들이 부분적이었을지라도 수업료를 내게 하거나 교내에서 일함으로써 학비를 납부하게 하였다.[39] 교육받은 계층이 노동을 멸시하였던 전통적 세계관과 달리 실업교육과 교내 정원 가꾸기, 건축노동, 인쇄제본 등의 작업 활동을 통해 학비를 충당할 수 있는 기회를 제공함으로써 일을 통해 자립하는 인간상을 확립하고자 하였다.

1909년까지 설립된 주요한 초기 기독교학교들의 이름에 사용된 한자들은 하나님을 향한 경건과 신앙(信, 崇, 聖, 光, 明, 永), 인간사회에서의 정의와 덕(貞, 正, 誠, 義, 德), 그리고 그 상태는 내적으로 알차고(實, 保, 全), 밖을 향하여는 진취적이고 발전적인 의미(新, 進, 啓, 興, 昌)들을 담고 있었다.

다섯째, 초기 기독교학교의 건학이념은 한국인 그리스도인 지도자 양성에 맞추어져 있었다. 초기 기독교학교는 외국어와 서양의 문화 및 관습교육을 통하여 서양의 근대적 지식인을 양성하려 했던 것이 아니라 한국인 지도자들을 양성하려 하였다. 이러한 강조점은 이미 앞서 인용한 바 있는 "더 나은 한국인"을 만들려 한다는 스크랜턴의 표현과, 한국 가정에 맞는 모범적인 여성을 양성하려 한다는 엘러스의 표명에서 확인될 뿐 아니라, 한국인의 전도를 통하여 한국인의 교회를 세우려 했던 선교정책에서도 명확하게 확인된다.

초기 기독교학교들은 처음부터 한국인교사들과 더불어 가르치는 학교였다. 한문을 비롯한 전통 교양과목들과 예절을 비중 있게 가르쳤고, 특별한 경우들을 제외하고는 일반 학생들의 기대와는 달리 영어수업의 비중을 의도적으로 약화시켰다. 그 이유가 학생들의 계층적 특성상 영어강습이 무의

---

38) 민경배, 『한국기독교회사』(서울: 대한기독교출판사, 1986), p. 194.
39) 숭실100년사편찬위원회, 앞의 책, p. 56.
40) 김기석, 류방란, 앞의 책, p. 80. 저자들은 하층민 부녀자 청소년이 선교의 주 대상이었으므로 영어강습이 무의미했다고 판단했다. 그러나 이것은 선교사들의 의도를 이해하지 못한 판단이다.

미하였기 때문이라고 주장하는 것40)은 부적절한 판단이다.

　초기 기독교학교들이 한국의 전통문화와 특히 한글을 더 강조하였던 이유는 선교사들의 건학이념이 동족들을 위하여 일할 한국인 지도자 양성에 있었기 때문이다. 한국인 사역자를 양성하는 일에 있어 영어에 많은 비중을 둔다는 것은 비생산적인 일이라는 것이 당시의 주된 논지였다.41) 선교사들조차 학생에게 영어를 가르쳐 의사소통하려 한 것이 아니라 스스로 한글을 학습하여 학생들을 가르치려 하였다. 장로교계 기독교학교교육의 대표적인 인물인 베어드는 스스로 열정적인 한국인으로 살고자 하였고, 자신의 자녀들에게도 영어에 앞서 한국어를 익히고 사용하도록 하였다.42)

　초기 기독교학교의 건학이념이 한국인 지도자 양성에 있었기 때문에 기독교학교는 민족교육의 요람으로 인정되었다. 기독교학교의 잠재적 교육과정은 민족지도자의 양성에 맞추어져 있었다고 해도 과언이 아니다. 하나님을 섬기면서 진리에 기초하여 사랑하고 섬겨야 할 대상은 다름 아닌 동족으로 해석되었기 때문이다. 따라서 한국인 교사들과 학생들은 일본 군국주의의 침략과 합병에 강렬하게 저항하였다. 기독교학교들은 일본이 근대교육을 노골적인 군국주의 이데올로기 형성을 위해 도구화하는 일에 저항하였다. 결과적으로 기독교학교들을 통하여 수많은 민족지도자들이 배출되었다.

V. 기독교 세계관과 건학이념

　학교는 공동체의 세계관을 형성하는 도구이다. 따라서 학교의 건학이념 혹은 교육이념은 그 세계관에 근거한 비전을 구체화할 수 있는 인간 형성의 의도를 천명한다. 초기 기독교학교의 건학 및 교육이념은 선교하는 교회의

---

41) Lak-Geoon George Paik, 앞의 책, p. 312.
42) 숭실100년사편찬위원회, 앞의 책, p. 70.

기독교 세계관을 반영하였다. 선교사는 파송한 교회 공동체의 대표자이며 그 일을 위하여 선교하는 교회는 선교사에게 지원금을 보내기 때문이다. 그리고 기독교 세계관의 유입과 형성방법은 성육신적 방법의 선교였다.

초기 기독교학교는 전통적 세계관을 완전히 무시하거나 제국주의 방식으로 근대적 세계관을 강요한 것이 아니라 조선인들이 기독교 세계관에 의해 재해석된 근대적 세계관을 갖도록 도왔다. 첫째로 복음전파의 방법으로 설립된 초기 기독교학교는 비록 세계관 대립적인 성격을 가진 것이었으나 기존의 전통적 세계관을 전면적으로 부정함으로써 갈등의 벽을 쌓는 대신 그 갈등을 최소화하는 방법으로 교육을 통해 기독교 세계관을 형성하려 하였다. 그 이유는 전통적 세계관의 토양을 수용하되 기독교 세계관 형성의 교육을 통해 그 전통적 세계관을 극복하고 온전하게 하는 방법으로 한국교육에 기여하고자 하였기 때문이다.

그래서 전통적인 중국 중심의, 유학중심의 세계관이 직면한 한계를 극복하도록 세계와 근대학문에 대한 이해를 열어주었고, 신분과 계급에 따라 해석된 억압의 전통적 사회관에 대하여는 여성을 비롯한 사회적 약자의 존엄성과 인간평등의 가치를 지향하도록 새로운 시각을 열어주었으며, 노동과 기술을 천시하는 직업관의 한계를 극복하여 노동을 소중하게 여기며 노동을 통해 자립하는 정신을 갖게 하였다. 그러므로 기독교학교를 통한 기독교 세계관 형성의 교육은 조선인들을 위한 새로운 교육이었다.

둘째로, 붕괴되어가는 전통적 세계관을 빠르게 대체하려는 구미열강의 근대적 세계관 강요에 대하여는, 자국 이익추구 집단인 국가에 의한 것이 아니라 희생과 나눔의 공동체인 교회의 선교방법을 사용했다. 초기 기독교학교는, 근대적 세계관이 지닌 민주적 가치와 기술과 산업의 가치를 수용하되 근대적 세계관의 위협적인 자본주의적 식민주의와 국가주의 이데올로기 형성교육의 세속적 성향을 대체하여 기독교 세계관-개인의 존엄성과 노동의 가치, 자립적인 생활의 가치, 특히 타인을 사랑하고 섬기는 삶의 지향성-을 형성하였다. 이러한 기독교 세계관 형성은, 타락한 근대적 세계관에 따른 열강의 식민주의와 일본의 침략과 교육을 통한 군국주의 이데올로기 형성의 의도를 통찰하고 저항하면서 조선의 자립과 민족의 미래를 위해 일하는 지도자 형성에 기여하였다. 그러므로 기독교학교를 통한 기독교 세계관 형성은 조선인을 위한 새로운 교육이었다.

초기 기독교학교는 조선말기의, 근대 세계에 대하여 무능한 조정의 국민교육 공백을 메워주되, 식민주의를 감춘 교활한 방법으로 조선의 근대교육 제도를 확립하려 한 일본의 의도와 달리, 순전히 조선인의 구원과 자립적인 삶을 추구한 근대적 교육기관이었다. 기독교 세계관은 전통적 세계관과 근대적 세계관의 균형을 잡는 데 크게 기여하였다. 그 순전한 의도는 오래지 않아 조선인들에게 전달되었다. 그리고 일제의 노골적인 침탈 앞에서 기독교학교는 조선인의 후견인 역할을 하였다. 따라서 초기 기독교학교의 교육이 많은 민족 지도자들을 배출한 것은 이상한 일이 아니다.

그럼에도 불구하고 기독교학교의 건학 및 교육이념은 국가가 아니라 교회, 그것도 선교사들을 통해 주도된 일이어서 그 건학이념의 형식과 교육이념으로의 구체화는 긴 시간을 필요로 했다. 많은 선교사들이 교육전문가가 아니었고, 또 선교의 다른 차원들도 선교사들의 주요한 사업이었던 당시 상황에서 초기 기독교학교로부터 오늘날과 같은 수준의 건학 및 교육이념 형식을 기대하기란 어렵다.

선교비에 의존하는 선교활동의 특성상 학교로서의 시설과 교육조건을 제대로 갖추어 가는 데에 긴 시간이 걸렸고, 또 그러한 조건을 제대로 잘 갖춘 학교의 수는 그렇게 많지 않았다. 그러므로 초기 기독교학교의 건학이념은 선교사들의 편지, 선교사 회의의 결정사항, 학교의 명칭과 교훈 등을 통해 비교적 소박한 방법으로 표현되었다. 그러므로 건학이념을 교육적 맥락에서 더욱 발전시켜 교육의 이념, 목적과 목표로 구체화시키는 일을 이 초기의 단계에서 기대하기란 어려운 것이 사실이다. 이러한 작업은 국가의 인준을 받는 제도화 과정에서, 그리고 학교의 규모가 어느 정도 갖추어져 가면서 이루어졌기 때문이다.

그러나 이러한 조건이 초기 기독교학교들의 건학이념의 부재나 그 이념 실현을 위한 노력의 부재를 말하는 것은 아니다. 초기 기독교학교는 오히려 실제적인 교육활동들을 통하여 암묵적인 건학이념을 드러내고 있으므로 밖으로 드러난 교육활동을 통하여 충분히 유추될 수 있을 정도로 건학이념 구현적인 특성을 보였다. 초기 기독교학교의 설립 자체, 성경을 비롯한 교육 내용과 행사들 자체가 건학이념의 구현 방법이었기 때문이다. 그리고 한국인 교사들과 졸업생들의 인성과 활동과 기여도, 그리고 자기 회고적 고백들이 건학이념 구현의 증거였기 때문이다.

그러나 초기 기독교학교의 건학이념은, 쇠락하는 조선조정으로부터는 허용을 받았으나, 조정을 접수하여 군국주의 이데올로기를 강요하는 일본의 독점적인 이념과는 필연적으로 충돌할 수밖에 없었다. 사립학교령과 조선교육령은 독점적으로 국가적 이데올로기 형성을 위해 사립학교까지 도구화시키려는 국가의 시도였기 때문이다. 이러한 법령들을 통한 통제가 사립학교의 설립목적, 교과서, 교사의 자격을 통제하는 단계에서 더 나아가 그 자리를 일제의 군국주의 이데올로기로 대체해 가는 방향으로 진행되면서 일제시대 동안 기독교 세계관을 형성하려 한 기독교학교의 건학이념은 점점 애매한 방법으로 표현되다가 대체되었다. 성경 및 종교 활동도 위축되다가 결국 거부되는 단계로, 급기야 신사참배를 통해 기독교적 건학이념이 완전히 부정되는 단계로 나아갔다. 기독교학교는 건학이념 추구에서 퇴보로의 타협 혹은 학교 운영 포기를 강요받는 데 이르렀다.

따라서 초기 기독교학교 건학이념의 구현을 위한 외적 조건은 기존사회의 세계관이 직면한 모순과 한계를 극복할 수 있는 세계관을 형성한다는 조건, 교육을 위한 자원과 전문성에 있어 사회의 발전을 선도할 수 있다는 조건, 그리고 획일적이고 독점적인 이데올로기와의 대립 수준의 조건이었다.

그리고 건학이념 구현을 위한 내적 조건은 선교하는 기독교 공동체의 선교 열망과 헌신, 기독교인 자녀들을 위한 기독교 세계관 교육의 필요성에 대한 기독교 공동체의 인식과 헌신, 기독교 공동체의 자국민에 대한 사랑과 섬김의 헌신이었다고 정리할 수 있다.

8장 기독교학교 비판, 사료 통한 대응 기대

최태연 교수 (백석대학교)

I. 설립배경과 건학이념 분석

조성국 교수는 앞의 글에서 1885년부터 1910년까지 선교사들에 의해 설립되어 운영된 기독교학교의 건학이념을 연구하고 있다. 그러나 실제로 조 교수는 이 연구를 위해서 통계적 방법에 의존하기 보다는 대표적 학교에 대한 사례연구에 의존하고 있다. 이러한 방법론적 한계는 이 시기에 세워진 39개의 기독교학교 가운데 설립이념에 관한 자료가 남아있는 학교가 그리 많지 않다는 데 기인한다. 실제로 이 글에서 언급된 학교는 대표적인 감리교 학교인 배재와 이화, 장로교의 경신, 정신, 숭실 등 초기 자료가 잘 정리된 일부 학교에 불과하다. 조 교수는 이 학교들의 사례를 중심으로 초기 기독교학교의 설립배경과 건학이념에 대한 분석을 제공하고 있다. 조 교수는 이 글을 쓰게 된 상황적 동기를 다음 두 가지로 제시한다.

첫째, 지난 20년 동안 한국 민족주의에 대한 새로운 이념적 해석은 기독교학교에 대한 평가절하와 비판으로 발전했고 그 비판이 사학법이나 기독교학교의 채플에 대한 제한 등의 기독교학교의 건학이념과 역사적 기반에 대한 제도적 도전으로 드러났기 때문이다.

둘째, 과도한 입시열풍과 획일적인 공교육의 부작용에 대한 대안으로서 새로운 기독교대안학교가 설립되기 시작했고 그 결과 기독교학교의 건학이념에 대한 새로운 연구가 요청되고 있기 때문이다.

1. 초기 기독교학교의 설립 배경

첫째, 19세기 말 조선사회가 가지고 있던, 폐쇄적인 세계관에 근거한 선교에 대한 방어적 태도 때문에 선교사들은 직접선교 대신에 교육을 통한 간접선교의 방법을 조심스럽게 사용하게 되었다.

둘째, 19세기 말 조선은 문호를 개방한 후, 실제적 필요 때문에 근대교육을 허용할 수밖에 없었다. 처음에는 외국어 통역관리의 양성을 위해, 그 후에는 근대국가를 구축하기 위한 방법으로 서구식 교육을 적극적으로 수용하기 시작했다.

셋째, 조선의 근대화의 수단으로 시작된 기독교학교는 근대교육을 군국주의 이데올로기 형성의 도구로 삼으려는 일제의 계획적인 간섭 아래서 상당기간 기독교적 건학이념과 민족주의 형성의 요람이 되었다.

2. 초기 기독교학교 건학이념의 특징

첫 번째 특징은 복음전도 내지 선교였다. 즉 이 학교들에 입학한 학생들에게 복음을 전하여 그리스도인으로 만드는 것이 일차적인 목적이었다.

두 번째 특징은 복음화 된 학생들을 '자국민을 위한 전도자'로 양성하는 것이었다. 이 두 번째 목적 역시 복음전도의 연장선에 있었다.

세 번째 특징은 이미 형성된 기독교 공동체의 자녀들을 기독교적인 세계관을 가진 지도자로 양성하는 데 있었다. 조선시대의 유교적인 교육전통과 일제의 제국주의적인 교육에 대항하여 기독교 신앙에 기초한 세계관을 가진 차세대 지도자를 육성하는 일은 성장하고 있는 기독교 공동체에 매우 중요했기 때문이었다.

네 번째 특징은 기독교적 가치와 덕목을 중시하는 인성교육이었다. 기독교학교들은 신앙 외에도 사랑, 정의, 성실, 자립 등을 중요한 가치로 교육했다.

다섯 번째 특징은 서양적인 그리스도인의 양성이 아닌, 한국적인 지도자의 양성이었다. 이 점은 초기 기독교학교의 커리큘럼에서 영어가 차지하는 비중이 크지 않았다는 사실과 일제의 군국주의 이데올로기에 저항하는 민족지도자 다수가 이 기독교학교 출신이었다는 사실을 통해 입증된다.

II. 보완을 위한 질문

조 교수의 논지에 대해 대체로 공감하면서 다음의 질문을 제기하고자 한다.

1. 방법론 한계의 대안

첫째, 조 교수가 이 글에서 사용한 방법론의 한계를 보완할 수 있는 대안은 없는가에 대한 질문이다. 조 교수는 1885년부터 1909년까지 설립된 기독교계 사립학교가 39개교였으며 그 중에서 장로교와 감리교에 속한 17개 학교의 역사 및 현황이 1997년에 정리되었다고 언급했다. 그러나 이 글에서 구체적으로 언급된 학교는 위에서 말한 대로 5개교에 불과하다. 필자의 견해로는 연구대상이 되는 학교의 범위를 더 넓히는 것이 이 글의 가치를 높이기 위해 중요할 것이라고 생각한다.

2. '전도자 양성'과 '지도자 양성'

둘째, 조 교수가 분석·정리한 초기 기독교학교의 건학이념을 크게 두 묶음으로 나눌 수 있다. 첫째 묶음은 복음전도 내지 선교로서 먼저 학생들을 복음화하고 그리고 나서 그 학생들을 '자국민을 위한 전도자'로 양성하는 것이다. 둘째 묶음은 학생들을 기독교적인 세계관을 가진 한국적인 기독교 지도자로 양성하는 것이다. 그래서 이들 학교는 학생들에게 믿음, 사랑, 정의, 성실, 자립 기독교적 가치와 덕목을 가르치는 인성교육을 중시했고, 한국적인 지도자의 양성하려고 노력했다는 것이다. 그렇다면 이 두 묶음의 이념이 초기 기독교학교의 교육자들에게 함께 공존한 것인지, 명확하게 복음전도를 우선으로 생각했었는지를 묻고 싶다.

3. 기독교학교 평가절하에 대한 입장

셋째, 조 교수는 이 글을 쓰게 된 동기를 언급하면서 지난 20년 동안 한국 민족주의에 대해 새로운 이념적 해석이 이루어진 결과 기독교학교에 대한 평가절하와 비판으로 발전한 점에 대해 유감을 표현하고 있다. 그는 이러한 시각에 대한 교정 내지 대등으로서 이 글을 집필하고 있다. 그러나 필자의 생각으로는 이러한 비판에 대해 사료를 통해 정면으로 논쟁하는 방식이 유익하다고 판단된다.

예를 들면, 이 글에서도 인용된 기독교 역사학자 이만열 교수는 선교사들이 한국적인 주체성과 지도력을 가지도록 한국인 학생들을 교육하는 데 성공적이지 못했다고 진단한다. 특히 그는 미국 선교사들의 선교정책이나 신학교육 정책에 한국교회를 위한 주체적인 신학의 결여됐다는 점에서 일차적인 책임이 있다고 비판한다.

"한국교회는 해방 이후 최근까지도 자체의 성장에 비례하는 주체적인 신학을 갖지 못했다. 그리하여 기존의 보수신학에 근거하여 창조적인 신학운동에의 모색을 폐쇄하였거나, 해방 후 일부 진보주의자들에 의해서 해외의 선진적인 신학을 수입 전달하는 것이 한국 신학계의 풍토였다. 그 이유의 하나는 한국 신학수립을 위한 학문적 바탕이 조성되지 않았기 때문이었고, 그 책임의 중요한 부분은 선교사의 신학교육정책에 돌아가야 한다."[1]

이만열의 비판이 신학교육에만 한정되는지, 아니면 초기 기독교교육 전부에 해당하는지는 불확실하지만, 이런 경향의 비판에 대해 조 교수는 어떻게 논박할 수 있을지 궁금하다.

4. 기독교대안학교 교육이념 설정의 기여점

넷째, 조 교수의 연구 동기 가운데 하나는 최근에 새롭게 시작되고 있는 기독교대안학교 운동에 기독교적인 교육이념을 제시하기 위해 초기의 기독교학교의 설립이념을 참고하는 것이었다. 논평자는 이 연구가 공교육의 부작용에 대한 대안으로서 세워진 기독교대안학교의 교육이념 설정에 어떤 기여를 할 수 있는지 기대가 된다. 복음전도, 기독교 인성교육을 통한 지도자 양성이 새로운 기독교학교의 건학이념으로 충분한지, 다른 이념이 보충되어야 하는지에 대한 더욱 진지한 논의가 필요하다고 생각된다.

---

[1] 이만열, "한국 기독교와 미국의 영향", 『한국기독교와 민족의식』 pp. 491-492.

5부
기독교학교의 교육과정

9장 한국교회 초기 기독교학교 교육과정

김정효 교수
이화여자대학교 교육학과(초등교육전공)
미국 오하이오주립대학교(Ph.D)
현 이화여자대학교 교수
이대부속초등학교장

10장 교육과정을 통한 기독교학교의 새로운 이해

손원영 교수
연세대학교(Ed.D)
현 서울기독대학교 신학전문대학원 교수

9장 한국교회 초기 기독교학교 교육과정

김정효 교수 (이화여자대학교)

Ⅰ. 교육과정에 대한 통합적 연구

한국 근대화 시기에 대한 교육연구들은 당시의 기독교학교 교육이 그 당시 사회의 당면과제였던 교육의 근대화와 교육구국에 있어서 중요한 기여를 한 것으로 평가하고 있다(오천석, 1975; 한규원, 2003). 그러나 이러한 기여가 기독교의 구원의 문제와 어떠한 관련이 있는가? 당시의 이러한 교육적 성과에 대해 기독교적 재평가는 현대의 기독교학교 건립에 중요한 시사를 줄 수 있을 것으로 보인다.

최근 들어 기독교학교에 대한 관심이 고조되면서 기독교학교와 관련되는 중요한 이슈는 다음과 관련된다. 즉, 회복이 필요한 한국 교육의 대안으로서 기독교학교교육은 어떠해야 하는지에 대한 관심이고, 또 하나는 기독교학교 교육과정이 어떻게 기독교 세계관에 기반하여 새롭게 구성되어야 하는지에 대한 관심이다. 전자는 기독교학교 교육과정이 사회생활을 포함한 삶의 전 영역의 회복을 가져오는 데 어떻게 기여하느냐의 외적 통합의 문제이고, 후자는 학교교육과정과 성경적 세계관과의 내적 통합의 문제라고 할 수 있다. 이 글에서는 이러한 내외적 기독교학교 교육과정의 통합의 문제에 초점을 맞추어 기독교학교가 시작된 1885년부터 사립학교법(1908년)이 막 제정되고 한일합방 이전 시기인 1909년까지의 기독교학교 교육과정을 검토함으로써 한국 초기 기독교학교의 교육과정의 성격을 교육과정의 통합이라는 관점에서 검토하려고 한다.

그러나 논의의 시작에 앞서 무엇을 교육과정으로 볼 것인가가 대한 논의가 선행되어야 한다. 이를 위해서는 교육학분야의 교육과정 연구를 염두에 두어야 할 뿐 아니라 지식과 교육을 무엇으로 볼 것인가 하는 존재론과 인식론을 포함하는 기독교 세계관의 문제와 함께 고려되어야 한다.

교육학분야에서 교육과정이 무엇인가에 대한 재개념화는 1960년대 후반, '실제 아이들이 배우는 것은 교과목편제에 따른 교과서의 내용에 국한되지 않는다' 는 반성적 고찰에서 비롯되었다. 현재는 아이스너(Eisner)의 광의의 교육과정 개념-학교에서 경험하는 모든 것-이 교육과정학자들의 논의에서 보편적으로 받아들여지고 있다. 이러한 아이스너 계열재개념주의자들의 교육과정 정의는 인지적인 차원을 초월한 기독교적 교육관과 일맥상통한다.

기독교 세계관에서도 성경적 지식의 본질은 인지적인 차원을 넘어 인격적 차원으로 간주된다. 즉 지식은 과학적이라기보다 인격과 관련된다. 무엇을 안다는 것은 인지적 기능을 사용하여 회상하거나 표상할 수 있는 것을 의미하는 데 그치지 않는다. 무엇을 안다는 것은 전인적인 반응을 의미하며, 즉 인지적 기능과 감정, 그리고 실천적 반응, 즉 위임까지를 포괄한다. 인격으로 오신 예수님은 자신을 진리라고 하셨다(요 14:6). 알버트 그린(2000년)은 더 나아가 교육을 종교적인 일이라고까지 한다. 즉 교육은 자신이 믿는 최상의 것을 실현하고자 함으로써 우리의 삶의 목적과 이상에 이끌리는 종교적인 일이라는 것이다.

페네마(Fennema, 1997년)의 교육관 역시 보다 더 명쾌하게 교과목을 대표로 하는 통념적 개념의 교육과정이 얼마나 협소한 의미의 교육인지를 보여주고 있다. 그는 성경적 지식관에 입각하여 교육을 예방적 교육, 교정적 교육, 그리고 상담의 세 부분으로 나누고, 그 중 하나인 예방적 교육을 크게 잠재적 교육과정과 명시적 교육과정으로 나눈다. 잠재적 교육과정은 학습자가 처한 환경의 '분위기'로서 이를 통해 학습자는 기쁨, 사랑, 안정감, 그리고 존중을 배우는데, 이러한 정의적인 요소들은 인성을 형성하는 기반에 매우 중요한 부분을 차지하게 된다. 그리고 명시적 교육은 일반적인 교과과정으로 언어라는 강력한 학습도구를 통해 이루어진다. 이렇게 볼 때 명시적 교육에서 이루어지는 교육은 교육의 세 부분 중 일부분에 지나지 않음을 알 수 있다.

따라서 이 교육과정의 논의에서는, 일차적으로는 역사연구가 가지는 사료의 제한성 때문에 명시적 교육과정에 주목할 수밖에 없음에도 불구하고, 명시적 교육과정을 벗어나 범위를 확장하려고 하였다. 광의의 교육과정개념은 교육과정 연구가 교과목중심의 논의보다 실제에 대한 탐구에 주목해야 한다는 점에서, 본 연구에서는 그간 기독교 교육과정에 대한 역사적 연구들이 교과목에 초점이 맞추어져 있었던 것을 넘어, 교육실제에 대한 이해를 더하기 위하여 기독교학교의 교과서내용에 대한 서지학적 연구(김봉희, 1992; 차석기, 1993; 최숙경·김순희, 1977)와 목공교육(정창원, 2004) 등의 교과교육연구 그리고 그 외의 교육실제(김정효 외, 2005; 조연순 외, 2005)에 대한 연구 등을 기반으로 1885-1909년까지의 한국 기독교학교 교육과정의 통합 방식에 대한 검토를 교과목편제 수준, 교과서 수준, 교육활동 수준으로 나누어 검토하였다.

Ⅱ. 교과목 편성으로 본 교육과정

1. 기독교학교 설립 배경과 특징

근대의 기독교교육은 고종 19년(1882년) 미국과의 한미수호통상조약 체결과 그 뒤 계속하여 서구 제국과의 수호통상조약이 이루어지면서부터였다. 미국선교사들에 의한 교육선교는 1884년 6월 일본에 와있던 한국감리교 선교사 맥클레이(Maclay) 목사가 한국에 입국, 고종을 알현하고 교육과 의료사업을 실시하겠다는 윤허를 받으면서 시작되었다. 맥클레이 목사가 고종을 알현하게 된 동기는 1882년 미국 발티모아시 가우처여자대학 학장 가우처(J. F. Goucher) 목사가 미국을 방문하고 있던 민영익 유미사절단을 만나 한국사정과 풍토를 들은 데서 기인한다. 그는 이 사업을 북감리교회 외지선교부에 제의하고 언론을 통해 15회에 걸쳐 한국 실정을 역설하고 선교기금 2,000달러를 모금하는 등의 정열을 보였다. 이에 따라 선교부에서는 일본에 주재하고 있던 맥클레이(Maclay) 목사로 하여금 고종을 알현하게 하였고 우선 교육 사업을 약속받게 된 것이다.

1884년 알렌(Allen) 부부가 의사자격으로 입국한 후 이어서 1885년 언더우드 목사(Rev. H. G. Underwood)가 내한하였다. 또 같은 해 미국 감리교회 아펜젤러(H. G. Appenzeller)가 내한하였고 그 뒤 스크랜턴(H. G. Scranton) 부부 및 그 모친 스크랜턴(Scranton) 부인 등이 입국함으로써 한국의 선교활동이 본격적으로 시작하게 되었다. 이후 1889년에는 호주 장로교회 데이비스(Davis) 남매가 경상도지방을 중심으로 호주 장로교 선교회를 조직하여 교육사업과 의료사업을 하였다. 또한 1892년에 미국 남장로교 선교회가 호남지방을, 그리고 1896년 캐나다 장로교회 선교사 맥켄지 목사가 함경도지방을 대상으로 교육과 의료사업에 착수, 선교 사업을 하였다.

한국에 들어온 기독교계의 선교사들은 한국 실정에 맞는 선교방법을 모색하게 되고, 그 결과 중국에서 오랫동안 선교활동을 한 네비우스(Nevius) 목사의 저서 『선교지교회의 개척과 발전』을 기반으로 1890년에는 다음과 같은 선교전략을 수립하게 된다(이응수, 1981).

(1) 교회의 제도와 기관은 신자들의 힘에 알맞게 발전시킨다.
(2) 부인과 소녀를 개종시키고 교육하는 데 힘쓴다.
(3) 기독교교육은 지방과 도시에서 국민학교를 경영함으로써 더욱 잘 해 나갈 수 있다. 그리고 신자들의 자녀들은 이 미션 학교에서 교육한다.
(4) 모든 종교서적은 외국어를 넣지 아니하고 순전히 한국어로만 기록한다.
(5) 기독교 신자가 된 사람은 자기 본래의 직무를 그대로 가지고 생활하면서 이웃을 전도한다.
(6) 앞으로 한국인 교역자가 많이 나오도록 선교사들은 노력한다.
(7) 상류계급보다 하류노동자계급을 상대하여 전도한다.
(8) 교회당도 그 교회 스스로 돈을 마련하여 짓도록 한다. 그러나 신설교회는 자치적인 교회가 되어야 한다.
(9) 의료선교사들이 약이나 주는 일은 선교의 효과가 없으니 환자를 치료하는 동안에 직접 행동으로서 모범을 보이는 것이 복음을 전하는 길이 된다.
(10) 교회가 스스로 사람과 돈을 마련할 수 있을 때 더 훌륭한 일꾼을 모시게 된다.

한편 장로교 선교공의회의 네비우스 선교전략을 소개하는 임일남(1981)의 연구에서는 선교전략에 약간의 차이를 보이는데 "사람의 힘만이 사람을 개종시키는 것이 아니다. 하나님의 말씀이 하신다. 따라서 될수록 빨리 완전하고도 명확한 성서(번역된 성서)를 이들에게 주도록 해야 한다."라는 조항이 들어있다.

이와 같은 기독교학교 설립 배경을 살펴보면 다음과 같은 특징을 찾아볼 수 있다. 미국의 선교사들이 조선말기와 대한제국 시기 우리나라 사회의 개화에 대한 자생적인 노력과 황실과의 우호적인 관계를 배경으로 근대식 교육의 성립에 실질적인 역할을 했다는 것이다. 이러한 과정에서 선교사들은 선교를 전제로 한국의 실정을 감안하여 전통과 인습에 과감히 도전하지 않고 온건한 방법으로 실제 사회의 필요에 따라 학교 설립, 의료사업, 자선사업을 통한 선교에 노력하였다는 점 등이다. 따라서 당시의 기독교억제 정책에도 불구하고 기독교학교의 수는 40여 개에 달하였으며 이중에 21개 정도는 현존하고 있다(한규원, 2003). 조선총독부에서 1921년 당시 조사한 기독교계 학교수는 남자고등보통학교 22개교, 여자고등보통학교 17개교, 남자보통학교 661개교, 여자보통학교 211개교, 기타가 365개교에 이르렀다(정상윤, 1974).

2. 영성과 지성 분리된 이원적 접근

　한규원(2003)은 다음 〈표4〉와 같이 당시의 기독교학교 교과목 편성을 학교별로 정리하고 있다. 당시 기독교학교의 교육과정은 가르칠 사람이 있을 때마다 그 모양을 갖추어갔고, 처음에는 영어성경을 교재로 영어와 성경을 주로 가르치는 일이 보편적이었다. 〈표4〉에 보는 바와 같이 1908년 사립학교령이 제정된 시기를 기점으로 보다 형식적인 면을 갖추게 되었다.

　이러한 기독교학교의 교육과정은 〈표5〉에서 보이는 1883년의 원산학사(우리나라 최초의 근대식교육기관)의 교육과정이 〈표6〉의 1895년 소학교령기의 근대식 관공립소학교의 교육과정과 1906년 보통학교령기의 관공립보통학교의 교육과정으로 변모해 가는 데 중요한 자극제의 역할을 하였다. 또한 〈표7〉의 민족계 사립학교의 교육과정에도 크게 영향을 미쳤던 것으로 보인다.

〈표4〉 초기 기독교학교의 교육과정

학교명	시기	교과목
배재학당	초창기	성경, 한문, 영어, 지리, 수학, 생물, 공작(工作), 체육 등
	1903년	세계역사, 한국역사, 일본역사, 중국역사 등 역사과목 비중 있게 편성
	1908년	국어, 미술, 교련, 역사(한국사 · 동양사 · 세계사), 지리(한국지리 · 동양지리 · 세계지리)
이화학당	초창기	성경, 영어
	1889년	국어, 생리학
	1891년	성악, 올겐
	1892년	반절(反切), 한문, 수학, 지리, 역사, 과학, 체조
	1896년	가사(家事)
	1908년	〈중등과〉 성경, 한문, 대수(代數), 기하, 삼각, 천문학, 지리학, 교육학, 물리, 화학, 영문학, 만국지지(萬國地誌), 고등생리(高等生理), 경제, 역사(만국역사 · 근세사 · 상고사 · 영국사 · 미국사)
경신학교	1900년	성경, 교회사(敎會史), 국어, 한문, 영어, 산술, 대수, 화학, 물리, 천문학, 박물(博物), 지리, 한국사
	1908년	중등과의 교과목은 성경, 사서(四書), 동서양역사, 만국지지, 지문학(地文學), 중등생리, 중등물리, 중등화학, 국가학(國家學), 부기(簿記), 교육사, 작문, 분수지기하초등(分數至幾何初等), 도화, 영일어(英日語), 체조 〈대학과〉 성경, 한문, 고금문선(古今文選), 영미사(英美事), 교회사(敎會史), 고등생리, 고등박물, 고등물리, 고등화학, 천문, 지리, 경제, 법학, 심리, 논리, 교육법, 고등대수, 기하, 삼각측량(三角測量), 음악, 도화, 영일어작문 등
정신여학교	1903년	성경, 한문, 역사, 지리, 산술, 습자(習字), 체조, 음악, 가사, 침공(針工), 과학, 물리, 생물 등
	1909년	성경, 한문, 가사, 침공, 수예(手藝), 음악, 체조, 지지(地誌), 역사, 습자, 이과(理科), 어학(영어), 수학, 동물, 식물, 생리, 미술, 작문 등
숭의여학교 (평양)		성경, 한문(『孟子』), 산학신편(算學新編; 산수), 지리, 역사, 생리, 동물, 식물 등
계성학교 (대구)		성경, 한문, 물리, 화학, 지지, 상업, 어학, 수학, 역사, 생리, 박물, 경제, 지문(地文), 동물, 식물, 도화, 체조, 음악, 작문, 습자 등
신명여학교 (대구)		성경, 한문, 이과, 지지, 역사, 어학, 수학, 동물, 식물, 생리, 도화, 습자, 체조, 음악, 가사, 침공, 수예 등
기전여학교 (전주)		성경, 국문독본, 수신(修身), 한문, 습자, 수공, 편물(編物), 체조, 이과 (동물학 · 식물학), 생리학, 지리, 여자독본, 산술, 영어와 일어(1908년 이후)
광성학교(평양)		국문, 한문, 기독교교리(基督敎敎理) 등
한영서원 (개성)		〈소학과(小學科)〉 수신, 국어, 한문, 역사, 일어, 산술, 이과, 도화, 창가(唱歌), 체조 등 〈중등과(中等科)〉 도덕, 국어, 한문, 역사, 일어, 수학, 영어, 음악, 체조(운동), 지리, 도화, 작문 〈반공과(半工科)〉 중등과의 교과목과 실업(實業)
명선여학당 (공주)		성경의 읽기 · 쓰기, 국문의 작문과 편지쓰기, 산술, 음악(성가), 미술, 영어
	1906년(영명학당으로 개교)	〈1학년〉 성경, 수신, 국어, 한문, 창가, 체조, 영어 〈2학년〉 1학년 교과목과 국사, 실업, 지리, 대수, 도화 〈3학년〉 만국역사 추가
	1908년 이후 (1906년 명선여학당에서 영명여학당으로 개명)	『고등여학교령시행규칙』에 따라〉 성경, 국어, 한문, 역사, 지리, 산술, 이과, 도화, 가사, 수예, 음악, 체조 *수신과 일어는 아예 교과과정에 넣지 않음
		본국지지(本國地誌), 본국역사, 산술, 소학독본(小學讀本), 한문, 도화 등

(출처: 한규원, 2003)

〈표5〉 원산학사의 교과목편제

과목 \ 과정	문예반 (수업연한 : 1년)		무예반 (수업연한 : 1년)	
	교과목	정도	교과목	정도
공통필수 교과목	산수(算數) 격치(格致) 기기학(器機學) 농학(農學) 양잠(養蠶) 광물학(鑛物學) 만국공법(萬國公法, 국제법(國際法)) 지리(地理) 법률(法律) 외국어(外國語)	시무해결에 긴요한 지식 습득과 실용 학문 습득	산수(算數) 격치(格致) 기기학(器機學) 농학(農學) 양잠(養蠶) 광물학(鑛物學) 만국공법(萬國公法, 국제법(國際法)) 지리(地理) 법률(法律) 외국어(外國語)	시무해결에 긴요한 지식 습득과 실용 학문 습득
전공필수 교과목	경서(經書) 재술(製述)	인문지식 습득을 위한 유학서 학습	병서(兵書) 사격술(射擊術)	시무해결에 긴요한 지식습득과 실용학문 습득을 위한 기본이론 및 실기 연마

(출처: 김정효 외 (2005, 이종국 2002 재인용))

〈표6〉 소학교령와 보통학교령 교과목편제

소학교령(1895-1905)	보통학교령 (1906-1909)	
	교과목	시수
수신	수신	1
독서와 작문 습자	국어	6
	한문	4
	일어	6
산술	산술	6
본국지리와 외국지리* 본국역사*	역사 · 지리	
이과*	이과*	2(3, 4학년)
도화*	도화	2
체조	체조	3
재봉*	수예	
외국어*		
	창가	
	수공	
	농업	
	상업	
*는 고등과	계(*는 3, 4학년만 해당)	28

(출처: 조연순 외(2005))

<표7> 민족계사립학교 교과목의 예

학교	교과목	출처
강화부 사립육영학교	한문, 국문, 작문, 습자, 일어, 영어	황성신문(1905년) 광무9년 2월 15일 1870호
홍문동 사립소학교	한문, 국한문, 대쇼, 습주, 산슐, 력스, 디리, 톄죠	독립신문 1898년 6월 9일
대묘동 사립소학교	한문,여러가지글낡기,글짓기,글즈익히기, 산슐,죠션력스,디지,수신호기,톄죠호기,외국말	독립신문 1897년 1월 28일

(출처: 김정효 외(2005))

이상과 같이 문무과로 나뉜 원산학사 교육과정은 기초보통교육의 성격인 소학교령기 교육과정으로 변화해 가는 과정과 민족계 사립학교 교과목 편제에도 영향이 컸던 것으로 볼 수 있다. 특히 선교계 학교에서 이루어졌던 교육내용 중 습자와 산술, 역사 교육은 관·공립소학교와 공통된 것이었고, 이들과 같이 국어, 지리, 역사를 통해 민족의식 고취 교육을 실시하였다. 그러나 한편으로는 선교계 학교는 관·공립소학교 교육과정에 없는 음악과 성경 등을 포함하고 성경공부와 찬송가를 중심으로 한 음악교육을 통해 선교를 위한 교육을 주요내용으로 다루었다고 볼 수 있다. 따라서 교육과정내의 교과목 편제로 볼 때 당시 기독교학교 교육과정편제는 영성과 지성을 분리하는 이원적인 접근에 가깝다고 할 수 있다.

III. 교과서로 본 기독교학교 교육과정

당시 실제 교육내용을 좀 더 깊이 있게 알아보기 위해 기독교학교의 교과서에 대해 살펴보면 다음과 같다. 김봉희(1992)의 연구에 의하면 초기에는 교과서라고 이름 붙일만한 것이 없었고, 영어와 성경이 주 교과였기 때문에 미국 교과서를 교사가 번역하여 펜으로 적은 것을 교사만 가지고 사용한 경우도 있었다고 전한다.

한편 최숙경과 김순희(1977), 차석기(1993), 김봉희(1992) 등의 개화기 기독교학교의 교과서연구를 참조로 할 때, 소재나 주제가 기독교 세계관에 기초하였다고 보여지는 것은 거의 없다고 볼 수 있다. 당시 기독교학교의 국어교과서에 해당하는 현채가 쓴 『신찬초등소학』이 책의 일부를 발췌한 것으로 이를 확인할 수 있다(차석기, 1993).

> 우리 조선은 세계에 조흔 싸이라. 인구는 이천만이오 풍속이 순박ᄒ오이다. 서울은 경성이오 일반인민이 위집한 도회니 크고 번화ᄒ기는 조선에 제일이오이다. 조선은 기후가 싸싸ᄒ고 토지도 조흐니 각색 곡식이 만히나고 또 광물이 만히 나읍ᄂ이다.
> 조선에는 녜브터 어진 사롭과 츙효한 사롭과 일흠난 사롭이 허다ᄒ니 여러분도 학교에서 공부ᄒ야 재예를 닥고 몸을 츙실케 ᄒ며 직업을 부즈런히 힘써 家와 國을 부케 ᄒ옵시다.

그리고 선교사들이 직접 저술한 교과서에서도 기독교적 소재가 반영되어지거나 기독교 세계관이 명시적으로 언급된 것을 찾기 힘들다. E. H. Miller(1906, 김봉희 1992 재인용)가 저술한 대한예수교서회 간행 『초학디지』(*Elementary Geography*)의 서문에서 밝히고 있는 간행의 목적에서도 이를 확인할 수 있다.

> 우리가 거하는 지방과 국가세계를 비교하건데, 그 넓고 큼을 말할 수 없는지라. 어찌 안력과 행력으로 능히 다 구경하리요. 이러함으로 나라마다 지지를 만들고 만국의 지지를 회집하고 만국지지를 편집하야 어려서부터 천하의 너른 강산을 동네와 같이 구경함으로 마음이 넓고 뜻이 커서 세계를 집안같이 알거든, 대한은 이와 같은 책이 많지 못함으로 마냥 근심하는 바이더니 이를 감히 한 권의 만국지지를 편집하야 대한 남녀노소로 하야 곰고로 보시고 넓히 아시기를 바라오니 문체에 서투름과 구어의 잘되지 못한 것을 용서하고 보소서.

이상의 발췌에서 보이는 바와 같이 교과의 내용에 성경적인 내용을 직간접적으로 연결하고 있는 곳은 발견하기 어렵다.

한편 선교사 존스(George. H. Jones, 1867-1919년)는 1902년에 『국문독본』을 지었으며, 주시경(周時經, 1876-1914년)은 『국어문전음학』, 『국문초학』 등을 지었다. 현채(玄采, 1856-1925년)는 국어교과서는 말할 것도 없고 역사에 관한 많은 교과서를 저술하였는데, 그 가운데 『신찬초등소학』은 학부의 검정을 받아 '사립학교초등교육학도용' 교과서로 사용되기도 하였다. 현채의 『신찬초등소학』보다 먼저 저술한 『유년필독』(1907)이 학부로부터 검정을 받은 초등학교용 교과서로 사용되었는데 '유년필독범례'를 보면 현채가 이 교과서를 지은 의도는 학생들에게 애국사상을 환기시키려는 목적을 두고 있음을 밝힌다. 다시 말하면 역사와 지리 교육을 통하여 민족주체성을 확립시키고, 나아가서는 새로운 세계 사정을 익혀 국제경쟁에서 이길 수 있는 국민을 양성하겠다는 것에 목적을 두고 저술한 것이다. 이 책의 제목은 『유년필독』이지만, 그 독자층을 단순히 유년에만 한정하지 않고, 장년과 노년층까지를 포함한 전 국민을 대상으로 애독할 수 있도록 한 국민적 교과서의 성격을 띠었다. 그러므로 모두 4권으로 된 이 교과서는 역사교과서라고 해도 과언이 아닐 정도로 몇몇 내용을 제외하고는 대부분 우리나라의 역사에 관한 내용을 싣고 있다.

1895년 소학교 학령기에 수신, 독서 및 습자, 한문, 산술, 지리, 역사 등의 교과서가 학부에서 25여 종이 개발되었음에도 불구하고 초기에는 미국선교사들이 직접 미국 아동용 교과서를 번역하여 사용하였다. 1905년 이후에는 관공립소학교의 것과 같은 학부검인정 교과서를 쓰는 경우들을 볼 수 있다. 그러나 이상과 같이 교과서 내용에서는 기독교적 주제나 소재를 직접적으로 다루고 있는 것은 찾기 어렵다. 따라서 교과서에서도 교과목 편제에서 보이는 바와 같이 영성과 지성을 분리하여 접근하는 근대주의 학교의 전형을 확인할 수 있다고 말할 수 있다.

Ⅳ. 교육활동으로 본 기독교학교 교육과정

실제 각 교과목들이 어떻게 다루어졌는가를 실제 교육활동을 교과별로 그리고 학교별로 나누어 살펴보면 다음과 같다.

1. 교과별 교육활동

대부분의 학교에서는 우선 어떠한 과목을 가르칠 수 있는 교사가 확보되어 있느냐에 따라 교과과정이 결정되었다. 미국의 교육은 산업화와 이민의 대폭적인 증가로 소위 정신도야성 교육에서 실용주의적인 교육으로 선회하는 미국교육을 배경으로 하고 있었다. 교육에서 폭넓은 지식과 교양을 갖춘 기독교 정신에 입각한 한국인의 양성이라는 것에 목적이 있었기 때문에 다양한 과목이 학습되었는데, 교과별 교육내용은 자세히 살펴보면 다음과 같다(한규원, 2003; 김봉희, 1997; 김정효 외, 2005; 정상윤, 1974).

(1) 국어 · 한문교육

국어교육은 한국 사람이 담당했으며, 한문교육은 성경 다음으로 중요한 과목으로 취급되었다. 이화학당은 1889년부터 국어를 가르치기 시작했는데, 그 구체적인 내용은 읽기 · 쓰기 · 작문 · 편지 쓰기 등이었다. 그리고 중등과에서는 모든 학년에서 매주 29-32시간 가운데 5시간을 국어로 배정하였다. 국어와 함께 한문도 대부분의 학교에서 설립 초기부터 가르쳤는데, 이것은 당시의 시대적 상황을 반영한 것이었다. 한문이 아직 주류를 이루던 사회에서 한글을 가르치고 성경을 한글로 번역하여 가르친 일은 종교개혁 당시 교회가 모국어교육을 하고 성경을 모국어로 번역하였던 일과 연관되는 중요한 일이라고 할 수 있다.

(2) 역사 · 지리교육

기독교학교가 역사와 지리 과목을 그들 학교의 교과과정에 편성한 것은 다른 과목과 마찬가지로 그 시기가 일정하지 않았다. 배재학당은 1903년 이후에야 역사를 가르치기 시작하였는데 이 때는 한국역사 · 세계역사 · 일본역사 · 중국역사 등으로 구분하여 가르쳤다. 그러다가 1908년 이후에는 한국역사 · 동양역사 · 세계역사로 나누어 가르쳤다. 지리도 한국지리 · 동양지리 · 세계지리로 나누어 가르쳤다.

이화학당 중등과의 1904년 교육과정에는 '조선사 · 고구려 · 신라 · 고려 · 미국사 · 한국지리 · 외국지리 · 미국지리' 등이 편성되어 있는데, 특히 한국의 역사를 상당히 세분화해서 가르친 것이 특징이었다. 그리고 1908년 이후 초등과는 본국 역사와 본국지리를, 중등과는 만국역사 · 근세사 · 상고사 · 영국사 · 미국사 · 지문학 · 만국지지를 가르쳤다. 이와 같이 이화학당은 다른 학교와 비교할 때 역사와 지리를 더 많은 비중을 두고 가르쳤던 것을 알 수 있다.

위와 같이 기독교학교에서는 설립 초기부터 어떠한 형태로든 역사와 지리를 교과과정에 편성하여 가르쳤던 것을 알 수 있다. 이를 통해 민족교육을 실시하고 애국심을 고취하며, 중화사상에서 벗어나 세계화에 대한 자각을 가지도록 하였다.

(3) 수신(윤리)교육

당시 조선정부에서 각급 학교 교육에 관한 법령을 제정한 1895년 이후의 관 · 공립학교는 말할 것도 없고 사립학교에서도 수신을 모든 학년에게 매주 1시간씩 가르치도록 편성되어 있었다. 그러나 유교적 세계관과 경전을 중심으로 이루어진 수신교과는 대부분의 기독교학교에서 교과과정으로 편성하는 것에 소극적이었다. 일부 기독교학교, 예를 들어 배재학당, 숭실학교, 숭의학교, 계성학교 등에서는 1910년 이전까지 수신을 교과과정에 편성하지 않았던 학교들도 있었다. 편성했다고는 하더라도 1906년 이후에 공포된 법령에 따른 것이었다.

(4) 체조 및 교련교육

개화기에는 오늘날의 체육이라는 용어 대신 체조라는 용어를 주로 사용하였다. 그리고 체조를 가르치기 시작한 것은 선교사들이 한국에 들어와서 학교를 설립하고 근대식 교육을 시작하는 것에서부터 출발하였다. 한국의 전통적인 교육에서는 학교교육 내용에 신체를 단련하기 위한 교과를 포함시켜 가르쳤다는 흔적은 찾아볼 수가 없다. 지식 위주의 교육, 유교경전 중심의 지적인 교육이 중심을 이루었던 대신, 신체적인 건강에 기여하는 체육에 관한 과목은 교육내용에 아예 포함시키지도 않았고 또 포함시키려고 생각지도 않았던 것이다.

경신학교는 1891년에 학교 이름을 야소교학당으로 바꾼 뒤부터 교과과정에 체조를 포함시켰다. 그래서 월요일부터 금요일까지 1교시(8:00-8:30)에 30분씩 체조를 가르쳤다. 배재학당도 초창기부터 체조를 가르쳤는데 1894년 4월부터는 학생 군사훈련을 시작했고, 아펜젤러(Appenzeller)가 목총(木銃)을 가지고 교련을 가르치기도 했다. 이와 같이 배재학당은 체조시간을 군사훈련 시간으로 활용하여 나라의 역군을 양성하기 위하여 노력한 흔적이 나타나고 있다. 그리고 기독교학교에서 가르친 체조는 다른 교과와 마찬가지로, 특히 1905년 이후 일어나는 민간인에 의해 설립된 사립학교의 교과 편성에 직접적인 영향을 주었으리라는 것은 능히 짐작하고도 남는 일이다.

(5) 성경 및 음악교육

성경은 기독교학교의 교과과정에서 가장 중심 된 자리를 차지하는 과목이며, 이것은 기독교학교의 설립목적에 비추어 볼 때 당연한 것이다. 또한 성경은 선교사들이 기독교학교를 설립하였을 때, 가장 먼저 가르치기 시작한 과목이기도 하였다. 그것은 선교사들이 의도하는 선교의 목적과 직접 결부되는 것이었기 때문에 성경을 가장 중요한 과목으로 알고 가장 먼저 가르친 것은 너무도 당연한 일이었다. 음악교육도 찬송가를 가르치는 것을 중심으로 활발히 이루어졌다.

국문으로 된 성경을 직접 읽을 수 있는 기회를 갖게 됨으로써 신앙과 함께 성경에 대한 지식을 길러주었는데, 이는 개인의 경건생활을 위한 중요한 기반이 되었다고 보인다. 모국어로 성경이 번역되었던 일과 교회의 모국어 교육이 종교개혁과 근대식 초등학교 성립에 중요한 기반이 되었던 유럽의 경우를 생각할 때 중요한 의의를 가진다고 할 수 있다.

(6) 목공 및 가사교육

당시의 목공교육은, 노동의 신성함을 가르치고 산업계를 발전시킴과 동시에 각 개인 삶의 질을 향상시킬 수 있는 수익사업의 일환으로 실시하였다. 정창원(2004)은 최근 연구에서 당시의 목공교육은 건축교육으로서 매우 초보적인 것이었으나 매우 중요한 의미를 가진다고 지적한다. 이는 문제해결을 위해 책을 읽는 공부 뿐 아니라, 어떻게 생활을 영위할 것인지에 대한 구체적인 방법을 제시하였다는 점에서 그렇다는 것이다.

2. 학교별 교육활동

배재학당, 이화학당, 경신학교를 중심으로 알아보면 다음과 같다(유방란, 1998; 정상윤, 1974).

(1) 배재학당

수업은 세 언어, 즉 언문, 한문, 영어로 하였다. 감리교 교리문답은 한글로 가르쳤고, 유교경전은 한문으로 가르쳤다. 영어로는 일반분야, 즉 고대사, 물리학, 화학, 정치경제학, 노래, 성경 등을 가르쳤다. 1904년에는 일반사, 기하, 국제법, 정치경제학 등이 추가되었다.

전통적인 교육에서 한문교육은 단지 문자를 아는 것 이상의 유학(儒學)에 접함을 의미하는데, 기독교학교에서 한문교육은 유학적 지식의 접근이 아니라 기독교적 지식, 혹은 유학적 지식관을 벗어나는 지식에 접근키 위한 수단으로 전환시켜 나갔다. 이상과 같이 배재학당에서는 조선의 전통교육과 유학경서 교육을 중시했다. 전통교육이 지니고 있는 가치를 일정 부분 인정했지만 점차 유학과 한문을 분리하여 유학경서 대신 한역 성서 및 교리서 등을 교재로 삼았다. 개종 유학자들은 배재학당에서 보유론적 관점에 입각한 기독교를 소개함으로 기독교교육에 일익을 담당했다. 한편 선교사들은 입국 이후 조선인들로 하여금 지속적으로 성경 및 교리서를 한글로 번역케 하는 사업을 추진하여 번역된 각종 교리서는 배재학당에서 교재로 사용되었다.

배재학당에서 하는 과외활동을 보면 전통적인 학교와는 달리 영어, 교양 교과 뿐만 아니라 체조를 가르쳤고, 학생회를 조직하여 운영했으며 학생들이 스스로 학비를 벌 수 있게 작업부를 운영하는 등 여러 측면에서 교육의 새로운 개념을 보여주었다.

(2) 이화학당

초기에는 처음부터 교과과정이 있는 것이 아니라, 그 과목을 담당할 수 있는 교사가 생길 때에 새로운 과목이 첨가되곤 했다. 1889년부터 스크랜턴 부인 한 사람으로 시작한 교사는 최초의 한국인 여선생 이경숙이 언문쓰기, 읽기, 한문, 글씨를 가르치기 시작했다. 초기에는 학년이나 학기별 수업 연 한, 취학 연령 등이 일정하지 않았다. 그리고 1908년부터 언문을 깨치지 못한 학생은 받지 않음으로써 초등교육 과정에서 중등교육 과정으로 전환했다.

여성을 교육의 대상으로 한 이화학당의 교육은 여성교육의 회복으로서의 의미를 가진다. 중등과 4년제의 학과목 과정 및 매주 시수는 〈표8〉과 같다.

〈표8〉 중등과 학과목 및 주별 시수

종별 과목	1		2		3		4	
	과정	시수	과정	시수	과정	시수	과정	시수
국어 한문	한글로 된 복음서 대학	5	훈아진언 논어	5	내훈	5	미상	5
한문	대학	5	논어	5	논어	5	논어	5
산술	정수, 분수	4	소주, 주산	4	비례, 보합산	4	대수	5
역사	이조사	1	고구려, 신라	1	고려	1	미국사	1
지리	한국지리	1	지구약론	1	외국지리	2	미국지리	2
성경	마가복음	1	요한복음	1	복음요가	1	성서총론	1
영어	미상	5	미상	5	미상	5	미상	5
이과			동물, 식물	1	물리	2	화학	3
도화	임화, 사생화	1	임화, 사생화	1	참고서	1		
생리	생리위생	1	가정위생	1	육아법	2	육아법	2
음악	단음창가	1	기악(풍금)	1	곡부개론	1	곡부개론	1
					기악		기악	
작문습작	습자, 작문	2	작문		작문	1	작문	1
재봉	운침법	1	재법, 자수	1	자수, 재봉기	1	양재법	1
체조	유희, 학교체조	1	유희, 학교체조	1	유희, 학교체조			
계		29		30		32		32

(3) 경신학교

이 학교는 1886년에 언더우드 목사가 세운 최초의 고아원이었다. 교육비 일체를 선교부에서 부담하였으며, 학과는 영어와 국어 등 일반학과 성경, 찬미, 기도를 가르쳤다. 아침예배는 게일 목사가 인도했고 성경공부는 기포드 목사에 의해 한문으로 된 성경, 십계명과 시구로 된 '예수의 생애' 등을 가르쳤다. 한문공부는 천자문, 동몽선습, 통감 1권, 8권을 주로 하여 한문을 중시했다는 것을 알 수 있다. 1891년에 고아원을 개편하여 학교로서의 체제와 기구를 갖추고 '예수교학당'이라 불렀다. 이 학교 교육은 가난하고 소외된 자들을 위한 교육의 회복을 의미하였다. 당시 학교의 교과시간표는 〈표9〉와 같다. 1893년에 이름을 '민로아학당'으로 바꾸고 보통반, 특별반을 두어 폭을 더 넓혔으며, 직업교육을 위해 관리직교육을 비롯해 목재와 바구니 제작 등을 가르치기도 했다.

〈표9〉 경신학교의 교과시간표

교시	월	화	수	목	금
1	체조	체조	체조	체조	체조
2	작문	산술	받아쓰기	번역	지리
3	문법	독서	역사	철자법	필기
4	독서	산술	작문	철자법	필기
5	독서	산술	철자법	필기	-
6	철자법	-	산술	-	-
7	-	산술	-	철자법	독서

    이상과 같은 실제 교육활동은 교과과정상의 이원화편제의 한계를 뛰어넘는 역동적인 기독교정신에 입각한 교육이었음을 알 수 있다. 즉 모국어로 읽을 수 있었던 성경읽기를 통해 개인의 영적 성장을 도모하였고, 체육과 목공교육을 통해 유교적인 관념적 교육의 개념을 확장하였으며, 민족교육을 통해 교육구국을 실천하였다고 볼 수 있다. 당시의 기독교교육을 민족교육의 관점에서 평가한 한규원(2003)의 평가와 교육근대화의 관점에서 평가한 오천석(1975)의 평가는 당시 교육선교 행위 자체가 교육의 통전적 회복을 도모하고 있음을 시사한다.

    한규원(2003)은 민족 교육적 관점에서 당시의 기독교학교 교육과정을 다음과 같이 특징짓고 있다.

    첫째, 전통적인 교육기관에서 가르치던 교육내용에서 완전히 탈피하여 서구식의 근대적인 교육내용이 중심을 이루었다.

    둘째, 전통적인 교육기관에서 무시되어 온 국학(國學)에 관한 과목, 즉 국어·한국역사·한국지리 등이 학교교육에서 중요한 자리를 차지하게 되었다.

    셋째, 역시 전통적인 교육기관에서는 전연 고려의 대상이 아니었던 예체능 교과인 음악·미술의 정조과목(情操科目)과 신체단련을 위한 체육을 가르치기 시작하였다.

    넷째, 이과 또는 동물·식물·물리·화학·생리·박물 등 과학과목을 가르치기 시작하였다.

다섯째, 대부분의 학교가 상당히 다양하고 세분화된 과목을 가르쳤는데, 그 과목은 학교마다 서로 다른 것이었다.

여섯째, 1908년 소위 '사립학교령'(私立學校令)이 발포된 이후에는 일어를 교과목에 포함시키기 시작하였다.

일곱째, 여학교에서는 여자들에게 실생활에 필요한 실업과목을 가르쳤다.

또한 오천석(1975)은 그의 저서 『한국신교육사』에서 기독교학교가 우리 사회에 기여한 바를 다음과 같이 7가지로 들고 있다.

첫째, 우리나라에 서양의 교육제도를 처음으로 이끌어 들이고 신학문을 전입하는 일에 개척적 구실을 하였다.

둘째, 그 교육과 서양인 목사와의 접촉을 통하여 서양의 문물과 그 사상과 사고방식을 우리나라에 소개, 전달함으로써 서양인을 '오랑캐'로 보던 자아존대사상을 버리고 자국의 진정한 위치와 모습을 깨닫게 하였다.

셋째, 양반이나 서민의 자제를 차별 없이 받아 교육시킴으로써 계급사상을 깨뜨리고 교육의 기회평등의 원칙을 세웠다.

넷째, 여자를 위한 교육을 실시하여 남녀평등의 사상을 실천함으로써 가르쳤다.

다섯째, 가난한 학생에게 일을 주어 스스로 학비를 조달케 함으로써 노동의 정신과 자주자립의 정신을 가르쳤다.

여섯째, 정 과목 외에 운동경기와 연설회 토론회 같은 것을 부가함으로써 지적, 특히 기억을 위주로 하는 편파적 교육을 지양하고 전인교육을 실천함으로써 교육의 새로운 의의를 받게 하였다.

일곱째, 교육을 개인영달의 수단으로 삼던 전통적 교육사상을 깨뜨리고 교육의 목적을 사회봉사에 두었다.

요약하면, 이러한 기독교학교 교육과정은 표면적인 편제상으로나 교과서

내용면에서는 영성과 지성이 분리된 근대주의 교육의 이원론적인 접근의 성격을 가지나 실제적인 교육활동 면에서는 이러한 이원론적 접근을 극복하고 있다고 볼 수 있다. 이는 초기의 선교사들의 복음에 대한 이해가 부르심에 대한 개인의 응답에만 머무르지 않고, 개인을 둘러싼 사회현실에 대한 통전적 회복으로까지 이어지고 있었던 데에 기인한다고 보여진다. 이는 교사였던 선교사들의 삶이 교육선교의 장과 연결되면서 교육의 실제는 교과목 편제와 교과서 내용에 묶이지 않았다는 것을 의미한다. 이로써 기독교학교는 당시 한국사회의 교육에서 회복되어야 할 중요한 요소들 즉, 교육의 목적, 교육의 대상 그리고 세계관 등에 중요한 대안을 제시하였다고 말할 수 있다. 이로써 근대화와 민족교육에의 기독교학교교육의 기여는 기독교적 시각에서 삶의 전 영역에 대한 통전적 회복이라는 중요한 의미를 가진다고 말할 수 있다.

V. 교육과정의 외적 통합과 내적 통합

한국 초기 기독교학교 교육과정은 외형적으로는 근대교육의 영성과 지성을 분리하는 이원론 접근에 근거한 것으로 보인다. 그러나 실제 교육활동을 살펴보면 한말의 개신교 포교활동의 억제정책에도 불구하고 당시 기독교학교 교육의 전반이 개인구원과 삶의 전 영역의 회복으로 이끌리고 있음을 확인할 수 있었다.

이것은 명시적 교육과정으로 이루어진 것이 아니라 당시 교사였던 선교사들에 의한 비형식적 교육과정에 의해 이루어졌다고 볼 수 있다. 이러한 통합방식은 교사를 통한 통합과 교육과정을 통한 통합으로 분류한 게블라인(1991)의 통합분류방식에 의한다면 '교사를 통한 통합'이라고 말할 수 있다. 당시 교사들은 자신의 삶을 온전히 거룩한 산 제사로 드리는 선교사들이었고 이들의 삶을 통해 나오는 교육은 곧 기독교정신의 실천이 됨으로써 교사를 통한 통합이 이루어졌다고 보여진다.

한편 박상진(2006)은 교육에서의 영성과 지성의 통합을 4가지 모델로 나눈다. 그 첫째는 학생을 대상으로 하는 전도를 통해 기독교인화 하는 학원선교모델이고, 둘째는 기독교정신으로 무장한 인재양성을 목적으로 하는 탁월성모델이며, 셋째는 모든 학생에게 기독교적인 것을 가치로 설정하여 기독교적 영향력을 끼치려고 하는 도덕성모델이고, 넷째는 영혼구원은 물론 모든 교육의 영역이 기독교적 실천을 추구하는 기독교적 통합모델이다. 이러한 분류에 의하면 한국 초기 기독교학교 교육과정은 외형적으로는 학원선교모델에 가깝지만, 실제로는 명시적 수준에서의 통합이 이루어지지 않았음에도 불구하고, 교사를 구심점으로 모든 영역에서 기독교적 실천을 추구하는 기독교적 통합을 지향하고 있는 모델이라고 말할 수 있다.

이러한 초기 기독교학교 교육과정의 통합의 문제가 현대 한국 기독교학교에 주는 시사점은 무엇인가? 즉 현대 기독교학교의 교육과정이 이루어야 하는 외적 통합 즉 개인의 구원이 삶의 전 영역으로 확대되어야 하는 일과 교육과정의 내적 통합 즉 기독교 세계관에 의해 교육내용을 재구성해야 하는 일에 어떠한 시사를 주는가?

첫째, 시사는 한국 기독교학교의 교육과정이 개인의 영혼구원 뿐 아니라 삶의 전 영역의 회복을 도모하는 방향으로 접근되어야 한다는 점이다. 이를 위해서는 당대 교육의 근대화와 교육구국과 같은 오늘날의 우리나라 교육문제는 무엇인가에 대한 올바른 이해가 선행되어야 하고, 기독교교육의 시도는 먼저 한국 교육의 맥락에서 회복되어야 할 부분이 무엇인가에 대한 진단에서 출발되어야 한다. 따라서 우리에게 남겨진 과제는 기독교학교의 성급한 설립보다는 먼저 한국교육을 기독교적 시각으로 이해하는 일과 우리 교육에서 회복되어야 할 부분에 대한 기독교적 안목을 기르는 일이다. 이러한 점에서 우리 교육에서 가장 심각하게 회복이 필요한 부분은 물질주의라고 여겨진다. 교육이란 '돈으로 살 수 있는 어떤 것이고, 높은 보수와 명예를 매개로 삶의 질을 보장하는 어떤 것이고 교육을 어떠한 방법으로 사든지 그것은 개인의 자유다' 라는 것이다. 시도되어지는 기독교학교교육은 어떠한 형태이든 이러한 점에 대안이 되어야 한다고 여겨진다.

둘째, 교육과정의 내재적 통합을 인지적 영역에서의 통합에 국한하여 명시적 교육과정에만 국한시키지 말아야 할 것이다. 알버트 그린(Albert Green, 2002)이 주장하는 것처럼 기독교 철학에 뿌리를 둔 교육과정과 이에 따른 교과서를 가지는 것은 기독교학교의 운영에 매우 중요하다. 그러나 이러한 명시적 교육과정의 절대적 이상에 매달리는 것은 또 다른 한편의 중요한 부분을 놓치게 할 수 있다.

교사를 통한 통합에서 가장 핵심적인 요소는 "지성적이고 확신에 찬 기독교 세계관을 가진 교사"라고 할 수 있다. 중요한 것은 교육과정 개발보다는 어떻게 "지성적이고 확신에 찬 기독교 세계관을 가진 교사"를 세우느냐의 문제이다. 게블라인(1991)은 이를 위해서 가장 먼저는 오랜 세월을 지나는 동안에 굳어진 우리의 잘못된 태도를 근본적으로 새롭게 하는 데서부터 시작되어야 한다고 했다. 기독 교사들은 어떤 지엽적인 문제의 대안을 마련하는 데 우선순위를 두기보다는, 세속적 사고방식이 자신들의 마음에 어느 정도나 스며들었으며 자신들의 가르침을 어느 정도나 물들여 놓았는지를 먼저 연구해야 한다고 지적한다. '모든 생각을 사로잡아 그리스도에게 복종케 한다'(고후 10:5)는 말을 기억해야 하고 이를 위해서 말씀 공부가 필요하다고 말하고 있다. 그는 국어교사로 갖춰야 할 것은 국문학의 고전에 대한 헌신과 함께 삶의 터전을 이루게 하는 성경에 대한 지식이라고 한다. 이러할 때 억지로 짜맞추려하지 않아도 성경에 젖어든 그 마음과 그의 인성으로부터 흘러나오는 기독교적 입장과 견해들이 그의 수업 가운데에서 아주 자연스럽게 전달되어질 수 있다는 것이다.

10장 교육과정을 통한 기독교학교의 새로운 이해

손원영 교수 (서울기독대학교 신학전문대학원)

I. 기독교학교의 내면적 특성 이해

최근 정부의 사립학교법 개정과 관련하여 기독교학교 및 그 교육의 특성에 대한 관심이 학교 내외적으로 그 어느 때보다 높은 실정이다. 이런 상황에서 기독교학교와 관련된 다양한 문제가 제기되고 있다. 예를 들어, 기독교학교가 공교육 및 평준화체제에 완전히 편입된 이래, 현재 사립학교의 자율성이 매우 제한된 상황에서 기독교학교의 설립이념이 여전히 유효한가, 그리고 기독교학교의 교육과정이 설립이념에 부응하는 맥락에서 자율적으로 편성될 수 있다 하더라도, 과연 개별 기독교학교가 대학입시 중심의 공교육체제 하에서 어느 정도 기독교교육에 관심을 갖고 기독교교육적 교육과정을 편성할 수 있는가 등과 같은 문제들이 사립학교법 개정과 관련하여 기독교학교 안팎에서 제기되고 있다.

이런 맥락에서 한국 초창기 기독교학교의 역사를 살펴보는 것은 한국 기독교학교가 새 시대의 요구에 부응하면서 새롭게 자리매김하는 데 매우 의미 있는 일이라 할 것이다. 특히, 한국 초기 기독교학교의 교육과정을 연구하는 것은 기독교학교의 내면적 특성을 이해하는 데 있어서 특히 중요한 일이다. 이런 점에서 김정효 교수의 글은 한국 기독교학교가 나아가야 할 방향을 새롭게 제시한 점에서 매우 훌륭하고 유용한 연구로 사료된다.

김 교수의 글은 교육과정의 개념을 명료화한 뒤, 그 개념에 따라 한국 초기 기독교학교의 교육과정 논의를 크게 세 부분으로 나누어 설명하고 있다. 좀 더 구체적으로 서술하면, 먼저 그는 교육과정의 개념을 아이스너(E. Eisner)의 광의적 개념 정의에 따라 "학교에서 경험하는 모든 것"으로 이해한다. 이것은 김 교수가 교육과정의 개념을 전통적인 이해 곧 '교과목'과 '교과서'라는 전통적 의미만으로 축소되는 것에 반대하면서, 그 의미를 '교육활동' 전반으로 확대시키는 것을 의미한다.

둘째로 앞서 정의한 교육과정의 개념 정의에 따라, 기독교학교 교육과정의 분석의 범위를 자연스럽게 세 부분으로 분류하여 연구하였다. 즉, '교과목'으로서의 교육과정(2장), '교과서'로서의 교육과정(3장), 그리고 '교육활동'으로서의 교육과정(4장)이 그것이다. 앞의 두 부분(2, 3장)은 전통적인 교육과정의 의미에 따라 기독교학교의 교육과정을 보다 구체적으로 분석한 것이라 한다면, 마지막 부분(4장)은 광의적 의미의 차원에서 교육과정을 분석한 것이라 할 수 있다.

마지막으로 세 번째 논의는 한국 초기 기독교학교 교육과정의 분석을 토대로 하여, 교육과정 통합방식을 제시한 부분이다. 특히 김정효 교수의 연구에 따르면, 한국 초기 기독교학교의 교육과정은 기독교 신앙과 관련하여 볼 때, 명시적 교육과정의 측면에서 교육과정이 서로 통합되었다기보다는 당시 교사였던 선교사들에 의한 '비형식적 교육과정'에 의해 그 통합이 이루어졌다는 점이 강조되고 있다.

II. 교육과정에 대한 거시적·통합적 분석

이상과 같이 한국 초기 기독교학교의 교육과정을 분석한 김 교수의 논문은 세 가지 점에서 긍정적으로 평가될 수 있다.

첫째, 교육과정 개념의 역사를 한국 초기 기독교학교의 역사를 통해 적절히 보여주고 있다는 점이다. 사실 교육과정의 개념을 어떻게 정의하느냐에 따라 교육과정의 논의는 다양할 수밖에 없다. 예컨대 교육과정의 개념을 '교과목' 같은 전통적인 의미만으로 축소해서 이해한다면, 본 논의는 매우 제한적이고 근시안적인 시야만을 제시할 수밖에 없을 것이다. 그러나 김정효 교수는 그 같은 전통적인 방식보다는 오히려 교육과정의 개념을 전통적인 의미인 '교과목'과 '교과서'를 넘어서 '교육활동' 전체를 포함하는 맥락에서 이해함으로써, 보다 거시적이고 통합적인 측면에서 한국 초기 기독교학교의 교육과정을 이해하도록 돕고 있다는 점에서 긍정적으로 평가된다.

둘째, 한국 초기 기독교학교의 교육과정의 통합방식으로 교사에 의한 통합방식을 제시한 점은 매우 중요한 지적이라 할 수 있다. "교육의 질은 교사의 질을 넘지 못한다"라는 교육계의 오랜 속담이 말해주듯이, 교사와 학습자, 교육과정, 교육환경 등 다양한 교육요소 중 가장 중요한 것은 교사라는 점을 다시 확인한 것이다. 물론 교육에 있어서 교육과정도 중요하고 학습자의 이해도 중요하지만, "교육의 질은 교사의 질을 넘지 못한다"는 가설이 적어도 한국 초기 기독교학교에는 그대로 적용되고 있는 것이다. 앞의 글에서 지적하였듯이, 당시 교과목으로서의 교육과정이든, 혹은 교과서로서의 교육과정이든, 그것은 그렇게 변변한 것이 못되었다. 특히 교과서는 대부분 외국의 것을 그대로 번안하여 사용되었든지, 심지어 아예 없는 경우가 태반이었던 것이 사실이다. 그럼에도 불구하고, 기독교학교가 기독교학교의 정체성을 유지하고 교육과정을 통해 기독교교육을 실시할 수 있었던 것은 깊은 기독교 신앙을 가졌던 교사들(특히 선교사)의 헌신이 있었기 때문이다. 이런 점에서 김 교수가 당시 기독교학교의 교육과정 통합의 방식으로 '교사'를 지적한 것은 매우 적절하며, 동시에 이 시대에도 깊이 숙고해야 할 부분으로 사료된다.

셋째, 한국 초기 기독교학교의 교육과정의 분석을 통해, 교육과정의 내재적 통합을 인지적 영역에 국한하여 수행하지 말 것을 지적하였는데 이는, 매우 시사적인 지적이라고 볼 수 있다. 사실 현재 기독교학교들, 특히 대안학교적 성격을 지닌 기독교학교들이 소위 '기독교 세계관'의 맥락에서 성경과 모든 학문(혹은 교과목)과의 대화를 종종 시도하고 있는데, 과연 그것이 적절한가에 대한 질문이 제기될 수 있다. 왜냐하면 각 학문에는 그 나름의 고유한 지식의 논리와 구조가 있고, 그런 점에서 학문간의 대화에는 일정 부분 그 한계가 분명히 존재하기 때문이다. 이러한 어려움을 간과한 채, 초·중등교육의 수준에서 그것을 무비판적으로 적용할 경우, 어설픈 학문간의 대화가 될 가능성이 높다. 이런 점에서 김 교수가 교육과정의 통합은 명시적 교육과정 차원의 인지적 영역보다는 오히려 잠재적 교육과정의 측면(예, 교사의 측면)을 강조한 것은 현재의 교육과정 통합의 논의에서 충분히 고려될 부분으로 여겨진다. 왜냐하면 기독교교육은 명시적 교육과정의 측면보다는 오히려 잠재적 교육과정의 측면에서 더 효과적으로 설득력이 있기 때문이다. 따라서 앞의 글에서 논의되지는 못했지만, 기독교학교의 분위기(사랑과 정의의 환경), 교육과정의 선정과 분배에서의 기독교적 방식, 그리고 채플이나 성경과목 등과 같은 종교관련 과목의 신축적인 다양한 기회제공 등도 교육과정 통합의 한 방식으로 긍정적으로 고려해 볼 수 있다.

Ⅲ. 기독교학교 교육과정 연구에 대한 제언

한편, 위와 같은 긍정적인 평가에도 불구하고 몇 가지 문제제기를 한다면 다음과 같이 세 가지를 지적할 수 있다.

첫째로, 이 글은 교육과정의 개념 정의를 광의적으로 제시하고, 또 그에 따라 초기 기독교학교의 교육과정을 분석한 데에는 공헌을 하였지만, 동시에 교육과정의 개념에 대한 다양한 비판적 논의를 반영하고 있지 못한 한계가 있다. 예컨대, 재개념주의자들의 주장처럼 교육과정의 개념 정의는 학교 자체 내의 문제만이 아니라 당시 정치적 차원의 문제란 점을 고려할 때, 그러한 논의가 약한 한계가 있다. 달리 말해 이 글은 명시적 교육과정 및 기능론적 차원의 잠재적 교육과정의 논의는 어느 정도 반영되어 있다고 사료되나, 갈등론적 잠재적 교육과정의 논의, 곧 당시의 정치적-문화적 이데올로기 차원의 문제가 배제된 한계가 있다. 예를 들어 당시의 교육과정이 기독교의 신앙교육과 정부당국의 교육정책, 특히 일본의 침략정책과 어떤 점에서 갈등을 일으키고 또 타협적 결과를 산출했는지 등과 같은 설명이 보완될 필요가 있다.

뿐만 아니라, 재개념주의적 교육과정 논의의 차원에서 당시 기독교학교의 교육과정이 갖고 있는 문화해석학적 실천의 차원을 보다 긍정적으로 강조하고 있다. 예를 들어, 당시 초기 기독교학교는 명시적 교육과정의 차원에서 유교적 가치관을 반영한 한문 혹은 동양사상 등의 교과목과 기독 교사상을 직접적으로 대화하는 교육과정을 갖고 있지 않았다. 그럼에도 불구하고, 동양사상(한문) 및 성경 교과목을 동시에 편성함으로써, 은연중에 동서양 문화의 대화, 동양종교와 서양종교의 대화를 시도한 것으로 볼 수 있다. 이러한 기독교학교의 교육과정은 기독교학교의 정체성을 찾고 있는 작금의 기독교학교에 시사적이라 사료된다. 특히 종교계통학교가 종교 간의 갈등으로 빚어진 사회분열의 현실에서 일정부분 사회통합의 역할을 해야 하는 사회적 의무를 갖고 있다고 할 때, 이러한 교육과정의 논의는 한국사회에 매우 유익하리라 여겨진다.

둘째로, 이 글은 기독교학교의 역사 및 교육과정의 역사를 다룬 것임에도 불구하고 역사적 사료가 빈약한 한계가 있다. 역사연구는 '사실'(fact)에 대한 연구라고 해도 과언이 아니다. 물론 이에 대한 지나친 강조로 인해 실증주의적 연구의 문제점이 종종 지적되기도 하지만, 그럼에도 불구하고 역사적 사실에 대한 확인 및 자료의 제시는 아무리 강조해도 부족하지 않다. 이런 점에서 이 글에는 연구범위로 설정한 1885-1910년 시기에 해당되는 제1차 자료들이 거의 없다. 모두 제2차, 혹은 제3차 자료들을 중심으로 본 연구를 수행한 것이다. 뿐만 아니라 역사적 자료의 해석(interpretation)에 있어서 그 타당성이 결여된 곳이 심심치 않게 보여 진다. 예를 들어, III장에서 "선교사들이 직접 저술한 교과서에서도 기독교적 소재가 반영되어지거나 기독교 세계관이 명시적으로 언급된 것을 찾기 힘들다"(206쪽)라고 언급하면서, 차석기(1993)와 E. H. Miller(1906, 김봉희 1992 재인용)의 글을 직접 인용하고 있다. 그런데 이러한 두 본문이 당시 교과서에 기독교적 소재를 전혀 반영하고 있지 않다는 증거로 과연 얼마나 설득력이 있느냐 하는 문제이다. 따라서 당시 기독교학교의 교과서의 내용에 성경적인 내용을 직간접적으로 연결하는 곳이 발견되지 않는다는 논지를 보다 분명히 밝히기 위해서는 당시의 교과서에 대한 보다 체계적인 분석과 해석, 그리고 구체적인 자료의 보완이 요청된다.

셋째, 이 글은 전문 용어들(특히, 기독교교육학적 용어 및 신학적 용어)이 종종 명료하게 정의되지 못한 채 사용되는 한계를 보여준다. 즉, 김정효 교수가 서론에서 '교육과정'의 용어를 명료하게 정의했듯이, 기독교교육과 관련된 여러 용어들도 보다 명료하게 정의될 필요가 있다. 예를 들어 '기독교학교'라는 용어와 함께 '선교계학교', '기독교계학교'라는 용어를 혼용하여 사용하고 있다. 그런데 현재 기독교교육학계에서는 이 용어에 대한 정의를 보다 명료하게 구분하여 사용하려고 노력하고 있다. 뿐만 아니라 '기독교 세계관'이라는 용어도 과연 타당성이 있는 용어인가 하는 지적이 제기될 수 있다. 왜냐하면 이 용어는 최근 '복음주의적 혹은 보수주의적 신앙'에 근거한 기독교학교 운동론자들에 의해 주로 사용되는 용어로서, 기독교교육학계에서 논란이 되고 있는 용어이기 때문이다. 따라서 이 용어는 적어도 논지의 신학적 전제가 복음주의적 신학의 입장에 서 있을 때 사용될 경우 그 타당성을 얻을 수 있지만, 그렇지 않을 경우 자칫 본문의 내용과 상충될 수 있다.

참고문헌

1장 한국 기독교학교의 현실진단 및 갱신 운동

기독교학교연구회 공저. 『우리가 꿈꾸는 기독교학교』 서울: 예영커뮤니케이션, 1999.
레이볼만. 『홈스쿨링』 서울: 규장문화사, 2003.
양승훈. 『세계와 삶에 대한 성경적 조망 : 기독교적세계관』 서울: CUP, 1999.
한국기독교학교연합회. 『한국 기독교학교 연합회 50년사』 한국장로교출판사, 2004.
George R. Knight. *Philosophy and Education*. Andrews University Press, 1998.
George Van Alstine. *The Christian and The Public Schools*. Abingdon, 1982.
Gloria Goris Stronks and Doug Blomberg. *A Vision with a Task: Christian Schooling for Responsive Discipleship*. Baker Books, 1993.
Harro Van Brummelen. *Walking with God in the Classroom: Christian Approaches to Learning and Teaching*. Alta Vista College Press, 1998.
John Van Dyk. *The Craft of Christian Teaching*. Dordt press, 2000.
Neil Postman. *The End of Education: Redefining the Value of School*. Vintage Books, 1995.
Richard J. Edlin. *The Cause of Christian Education*. ACSI, 1999.
The Fellows of the Calvin Center for Christian Scholarship, Calvin College. *Society, State, and Schools* Eerdmans Publishing Co., 1981.

3장 대부흥운동이 기독교학교 설립에 끼친 영향

Jones, George Heber. *The Korea Missiom of the Methodist Epicopal Church.* New York: The Board of Foreign Missions of the Methodist Epicopal Church, 1910.

Noble, W, A. "Enthusiasm for Education", KMF II. 8(June 1906).

Paik, Lak-George. *The History of Protestant Missions in Korea.* Seoul: Yonsei University Press, 1990.

Shauer, C. A. ed., *within the Gate.* Seoul: The Korea Methodist News Services, 1934.

Underwood, H. H. *Modern Education in Korea.* New York: International Press, 1926.

Annual Reports of the Board of Foreign Missions of the PCUSA. 1886-1954.

W. L. Swallen, Letter to Dr. Brown, July 25, 1907.

Alice Butts, letter to Dr. Brown, November 1, 1907.

E. H. Miller, Letter to Dr. Brown, November 1.

T. H. Yun, "The Anglo-Korean School, Songdo", pp. 142-144.

The Korea Methodist, 1904-1905.

The Korea Mission Field, 1905-1912.

The Korea Review, 1903-1906.

박용규. 『평양대부흥운동』 서울: 생명의말씀사, 2000.
박용규. 『한국기독교회사 I』 서울: 생명의말씀사, 2004.
이만열. 『한국기독교와 민족의식』 서울: 지식산업사, 1991.
《그리스도 신문》 1903-1906.
《신학월보》 1903-1908.
《예수교 신보》 1907. 12-1910. 1.

5장 한국교회 초기 기독교학교 설립
: '토착교회의 기독교학교 설립운동' 을 중심으로

『독노회록 및 제1회 총회록』대한예수교장로회 총회, 1907-1912.
『朝鮮예수教長老會史記(상권, 1926)』한국기독교역사연구소, 2000.
The Korea Mission Field, Vol. 10 No. 1.
『儆新八十年略史』서울: 경신중고등학교, 1966.
『숭실대학교 90년사』숭실대학교, 1987.
國史編纂委員會,『韓國獨立運動史』第1卷. 1966.
基督教大韓監理會 尙洞敎會歷史編纂委員會,『民族運動의 先驅者 全德基牧師』서울: 1979.
한국 근현대사 연구회 엮음. 『한국 근대사강의』서울: 한울, 1997.
『한국사 14. 식민지시기의 사회경제 2』서울: 한길사, 1994.
민경배. 『한국의 기독교회사』서울: 대한기독교서회, 1968.
백낙준. 『한국개신교사』서울: 연세대학교 출판부, 1973.
송우혜. 『윤동주 평전 아직 나의 청춘은 다하지 않았다』세계사, 1998.
吳天錫. 『韓國新敎育史』서울: 현대교육총서출판사, 1964.
李光麟. 『開化派와 開化思想硏究』서울: 일조각, 1989.
정대위 엮음. 『하늘에는 총총한 별들이. 북간도 정재면(鄭載冕)의 '독립운동사'』서울 : 청맥출판사, 1993.
Mckenzie, Frederick A. *Korea's Fight for Freedom.* Yonsei Univ. Press, 1969.

강돈구. "한국 기독교는 민족주의적이었나",《역사비평》제27호 (1994. 겨울), pp. 317-327.
노치준. "한말의 근대화와 기독교",《역사비평》27호 (1994. 겨울) pp. 303-316.
박영신. "한국 근대 사회변동과 기독교",《기독교사상》(1984. 7) pp. 122-132.
서굉일. "北間島 基督敎人들의 民族運動 硏究(1906-1921)",『한국기독교와 민족운동』서울: 도서출판 보성, 1986, pp. 383-538.
윤경로. "105인 사건과 기독교수난",『한국기독교와 민족운동』. 서울: 도서출판 보성, 1986, pp. 285-334.
이장식. "아시아 近代史와 西洋基督敎宣敎史의 反省",《기독교사상》(1983. 4) pp. 52-63.

임희국. "신앙각성운동을 통한 갱신과 부흥, 토착 교회의 형성. 1907년 평양 대 각성운동을 중심으로", 『제2회 소망신학포럼 자료집』(2005. 4. 20), pp. 5-28.

임희국. "교회 여성들의 자의식 형성과 발전에 대한 연구", 『현대 교회와 교육』 서울: 예영커뮤니케이션, 2001, pp. 302-328.

최숙경. "梨花學堂 命名에 관한 諸說의 檢討", 『梨花女子大學校 創立百周年記念論叢』제48집(인문과학편), 이화여자대학교한국문화연구원, 1986, pp. 458-459.

Baird, W. M. "The Spirit among Pyenng Yang Students", 《The Korea Mission Field》 Nr. 5, (1907. 5.)

Speer, Robert E. Report on the Mission in Korea of the Presbyterian Board of Foreign Missions, The Board of Foreign Missions of the Presbyterian Church in the USA, 1897.

《그리스도 신문》 1906. 7. 19.

《예수교 신보》 1907. 11. 27.

《예수교 신보》 1908. 1.

7장 한국교회 초기 기독교학교의 건학이념 연구

경신사편찬위원회. 『경신사』, 서울: 경신중고등학교, 1991.

김경식. 『교육사 철학신론』, 서울: 교육과학사, 1998.

김기석, 류방란. 『한국 근대교육의 태동』, 서울: 교육과학사, 1999.

김달억. 「한국의 기독교학교 교육이념에 대한 연구」, 미간행석사학위논문, 총신대학교교육대학원, 2001.

김선영. "설립초창기 한일기독교계 여학교의 교육 모티브에 관한 비교연구", 기독교교육논총 6, 2000, pp. 197-221.

김영우 외. 『교육사 교육철학』, 서울: 교육과학사, 1998.

대한기독교교육협회 편. 『한국기독교교육사』, 서울: 대한기독교교육협회, 1973.

동래학원100년사편찬위원회. 『동래학원100년사』, 학교법인동래학원, 1995.

문용호. 한국 개화기 기독교교육운동에 관한 고찰, 미간행석사학위논문, 경성대학교교육대학원, 2004.

민경배. 『교회와 민족』, 서울: 대한기독교출판사, 1981.

민경배. 『한국기독교회사』, 서울: 대한기독교출판사, 1986.

박상진. 『기독교학교교육론』 서울: 예영커뮤니케이션, 2006.

박선원. "1910년 이전 대구 기독교계학교에 나타난 근대학교교육: 계성학교와 신명학교 중심으로", 교육학논총 제25권 2호, 2004, pp.1-27.

박승철. 「근대학교 성립초기(1885-1909)에 있어서 기독교학교의 건학이념과 그 교육내용에 관한 연구」, 미간행석사학위논문, 인하대학교교육대학원, 1984.

손인수. 『한국근대교육사 1885-1945』 서울: 연세대학교 출판부, 1984.

숭실100년사편찬위원회. 『숭실100년사』 서울: 숭실중고등학교, 1998.

숭실중고등학교, 『숭실인물지』 서울: 숭실중고등학교, 1989.

오인탁 외. 『한국현대교육철학과 교육사학의 전개: 1945년부터 2000년까지』, 서울: 학지사, 2001.

이만열. 『한국기독교문화운동사』, 서울: 대한기독교출판사, 1987.

이봉구. "기독교학교교육사", 대한기독교교육협회 편, 『한국기독교교육사』, 서울: 대한기독교교육협회, 1973.

정신100년사출판위원회. 『정신백년사』, 서울: 정신여자중고등학교, 1989.

정영희. 「개화기 종교계의 교육운동 연구」, 서울: 혜안, 1999.

조헌국. "진주지방 초기 기독교학교: 광림학교와 시원여학교의 자취", 《부경교회사연구》, 창간호(2006.3.), pp. 62-77.

창신90년사편찬위원회. 『창신90년사』, 마산: 창신중고등학교창신대학, 1998.

최재건. "한국 근대 기독교대학의 설립과 이념에 관한 연구", 《백석저널》 창간호: 한국기독교대학의 정체성, 2002. 봄, pp. 103-127.

한춘기. 『한국교회 교육사』, 서울: 대한예수교장로회총회, 2004.

Brown, George Thompson. *Mission to Korea*, Seoul: The Presbyterian Church in Korea, Department of Education, 1984.

Fisher, James E. *Democracy and mission education in Korea*, Seoul: Yonsei University Press, 1970.

Kim, Yong-Sub. *Contours of a Scriptural approach to education in the Republic of Korea*, Ed.D. Thesis, Potchefstroom University, 1980.

Lee, Sang-Gyoo. To Korea with love: Australian Presbyterian mission work in Korea, 1889-1941, Th.D. thesis, Australian College of Theology, 1996.

Paik, Lak-Geoon George. *The history of Protestant missions in Korea 1832-1910*, Seoul: Yonsei University Press, 1980.

Rhodes, Harry A. ed. *History of the Korea mission: Presbyterian Church USA Vol.1. 1884-1934*, Seoul: The Presbyterian Church in Korea, Department of Education, 1984.

홈페이지 자료 : 배재중학교, 배재고등학교, 이화여자고등학교, 이화여자대학교, 경신중학교, 경신고등학교, 정신여자고등학교, 숭의여자고등학교, 숭실고등학교, 보성여자중학교, 보성여자고등학교, 배화여자중학교, 계성고등학교, 성명여자중학교, 광성고등학교, 매향여자정보고등학교, 광주수피아여자고등학교, 목포정명여자중학교, 호수돈여자중학교, 영화여자정보고등학교, 진주신흥고등학교 (2006년 8월 현재).

9장 한국교회 초기 기독교학교 교육과정

김봉희. 「한국개화기 기독교학교 교과서의 서지학적 연구」 도서관학 23장, 1992, pp. 63-106.

김정효 외. 『한국근대 초등교육의 성립』 서울: 교육과학사, 2005.

박상진. 『기독교학교교육론』 서울: 예영커뮤니케이션, 2006.

알버트 그린. 『기독교 세계관으로 가르치기』 서울: 예영커뮤니케이션, 2002.

오천석. 『한국신교육사』 서울: 광명출판사, 1984.

유방란. 「개화기 배재학당의 교육과정 운영」 교육사학연구 제8집, 1998, pp. 161-200.

이응수. 「한국 근대사학 설립과정을 통한 그 이념형성에 관한 연구」 인하대학교 교육대학원, 1981.

임일남. 「신민회의 교육활동에 관한 연구」 교육논총 제1장, 1981, pp. 796-895.

정상윤 편저. 『한국신교육백년사료』 서울: 서울문예사, 1974.

정창원. 「근대기 한국 미선계 학교에서 시도한 목공교육에 관한 사적 고찰」 한국교육시설학회지. 11(6), 2004, pp. 4-12.

조연순 외. 『한국근대 초등교육의 발전』 서울: 교육과학사, 2005.

차석기. 「개화기 사립학교 교과서 분석의 연구」 한국교육문제연구소 논문집. 1993, pp. 49-69.

최숙경, 김순희. 「이화학당 초창기 교과서 '전톄 공용 문답'에 대하여」, 한국생활과학연구원 논집. 1977, pp.163-222.

페네마. 『기독교아동교육』, 정희영 역, 서울: 도서출판 엠마오, 1997.

프랑크 게블라인. 『신본주의교육』, 이창국 역, 서울: 기독교문서선교회, 1991.

한규원. 「한국 기독교학교의 민족교육 연구 '개화기를 중심으로'」, 서울: 국학자료원, 2003.